Holybird

Holybird

0~3岁

培养优秀宝宝必备的权威育儿手册

儿童最佳的人生开端

中国宝宝早期教育与潜能开发指南

● 鲍秀兰等　著

中国发展出版社

普及科学知识
提高人口素质

彭珮云

目 录

第一篇 新生儿的惊人能力

第二篇　新生儿天生的运动本领

第三篇　0~3岁体格和智能发育规律

第四篇　大脑发育和环境

第五篇　0~3 岁潜能开发和早期教育大纲

第六篇　早期教育中关注的问题

第七篇　婴幼儿情绪发育和健康人格的培养

第八篇　婴幼儿喂养

第九篇 婴儿科学健身法:按摩、体操和三浴锻炼

第十篇 婴幼儿睡眠

第十一篇　早期教育与婴幼儿智能低下防治

第十二篇　早期干预减少脑瘫发生

第十三篇　营养性疾病防治和常见症状答疑

第十四篇　新生儿行为神经测查方法

第十五篇 0~1 岁神经运动检查和脑瘫早期诊断

推　荐　词

生育一个健康聪明的孩子,是每个父母的心愿,也是“少生优生”国策的要求。据调查,在我国的0~4岁儿童中,约有2.7%为不同程度的残疾儿,其中智残约占70%。在各种残疾中,智残对家庭、社会和国家都是严重负担。造成智残的原因有遗传因素、营养因素和环境因素等,围产期胎儿缺氧造成脑损伤也是重要原因之一。

过去,我们对抢救成活的窒息儿,往往采取“爱莫能助”的消极态度,等到出现症状时再进行治疗,当然效果是不好的。鲍秀兰等同志采取了积极主动进行早期干预的办法,使受损伤的新生儿能在干预中尽可能地发挥其潜在能力,使残疾程度减轻,生活质量提高。这方面的作法和经验,总结在本书内。我向广大围产医学工作者和妇幼保健工作者推荐本书,希望大家能学习和推广他们的经验,加强产儿科合作,不轻易放弃防治机会,为实施我国少生优生基本国策和提高我国人口素质,作出新贡献。

北京医科大学妇产科教授
中国关心下一代工作委员会专家委员会主任　　**严仁英**
世界卫生组织母婴保健合作中心主任

推 荐 词

儿童是我们的未来，我国党和国家领导人非常关怀儿童的发育成长。我们要使每个儿童享有全面发展的权利,包括生存、体格、智力和社会适应能力的发展。我国每年出生约 2000 万新生儿,有约 4000 万位年轻父母,千百万儿科医护人员、儿童保健工作者、儿童心理、教育和社会工作者在为儿童的全面发展操劳、奋斗。这本书的目的是为儿童早期智能发育服务的。

这种努力应从新生儿期开始。应争取将促进婴幼儿智力、社会适应能力发展的措施纳入各级卫生保健服务的法规中去，使我们亿万儿童从良好的早期全面发展,特别是智力发展的环境中受益。

作者介绍了新生儿从出生就已具备了看、听、味觉、触觉、嗅觉的能力和其他方面更复杂的脑功能的表现。对新生儿行为能力的认识是在医学和心理学方面的重大突破,是近 30 年来在此领域的新进展。这是早期教育从新生儿开始的基础条件。本书详细叙述新生儿奇妙的能力,并介绍了美国布雷寿顿(Brazelton)新生儿行为估价评分和我国新生儿 20 项行为神经测查法。后者是我国 12 个城市、29 个单位近 50 位医生共同努力协作研究的成果。本书对此测查方法作了图文并茂的具体详细介绍，为学习者提供了良好教材。通过新生儿行为测定,使新生儿的父母认识他们初生孩子的能力,促进他们和新生儿交往,有利于智力早期开发;并可通过测查发现有生物高危因素(如窒息、早产、颅内出血等)和新生儿轻微的脑损伤,为早期干预改善预后、防治智力伤残提供临床依据。

本书另一个重点是介绍0~3岁早期教育,包括理论根据、婴幼儿智能发育的规律和早期教育实施的具体教学计划。给关心儿童早期智能发育的工作者们和热切希望自己孩子得到智力早期开发的父母们提供一份有效的具体的教材。为了使父母能更好地育儿,还介绍了婴幼儿最基本的保健知识。

本书适合于广大关心子女早期智能发育的父母们，也为儿童保健工作者、基层医务人员和对新生儿行为能力与早期教育有兴趣的医生、研究人员提供一本有用的教材和参考书。

北京协和医院儿科教授
中华儿科学会前主任委员
周华康

推 荐 词

20 世纪 80 年代,当鲍秀兰大夫引进美国贝利·布雷寿顿(B. Brazelton)的新生儿测试量表的时候,曾有些好心的医务人员对此产生疑惑:“中国人口这样多,而且农村婴儿死亡率还这样高,是不是目前最主要的是解决多数人的死亡问题,而不是解决少数人的行为发育问题?”是!这个观点是对的。但问题是正因为中国人口这样多,恐怕不需要把上述两个问题如此尖锐地对立起来。即在多数人抓死亡率的同时,另一部分人做另外一些工作,这是完全符合百花齐放的方针的。中国人口可分为两部分。先说城市人口,占 20%,约有两亿多人,相当于一个美国的人口。一般的家庭只有一个子女,广大的职工迫切地要求他们的子女早日成龙、成凤。他们迫切需要尽早地对子女进行教育,一个精雕细刻的育儿方式正在那些家庭中滋长。他们需要知识、办法和一切能够教育孩子的手段。但这些专业的客观需要在当时还没有引起大众的重视。而孩子们,就在这种缺乏帮助的情况下一代一代地成长起来,难道这种情况不是很紧急、迫切吗?

再谈谈农村人口。这里有将近十亿人,每个家庭中一般有两个儿童,他们的育儿方法较多地反映了中国传统的方式,说到早期教育则可以说完全是个新问题。那里的孩子从小被看护在那里,但缺少玩具,语言训练也比较少。可以说更缺乏教育,尤其是早期教育。之所以没有做,一是缺乏人才,没有人关心他们,教他们如何教育儿童;二是经济、文化的原因使得他们没有可能去寻求这种帮助。

总之，农村固然需要有人大力抓死亡率，但早期儿童的教育问题，却是一个人发育的基本需要，要求应该说是更大、更迫切的，问题只是要把握好解决的时机而已。

要想引进一个方法，首先要弄清他的理论是什么。为此，鲍秀兰大夫首先参考了 Marshall Klaus 作的 The Amazing Newborn 中的观点，扭转了“新生儿在混沌之中，视、听以及其他一切行为能力都没有”的认识。接着，她又进一步抓住了 Dr. Brazelton 的 NBAS 评分法，在中国孩子身上做了对比，证明这个方法在中国孩子身上是可以用的。鲤鱼登龙门，跳过了第一关。

进一步地，从实践中，鲍大夫感觉到布雷寿顿的 NBAS 太繁琐了，要 40 多项，评分也复杂，便取了法国新生儿神经学专家阿米梯桑(Ameil-Tison)的新生儿神经运动检查法中的某些神经检查指标，结合她个人的经验，综合成 20 项的一套测查方法，称之为新生儿行为神经测查法。此法项目少，包含有较多的神经科成分，经过同一医生和两个医生测试同一组病儿，所得结果证明可信。1988年经全国新生儿行为神经协作组包括虞人杰、李着算、张宝林大夫等近 50 位儿科医生的共同努力，建立了 20 项行为神经测查的正常范围，并应用于窒息儿预后的预测，发现有很高的预测价值。通过这一方法，这些新生儿脑子好不好可以早知道。这一方法如用于其他损伤新生儿脑的疾病亦可能有预测的应用前景。这样，从单纯的引进到综合发展，成为我国自己的东西，并加以利用。鲤鱼又跳过了第二关。

但至此还只是迈出了这一领域的第一步，也就是说，还没有跳出生理、临床的这个范围。由于早期教育这个更大、更重要的课题需要这个专业课题和人员做一个向心理学的跨越，于是，鲍大夫又广泛结识了一些与心理学有关的早期教育专家，向他们学习，与他们合作，并且身体力行，总结了规律，制定了方案，搞了一个 0~3 岁的早期教育的课题，并初步取得了效果。这样，鲤鱼登龙门，又跳上

了第三个关口。

现在,为推广普及早期教育成果,鲍大夫又编著此书。一个儿科大夫出身的鲍秀兰,通过艰苦努力,变成了一个儿童行为心理方面的专家,写了不少文章,完成了几项值得重视的工作,我们衷心地祝贺她。但是,应该看到,早期教育工作伊始,而心理学又是一个十分广泛的领域, 特别是儿科临床和儿童心理学的结合是个交叉学科,因此,真需要坚韧不拔的毅力,不断地探索,不断地实践,才能把工作做好。不过,千里之行,始于足下,既然工作已经开始,而且从事的是如此重要的工作,那就坚持下去,才能取得胜利。让我们预祝他们取得成功。

北京协和医院儿科教授
中国关心下一代工作委员会专家委员会常务委员 **籍孝诚**
中华全国家教学会副会长

前 言

饮水思源,我能奉献这本书给读者,首先要归功于党的改革开放政策,给我出国进修的机会。其次要感谢我的老师周华康教授的指导,他使我能通过全国统考,获得世界卫生组织的奖学金,于1983年赴美进修。又经籍孝诚教授的指点,学习了新生儿行为测查方法。1984年春,我在美国哈佛大学儿童医院取得贝利-布雷寿顿(B.Brazelton)教授授予的测查合格证书,成为中国唯一获得此项证书的医生。从学习新生儿行为测查开始,我对新生儿具有如此奇妙的行为能力感到震惊。回国后,立即开展了新生儿行为测查的研究。意想不到的是,中国家长很欢迎这种展示新生儿行为能力的测查方法。为了适合我国国情,在引进国外方法的基础上,我们又结合自己的经验,制定了一套20项新生儿行为神经的测查方法(NBNA)。在申请卫生部重点课题的资助后,全国12个省市的儿科工作者展开了协作研究,取得了系列成果。这种方法较简便,节省了测查时间,又能有效发现新生儿的异常。这种方法现在已被儿科工作者所认可和接受,也便于家长了解新生儿的能力。

从发达国家获得的信息,了解到儿童早期发展的重要性,如果从新生儿开始进行早期教育,就可以开发他们的潜能。1989年开始,我和北京协和医院儿科的同事们开展了0~2岁婴儿的早期教育研究,通过每月家访指导和开家长会等方式,使受访婴幼儿有计划、有目的地接受早期教育,结果发现这些婴幼儿的智力发展显著优于常规育儿组,可以免除由于家长不重视早期教育造成的智力低于正常水平的现象。在开展这项工作的过程中,我们还得到了儿童心理学家茅于燕教授、孟昭兰教授和学前教育专家陈帼眉教授的无私帮助和指导,在此表示衷心感谢。

1991年，我与后任北京师范大学副校长的董奇教授共同申请"八五"国家攻关课题"婴幼儿早期教育和智力开发研究",对100多个窒息儿和早产儿进行早期干预的全国协作研究。结果也令人鼓舞。2岁后测查结果显示,他们的智力水平达到甚至超过了正常儿,没有一个智力低下儿发生,而对照组(常规育儿)中有8%~9%发生智力低下,平均智力也低于正常儿组的水平。此项研究发现也被国内其他单位的研究结果多次证实。为此,我也十分感谢董奇教授的合作与支持。

我们有信心地说,通过全国数十个单位的协作攻关、近百名儿科同道们的辛勤劳动,和老一辈儿科专家们的指导和帮助,这项研究成果毋容置疑地说明了婴幼儿早期教育的意义是多么重要。它可以使我国因精神社会因素和窒息、早产等因素所致的约占全部智力低下儿童的20%(约60万) 通过从新生儿期开始早期教育得到预防,至少可以减轻他们的伤残。由于我是一个医生,经常看到家长带着智力低下的儿童来就诊,我深深同情家长的痛苦和负担,因感到无力帮助他们而内疚。现在我们可以通过早期教育减少智力低下的发生率,但是最关键的是早期预防,最好从新生儿期开始教育。

2001年9月联合国大会曾召开儿童特别会议。本次会议围绕3个预期目标进行讨论。其中第一个就是"每个儿童应该拥有一个最佳的人生开端"。联合国儿童基金会执行主任贝拉米具体解释了"人生开端"是指出生至36月。因为这段时期是大脑生长发育最快的时期,也是可塑性最大的时期。大脑科学研究证明,早期良好的育儿刺激,对脑的结构和功能发育在生理、生化方面均有重要的影响,早期发展的影响可持续终生。我一直追求的目标是使0~3岁教育成为国家的法规。没有想到党和国家领导人想得那么周到,最近公布的母婴保健法第四章婴儿保健第二十六条中，就提到了给婴儿“提供促进智力发育等科学知识”。北京市率先对学前教育制定法规，倡导和支持3岁以下婴幼儿的早期教育，并强调残疾儿童的学前教育应当从婴幼儿开始。教育部也在全国试点开展3岁以前早期教育的研究。

为了推动婴幼儿早期教育，将我们的研究成果献给父母、儿科医生、幼教工作者和所有关心下一代成长的同志们，我们于1995年出版了《新生儿行为和0~3岁教育》一书，产生了巨大的反响，收到了成千封家长来信。这些信代表着千万父母相同的心愿，希望培养一个聪明可爱的孩子。它们促使我们写一本更加通俗的版本，于1998年出版了《挖掘儿童潜能始于零岁》，在短短3年中印刷了5次，但仍有很多家长来信说买不到此书，为此我们又编著了《塑造最佳的人生开端》一书。此书特点为内容全面，通俗易懂，增加了作者近年来在社区开展早期教育的研究成果和其间所积累的早期教育经验。还编入了新生儿行为神经测查和法国阿米尔桑0~1岁神经运动测查的表格，供儿科医生和儿保工作者应用，家长阅读时可省略。本书出版后受到医护人员、研究工作者和广大家长的欢迎。不少家长告诉我，他们的孩子出生后，包括正常儿和生后窒息、早产、颅内出血等高危新生儿，在此书的指导下成长为聪明可爱的健康孩子，使我感到欣慰和鼓舞。

儿童发展是指体格、情感、智力和社会交往能力的全面发展。我认为最佳的人生开端应该是充分合理的营养、良好的健康状况，生活在一个丰富的感知刺激的环境和充满爱心的家庭和社会氛围之中。为了使书中内容更加符合塑造最佳人生开端的要求和家长的需要，我们又在已出版的版本的基础上进行了修订，增加了大脑发育和环境，着重解释视觉、语言和人格发育的大脑生物学基础，说明早期环境对大脑发育的重要影响。营养是儿童快速生长的物质基础，本版对婴幼儿喂养做了全面详细的介绍。睡眠是婴儿主要的“工作”，家长常为宝宝睡眠问题困惑，本版为此系统介绍了婴幼儿睡眠规律和培养良好的睡眠习惯的方法。由于目前人们比较重视智力发展,忽视婴幼儿情感需求,而情绪智力是儿童今后成功与否的重要因素,因此,增加了情绪智力的重要性和婴儿健全人格的培养方法,并邀请儿童精神卫生专家郑毅介绍婴幼儿人格趋向量表,使家长有的放矢进行早期干预,促进健全人格形成。在早期干预防治窒息儿、早产儿智力低下的基础上,根据全国协作研究新进展添加了早期干预和脑瘫防治的方法。针对网上家长提出的普遍问题,如缺钙和哭闹等等做了答疑。此外,1 岁以内 52 项神经运动检查部分内容作了修改,使之更实用。

全书的内容也做了适当调整,使内容编排更有条理。为了不增加篇幅,删去了一些实用性小的章节。

虽然我们对此版尽努力做了增减和修改,仍然会有不足之处,欢迎读者批评指正。

鲍秀兰

2005 年 4 月

本书编委会

著　者：鲍秀兰　孙淑英　郑　毅　虞人杰　郭异珍

赵　萍　李着算　李　辉　孙金涛

致谢

衷心向以下为本书的编写，提供科研资料，做出积极贡献的医学工作者表示感谢！

北京协和医院：王丹华、丁国芳、庞汝彦、王慧敏、徐德川

于桂兰、赵燕曼、奚静华、王秦梅

清华大学第一附属医院：郑直、曹绪梅

广州暨南大学医学院：李着算

首都儿科研究所：张家健、彭秀红

湖南医科大学附一院：张宝林

青岛医学院附院：魏书珍、姜红、张永红

广州红十字会医院：袁锦霞

北京大学第三医院：赵凤临、李松、王雪梅、张文丽

北京妇产医院：马雅玲、鲁晓红

哈尔滨医科大学第二附属医院：薛维臣

天津市儿童保健所：顾红娟、常迈莉

天津市儿童医院:李文茹
华西医科大学第一附属医院:姚裕家、王朝晖
无锡市妇幼保健院:郭俊良、孙雪芳
北京大学第一医院:周丛乐、侯新琳
首都医科大学:李丽霞、顾湲、陈文安
北京方庄第一医院:阎国华、刘萍、王文敏、向蓉、李含硕
马军霞
北京宣武医院:周晓华
北京展览路医院:沈宝珠
北京大学第二医院:柴树伟
广州中山医科大学附一院:陈东平、庄思齐
福建省妇幼保健院:张尔良、陈珠兰

广州市妇婴医院:李桦、郑惠童、肖华、宋燕燕
沈阳中国医科大学附属二、三院:高国瑛、韩玉昆

青岛市儿童医院:单若冰、于海青、张玉华、仇丽华
南京儿童医院:周晓玉、陈大庆
四川省人民医院:陈昌辉
苏州市妇幼保健院:祁静安
苏州市汶浪区妇幼保健站:黄戍生
湖南省妇幼保健院:赵三民、张建华
山东医科大学附属医院:孙若鹏
贵阳市妇幼保健院:贾平、关福琴
上海市国际和平妇婴保健院:阮福棣、陈惠英
广州铁路医院:戚美英
山西医学院第一附属医院:常桂珍
山西省人民医院:王引璋
辽宁省大连市妇幼保健院:董海燕、李爱荣、童雪涛
蔡丽杰、苏诒英

广东省珠海市妇幼保健院：张泓、李京、曾素萍
梁晓红、陈一丹
河南省郑州市妇幼保健院：于风琴、张家洁、王爱萍
新密市妇幼保健院：闫桂芳、李长卿、陈青琴
复旦大学儿科医院：邵肖梅、张旭东、陆春梅
河北省沧州市人民医院：李建英、李桂芳、万守贞
江西九江市妇幼保健院：孟群、骆霞、赵丽芳
广东省深圳市妇幼保健院：刘世新、江雯、薛红
广西壮族自治区妇幼保健院：林娜娜、班彩霞、黄玲
广东佛山市妇幼保健院：余新、麦丽珊、孙亚莲
无锡市妇幼保健院：郭俊良、朱敏敏、蒋新液
昆明医学院第一附属医院：马婉君、梁琨、贺湘英
北京中西医结合医院：汪云、吕翠华、白琳
北京大学人民医院：曾超美、刘捷
上海长宁区妇幼保健院：顾曰萍、汪洁云
西安交大二院：李瑞林、郭亚东、袁宝莉
北京海淀区妇幼保健院：单晋萍、闫琦、庞江帆
河北保定市妇幼保健院：郝亚平、许汝钗、芦会兰
北京垂扬柳医院：李建新、于海梅、王晓晖
安徽医科大学第一附属医院：唐久来、刘维民
青岛市第八人民医院：邢琳
陕西省妇幼保健院：赵凤盈、韩克菲

并向郭迪、金汉珍、秦振庭、籍孝诚、黄德珉、林传家、左启华、孟昭兰、胡莹媛等教授的指导、帮助和支持表示诚挚的谢意。

第一篇
新生儿的惊人能力

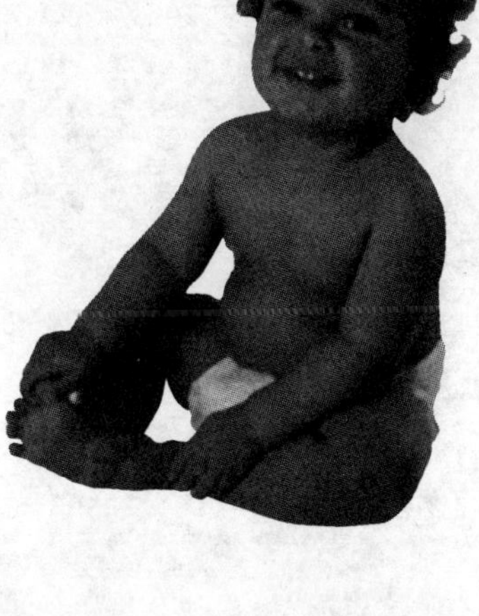

从胎儿开始孕育的能力

过去,人们对于胎儿在子宫内的生活感到很神秘,因为胎儿生活在我们肉眼看不到的另一个世界里。但是近 20 年来由于超声影像和其他科学技术的应用,以及对早产婴儿的仔细观察,使我们逐渐了解到胎儿所具有的种种神奇能力。

通过超声这个窗口, 我们可以看到胎儿在子宫内的生活情形以及他们对各种刺激的反应。如胎儿在 5 周胎龄时就有自发的运动能力,而母亲在妊娠约 4~5 个月时才开始感觉胎动,说明不能监测到的运动已经发生了一段时间。到 7~8 孕周时,胎儿能完成非常简单的单一臂或腿、腕、肘或膝关节的活动。12 孕周时,胎儿能活动上下肢所有各关节,13~14 孕周时臂可与腿一起活动, 有时还能看到胎儿能举起他(她)的双手。19 孕周时,胎儿能走步并保持直立,在一个手的支撑下迅速向前。

一位法国产科医生曾做过一项试验。他将一个小麦克风放在正在分娩的母亲的子宫内,记录通过子宫听到的声音强度。结果发现,绝大多数的声音都能穿透子宫和腹壁。在子宫内能清楚地听到房间内的各种声音,并且还能分辨出声音的强弱,完全能区别母亲体内由于呼吸、血流产生的声音和房间内正在播放的贝多芬第 9 交响乐。同时,这些医生还观察了胎儿对声音的不同反应(如心跳快慢、活动等),发现胎儿能适应各种类型的声音。

胎儿一直浸浴在声浪之中。如在一个怀孕 6~7 月的妇女腹部旁放置一台录音机,可以显示出母亲体内的声音响度(大血管内呼呼声、心跳及肠道的"隆隆声"等组成的声响)稍小于繁华的城市街道的嘈杂声。胎儿对于外部的嘈杂声是很敏感的。日本学者曾经做过一个非常吸引人的研究。研究对象为住在世界最繁华的大阪机场附近的新生儿。如果一个怀孕妇女在妊娠 6 个半月前住进邻近机场跑道的屋子,在她分娩后 3 天时,当一架飞机起飞时她的新生儿将仅有5%的时间是觉醒的，这表明胎内对飞机的巨声已习惯了。当让一位妊娠7个月的妇女住进同样的屋子，结果发现，同样只有3天日龄的新生儿，其觉醒时间较长，并有55%的时间处于哭的状态。这说明，胎儿具有“关掉”或“习惯”的能力。

除听觉外，胎儿其他感觉也有较好的发育。28~30孕周胎儿已使用一些味觉感受器，对早产婴儿的观察已证实：当给一些甜奶时将用力去啜吮，当给酸奶时则会做一些怪相。

胎儿的触觉出现也较早。对触觉的许多反应，怀孕的妈妈可能部分感觉到。当足底接触时，胎儿将直立他的腿；当他的手指来到唇边，胎儿就吸吮。早在6~8周时，如果胎儿的手或足偶然地接触到子宫某些地方，其手指、脚趾会卷曲，到6个月时，胎儿的手抓握是强有力的，足以去支持胎儿自己的重量。

胎儿在宫内，对光也敏感，在妊娠前几个月发展视觉能力是完整的。当一个灯光在母亲腹部一亮一暗，通过超声观察能看到胎儿眨眼。这种眨眼运动约1秒钟后发生。而对声音的眨眼反应则是立即发生的。光通过母腹壁和子宫的薄壁传递，所以胎儿可能经历黑夜和白昼。可见，在人类胎儿的世界里，不仅有活跃的特殊节律、有目的的运动，而且已经具备看、听、尝、触等许多能力。他们对其母亲的情感和活动也有着各种复杂的反应。一些科学研究和实验表明，胎儿靠他的感觉器官已具有适应环境的能力。这为那些将要做父母的人、优生优育工作者进行胎儿教育提供了科学依据，同时也为胎儿分娩后在子宫外的生活做了必要的准备。如果父母们对胎儿在宫内的多种本领有所认识和了解的话，那么，他们一定会感到小小的胎儿有多么的了不起！同时也会努力学会与胎儿间的互相交往，促进胎儿的体格和智能发育，培养出一个健康、聪明的宝宝来。

如何进行科学胎教

正因为胎儿已具备运动、感觉、听觉、触觉等能力，因此，进行科学的胎教有助于刺激胎儿能力的发展。如何进行科学的胎教呢？首先，孕妇要做好心理、生活和物质的准备。孕妇的工作和环境相对安定，心情恬静，情绪愉快；营养充足和合理；适当运动，多到有树林、花草的地方散步，沐浴大自然的清新空气和温暖阳光，有一个和睦温馨的家庭氛围。实行胎教可从妊娠中期(妊娠 4~6 个月)开始。听音乐。孕妇应选听明朗轻快的音乐，选择的乐曲节律要和人的心率基本协调一致，这样使胎儿感到安全、轻松。每天定时播放音乐 2~3 次，每次听 10~20 分钟。另外，母亲唱歌能通过自己的身体振动，更好地刺激胎儿的听觉。妈妈唱歌时，歌声与她的呼吸、心跳和胸腹腔运动是协调一致的，给胎儿以和谐的感觉和情绪上的安宁感。抚摸腹部。当胎动时，孕妇可在每天胎动做自我监护的同时，轻轻抚摸胎动的地方，加深母子之间心灵的交流。和胎儿说话。给小宝宝起个名字，每天与小宝宝对话 2~3 次，给他讲童话故事，这是刺激胎儿记忆能力发展的好办法。这种宫内语言交流为日后语言发展奠定了基础。

胎儿需要孕母提供什么营养

胚胎和胎儿的发育是个迅猛的过程，足月分娩的婴儿体重是受精卵的 10 亿倍，而从出生到成人体重却只增加 20 倍。胎儿生长的全部“原料”只能来源于母体。孕妇营养缺乏对胎儿的严重影响早已被证明了。孕妇营养不足，会导致新生儿体重低下，甚至流产和早产等。更为重要的是，营养不足可引起脑发育不良。脑的结构和功能与营养有密切关系,而智力与脑的结构和功能有关。有研究证明,孕母营养严重缺乏,可使30%的后代在学龄期表现为智力落后。

胎儿需要什么样的营养呢?

热量。这是胎儿生长发育的能源,主要来自孕母主食如米面,脂肪也是热量的来源之一,且对胎儿生长发育特别是神经系统发育有影响。

蛋白质。蛋白质构成人体各部分的主要成分,是胎儿生长发育的基本原料。蛋白质对脑的发育尤为重要。氨基酸是蛋白质的基本结构,氨基酸种类很多,有些氨基酸对胎儿生长有特殊作用,如色氨酸缺乏可引起先天性白内障,某种氨基酸过多,对胎儿生长发育也有不利影响。

维生素。很多维生素是胎儿生长发育不可缺少的。如维生素A、B、C和D,对胎儿生长发育均有不同作用。如维生素D对胎儿骨骼生长钙化有重要作用,缺乏时可造成先天性佝偻病,新生儿表现为前囟门很大头颅骨缝处骨骼很软,如出生后补充维生素D不足,将造成"O"或"X"形腿和鸡胸等骨骼畸形。

叶酸。目前认识到叶酸和细胞分裂和增长有关。缺乏叶酸可导致胎儿神经管畸形,如无脑儿、脊柱裂、脑积水等,妇女应从怀孕前3个月至孕早期3个月每天服叶酸制剂0.4毫克,可预防神经管畸形。

无机盐和微量元素主要是钙、铁和锌。钙是骨骼发育所必需的,铁是造血的原料,锌是人体必需的一种微量元素,如果缺乏,使胎儿生长减慢,脑发育不良。孕母合理的营养是胎儿健康成长之本。孕母每天主要食物分四大类。

牛奶奶制品及豆制品。钙和磷利于胎儿骨骼和牙齿的发育,同时需要补充维生素D,每天400~800单位,吃鱼肝油丸或户外活动,阳光中紫外线促进人体皮肤制造维生素D,因此,阳光是廉价的营养要素。维生素D对促进钙的吸收和利用是不可缺少的。

肉类和代用品。供应胎儿蛋白质和铁剂,有助于血和肌肉的发育。

水果和蔬菜。是维生素 C 和 A 的重要来源，有助于胎儿皮肤、眼和血管等的发育。

谷类(米面)。含糖、维生素 B_1 和纤维素，保证身体热能和各种功能。

要注意饮食平衡，要多样化，各种营养素之间要有适当比例，不得偏食。孕期早期要克服恶心、呕吐反应，保持心情舒畅，坚持进食，孕期晚期饮食要偏淡，防止水肿。

孕妇如何保护好胎儿

妊娠早期，特别是受精后 15~60 天，即末期月经后 30~75 天，是胚胎器官分化形成阶段，最容易遭受有害因素的影响而造成内脏和外形的畸形，医学上称此时期为致畸的高度敏感期。孕期早期要克服恶心和呕吐等反应，要坚持进食有营养的食品。要适当休息，避免过重的体力劳动。少去人群拥挤的场所，以免感染。不要接触猫狗等动物，因为猫是弓形体的传染源。不要接触有害物质如铅、汞和砷等化学物质。不吸烟，不喝酒，从事计算机操作者可用防护围裙。不要随便使用药物。对孕妇严禁的药物有：放射性同位素、抗癌药、四环素、抗甲状腺素药(甲抗妇女在病情发作期必须认真避孕，如果怀孕后还需要用药时，剂量宜小)、雄激素、雌激素制剂、抗凝血药、双香豆素类、链霉素、吗啡、呋喃类药、镇静安眠药、抗过敏药。可能要致畸或对胎儿有害的药：肾上腺皮质激素、抗癫痫药，磺胺类药、氯霉素、灭滴灵(避免口服，孕早期不服)等。孕妇患病需要用药时，一定要在医生指导下使用，既不能滥用，也不能有病不用药，因为疾病同样会影响胎儿的发育。有人怀孕发生妊高症，因不敢服药而导致抽风；贫血不肯服补血药而使贫血加重，影响母婴健康。所以，一定要和医生合作，及时用药。

新生儿的六种状态

刚出生不久的新生儿，如果给他一个安定温暖的环境，室内光线不过亮，他会以独有的方式适应世界，体验人间的生活。他会慢慢睁开明亮的眼睛，带着好奇心，安静不动地注视着你，身体贴着你，他有天生的能力开始和你接触和交往。你会为这棵第一次来到世界上的人类的"幼苗"的强烈吸引力感到惊奇和敬佩(见图 1-1)。

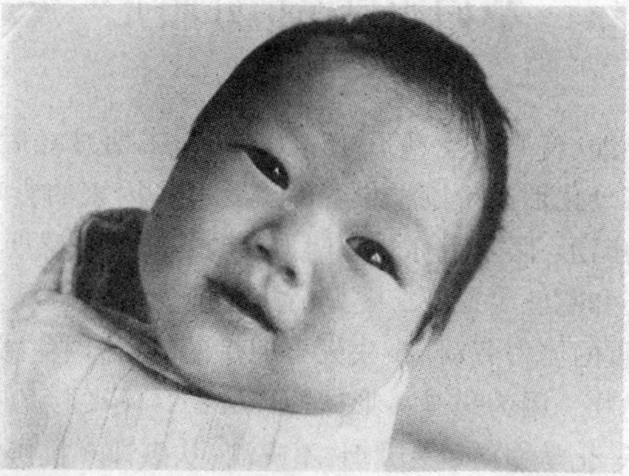

图 1-1　出生 3 天的男娃娃正处在安静觉醒状态

在 20 世纪 60 年代中期以前，人们一直认为新生儿不懂事，他们只会睡、活动、哭和吃奶。虽然有的母亲相信她的新生儿会看，对他谈话有反应，但当时医生和心理学家们还不会相信这些，因为没有人能科学地证明这一点。对新生儿惊人能力认识上的革命是由两位科学家开创的。他们以特有的敏锐感仔细观察了新生儿的行为表现和杰出能力。一位是美国心理学家彼得·沃尔夫，他在家中观察新生儿，坐在新生儿旁，在不打扰婴儿情况下长时间地观察他们从睡到醒的所有活动。另外一位是荷兰医生海英·普瑞区脱。他几乎在同一时期不约而同地做了同样的研究。他们记录了新生儿各个方面的表现，如睡时做鬼脸、微笑、轻微的眼球转动和眼睑闪动，手臂和腿的活动、呼吸和吸吮动作，还有打嗝、喷嚏、全身微小抖动和扭动等。总之，他们将新生儿的自然活动和因周围环境引起的反应，详细地记录下来。从表面看来，他们发现的这些活动是相互没有联系、杂乱无章的表现，但这两位医生将许多日子中详细搜集的资料，进行了创造性的整理，结果发现了其中的规律性。

他们将新生儿所有行为活动按照觉醒和睡眠的不同程度分为6种意识状态，即两种睡眠状态：安静睡眠(深睡)和活动睡眠(浅睡)；三种觉醒状态：安静觉醒、活动觉醒和哭；另一种是介于睡和醒之间的过渡形式，即瞌睡状态。

新生儿的这6种状态，实际上和成人一样。不过每种状态持续的时间和成人不同。如新生儿睡眠状态占一天时间的90%，比成年人长得多。如果我们认识了这些状态，便可以预料新生儿大多数的行为表现，就好像演员在不同背景、时间和剧情中有不同的扮演一样。

安静觉醒状态

图1-2是一个出生2天的新生儿，他正在注视着你，专心地听

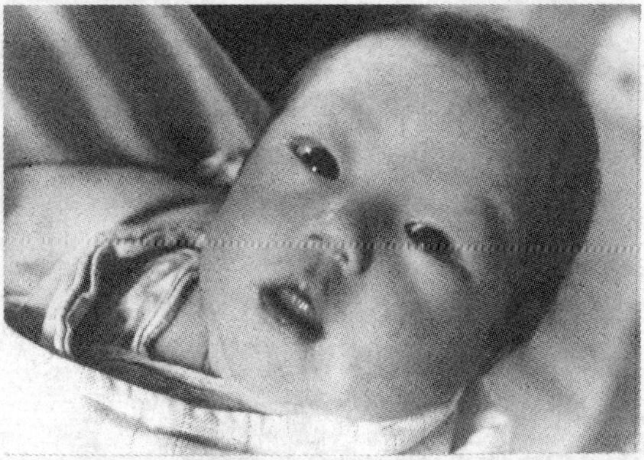

图1-2 出生2天的新生儿专心地注视着你

你说话。他的眼睛睁得很大，明亮发光，很少活动，很安静。新生儿在这种状态时，他们是很机敏的，喜欢看东西，特别是圆形、有鲜艳颜色的东西，如红球，或有鲜明对比条纹的图片，还喜欢看人脸，如果你带上眼镜就更能吸引他们了。当人脸或红球移动时，他们的目光甚至头部会追随。他们还会听声音，如果你在他耳边轻轻地呼叫，他会转过脸来看你。更有趣的是他还会模仿人的表情。

实际上新生儿刚生下来就有一段安静觉醒时间，平均约 40 分钟。也许这是新生儿为了期待他们出世很久的爸爸妈妈第一次会见而安排的特别节目吧！在这时他们会注视父母的脸，专心地听他们说话。如果年轻的父母要想仔细端详你的新生婴儿，你会注意到，在这种状态下的新生儿很少活动，好像把他们全部精力灌注到看和听的上面了。

新生儿这种安静觉醒状态的时间是很短的，生后第 1 周内约占一天时间的 10%。难怪我们看到新生儿时，他们经常在睡觉。事实上觉醒和睡眠状态的交替在他们出生前很久在子宫内胎儿期就已经开始了。在这种激动人心的安静觉醒状态，新生儿对外界有很好的感受能力，能对外来刺激产生反应并学习如何适应环境的能力。你可以看到新生儿有着天生的好奇心(见图 1–3)，他们想要认识周围的新天地。

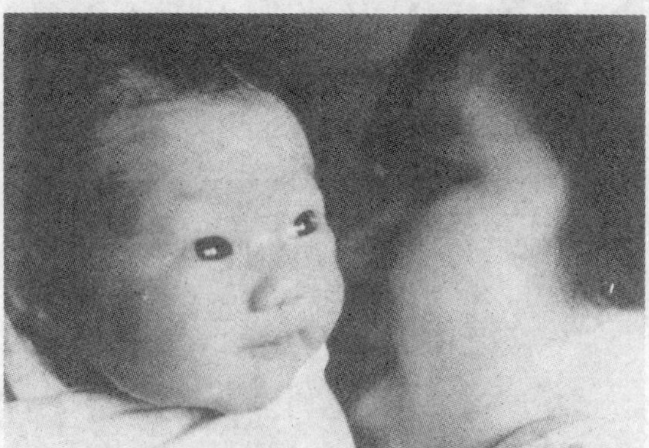

图 1–3　3 天新生儿的好奇心

活动觉醒状态

当新生儿吃奶前或烦躁时,活动增加,眼和脸部活动也增加,好像在环视周围并发出一些简短的声音。有时运动很剧烈,甚至出现自发的惊跳。有时活动呈阵发性,伴有特殊的韵律。他的手臂、腿、全身和脸部每 1~2 分钟出现一次有节律的活动(见图 1–4)。

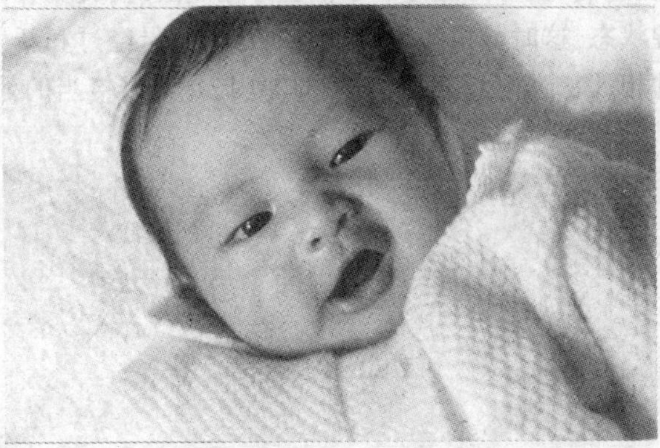

图 1–4 活动觉醒状态

有些科学家认为,这些新生儿的活动可能有一定目的性,是在向他们的爸爸妈妈传递信息,说明他们需要什么。有一位聪明的妈妈确实有这种体验,当她的宝宝开始这种活动,并发出一些烦躁声时,就立即准备喂奶。当婴儿看到奶瓶时便立即安静下来,愉快地张开了小嘴。然而,等一定时间仍不见奶瓶,他们就开始哭了。在这种状态时,如果给些不合小婴儿意愿的刺激,就可以使他们的活动增强或惊跳。因此,有些人相信,这些活动可以促进新生儿和父母之间的交往和联系。此外,新生儿这种一阵阵的运动会受他们脑内某种生物钟的调节,因为在胎儿期,他们已有这种表现。有人将一种测定感受装置放在妊娠期母亲腹上面, 可以探查到胎儿的阵阵活动。

哭的状态

新生儿哭时四肢有力地活动,眼可张开或紧闭,脸有时变得很红。虽然小儿哭是司空见惯的现象,可你曾想到新生儿哭是和人交往的主要方式吗?用哭来表示意愿,希望父母能满足他们的要求,如饿了、尿布湿了或身体不适时哭。还有一种没有什么原因的闹哭,一般在睡前,哭一阵就睡着了。也可在刚醒时,哭一会儿后进入安静觉醒状态,这时显得特别机敏。细心的父母经过和新生婴儿两周左右的相处,能学会理解孩子哭的原因,并给以恰当的处理(见图1–5)。

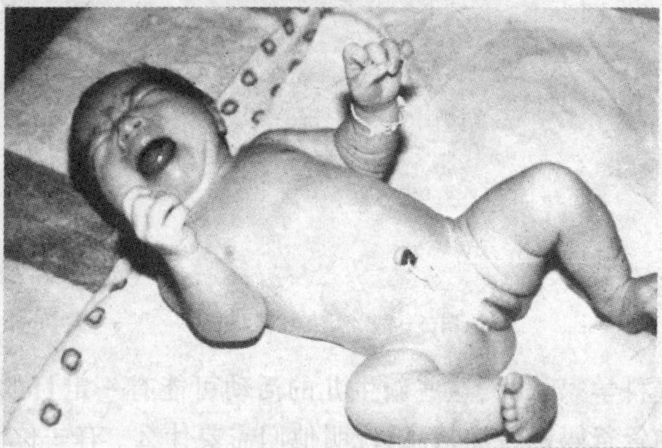

图 1–5　宝宝哭了

许多母亲知道将婴儿抱起来放在肩上，能使他们安静下来并睁开眼睛。有位研究者将哭着的新生儿抱起来,竖靠在肩上后,他便停止了哭闹，开始时以为这是由于位置变化的缘故，后来才明白,有些新生儿是为了要人抱起来竖靠在肩上而哭的。只要抱起来就不哭了,放他躺下就又哭了。这可能是新生儿希望你抱他竖靠在肩上,想看看周围的环境,探索一下这新奇的世界吧!

瞌睡状态

瞌睡通常发生于刚醒后或入睡前。眼半睁半闭，眼睑出现闪动，眼闭上前眼球可能向上滚动；有时微笑、皱眉或噘嘴唇；目光变得呆滞，反应迟钝；对声音或图像表现茫然；常伴有轻度惊跳。这是觉醒和睡眠之间的过渡阶段，持续时间较短(见图 1–6)。

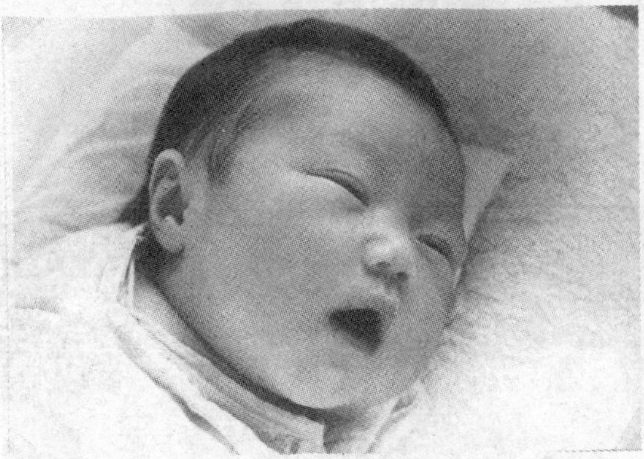

图 1–6　她困了，进入瞌睡状态

安静睡眠状态

婴儿的脸部放松，眼闭合着。全身除偶然的惊跳和极轻微的嘴动外没有自然的活动。呼吸是很均匀的。小儿处在完全休息状态(见图 1–7)。

活动睡眠状态

新生儿在活动睡眠时，眼通常是闭合的，但偶然短暂地睁一下，眼睑有时颤动。经常可见到眼球在眼睑下快速运动。有位医生用 B 超看到胎儿在宫内已有眼运动和眼不动两种睡眠状态。在活

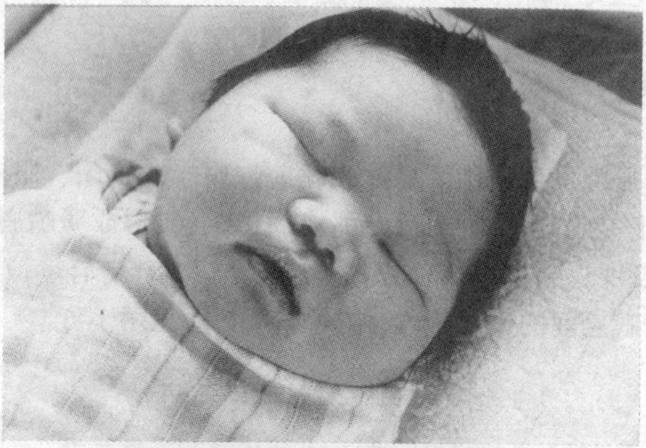

图 1-7　这就是安静睡眠状态，她睡得多香甜！

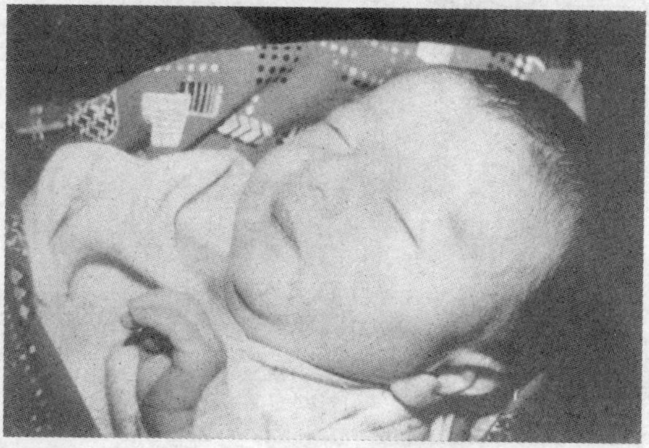

图 1-8　这是活动睡眠状态，她可能在做梦呢！

动睡眠状态，小儿呼吸不规则，比安静睡眠时稍快。手臂、腿和整个身体偶然有些活动。脸上常显出可笑的表情，如做出怪相、微笑和皱眉。有时出现吸吮动作或咀嚼运动。在婴儿觉醒前通常是处于活动睡眠状态。新生儿活动睡眠和安静睡眠时间约各占一半，从安静睡眠到活动睡眠作为一个睡眠周期，一般持续约 0.5~1 小时。所以，新生儿每天有 18~20 个睡眠周期(见图 1-8)。

成年人活动睡眠时常常正在做梦。但谁也不知道，新生儿在活动睡眠状态时是否也正在做梦呢？

认识新生儿的不同意识状态，了解每个状态发生的时间，每个状态有什么表现，对外界刺激可能有什么反应。有了以上这些了解后，父母不仅能了解他们的新生婴儿，而且能很敏感地知道他们的需要，恰当地满足他们的要求，而又不过分打扰他们的休息。例如，当新生儿在活动睡眠时，轻轻地啜泣和运动，但没有醒来，也未哭出声来，父母会知道这是在睡眠周期中发生的现象，可能小婴儿在做梦，不用急着去抱他们起来或喂奶，过一会儿他们又能安静睡眠了。

由于沃尔夫和普瑞区脱两位科学家的卓越观察，使我们认识了新生儿状态有六种类型，一旦我们懂得了这些状态变化的规律性，我们就能理解这些神秘多变的新生儿的心灵世界了。

新生儿会看吗

图 1-9 上的新生儿正在看移动的红球，你瞧，他的注意力是多

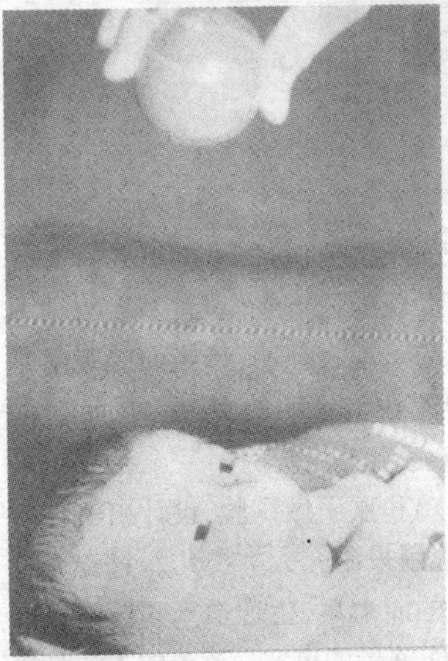

图 1-9　新生儿正在聚精会神地看红球

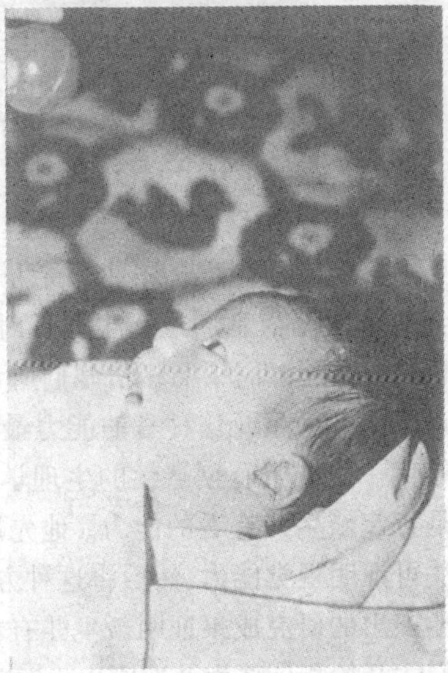

图 1-10　红球位置变动了，他转动眼和头追随和注视红球

么集中呀!手、脚停止运动,将全部精力倾注在看红球了(见图 1–9)。在新生儿安静觉醒状态,半卧位,面朝正前方。用一个颜色鲜艳的红球,距他的眼睛约 20 厘米处,轻轻移动,先引起他的注意。当你看到他正在注视红球时,将红球从中线位向一侧慢慢移动,边移动边轻轻转动红球,以吸引他的注意力,这时他的眼和头会慢慢跟着红球移动,目光追随着红球移动的方式(见图 1–10)。当红球从中线位向头上方移动时,他有时也能略抬起头,眼向上转动继续看红球(见图 1–11)。几乎所有健康的新生儿从出生后几分钟就开始有这种看的能力。

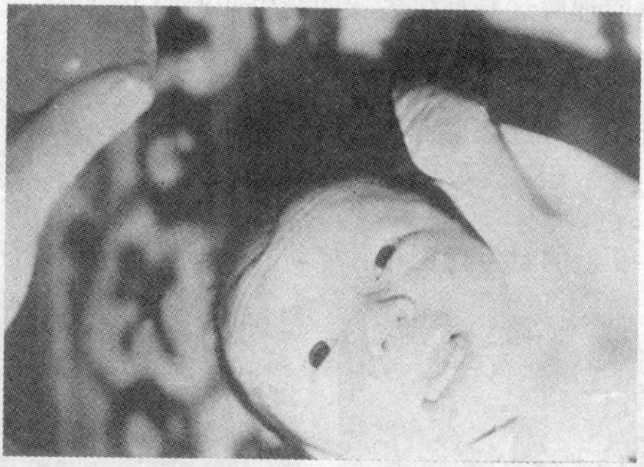

图 1–11　他为什么抬头向上看?原来红球移到了头上方

其实,很多年来,不少母亲早已发现她们的孩子生下来不久就会看东西。当她们逗新生儿玩时,发现他们有视觉反应能力(见图 1–12),但医生们不愿相信她们所说的。现在证明,母亲们的观察是正确的。新生儿这种看的能力最早是由谁证明的呢?是 20 世纪 60 年代一位非常有创造性的生理学家范茨。范茨的第一个研究结果是肯定新生儿有看的能力。他先用鸡和猴子做试验,设计出一种方法可证明视觉能力,然后将这种方法用来研究人类婴儿。只有通过他杰出的研究成果证明新生儿有看的能力后,生理学家和医学教授们才开始相信新生儿在刚出生时就能够看的事实。范茨的方法是根据以下的原理:新生儿正注视某幅图画时,可以从瞳孔前眼的角膜上反射出这张图像，当看到瞳孔表面（眼球中央黑色的圆形部分，类似照相机的镜头）反射的图像时，这图像正好瞄准视网膜中心，其影像落在视网膜上，视网膜（如同照相机内的胶卷底片）是一种眼内记录装置，上面有很多神经细胞，可以将看到图像的信息传送到大脑。如果给新生儿看另一幅图片，角膜上反射出的图片影不在瞳孔中央的表面，而是偏在一边，这个图片不可能落在视网膜上，说明新生儿没有看到这一幅图片(见图 1–13 至 1–16)。

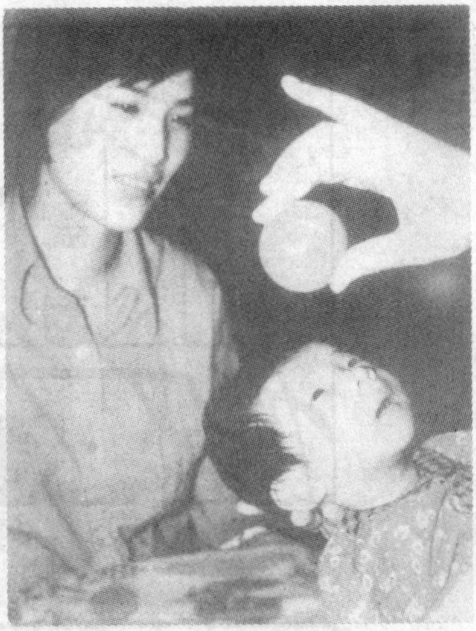

图 1–12　看到生后不久的小女儿会看红球，妈妈多高兴啊！

范茨观察新生儿看的能力，用的设备如图 1–14 中所示。在观察台前有一小小的布罩，在布罩内放一张可调节的小床。将安静觉醒状态的新生儿放在小床上，床前有两张图片是准备给新生儿看的。在两张图片之间有一个小小的窥视孔，观察者可通过小孔观察小婴儿瞳孔上的反射图像，以判定他正在看什么，如图 1–16 眼的

图 1–13　范茨正在研究新生儿的视力

图 1-14　范茨给小布罩内的新生儿看两种图形

图 1-15　范茨通过小孔窥看小婴儿的眼睛

图解可以说明。两种图形,一个是棋盘,另一个为一块方形不着色的白布,从眼瞳孔前反射出来的是棋盘,而不是白布,说明新生儿正在看棋盘。为了肯定新生儿真是有兴趣看棋盘还是碰巧看它,两张图片每隔 10 分钟交换一次位置,每次交换图像后观察者检查和记录对着瞳孔前的图形。通过这种方法,范茨做了很多有趣的实验。

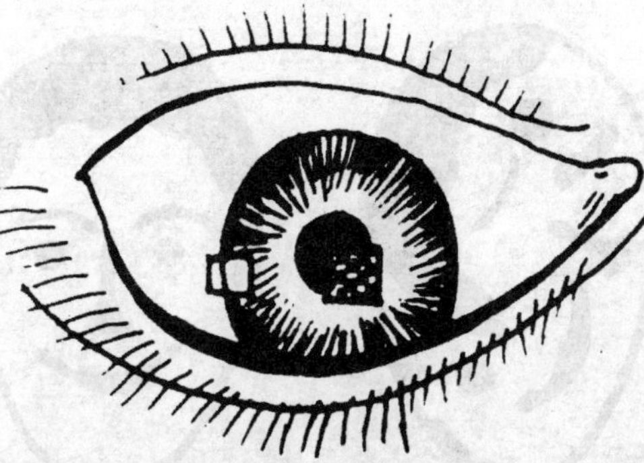

图 1-16　正对着瞳孔表面反射出棋盘影，说明新生儿正在看棋盘，不是看白方块

新生儿喜欢看什么

新生儿喜欢看什么？一些研究表明，新生儿喜欢看轮廓鲜明和深浅颜色对比强烈的图形。可能这种图形对视网膜刺激更大，因此，黑白相间的棋盘比一块单纯白布更能吸引新生儿的注意力。

范茨先生曾经做过一个这方面的实验。他同时给新生儿看两张不同的图像，如果发现新生儿看其中一张的时间长，注视的次数更多，则说明他喜爱这张图像胜过另一张。根据这种推理，范茨耐心地研究了数百名新生儿，证明他们喜欢看带有环形和条纹的图形超过不着色的图形。同时他进一步发现，与那些简单的、直线的、内容贫乏的图形相比，新生儿更喜欢那些复杂的、曲线的、有丰富内容的图形。

更加深入的研究表明，新生儿还喜欢看人的脸。为了弄清这到底是因为他们认识人脸，还是因为被脸的圆形轮廓和眼、头发等鲜明对比的形态所吸引的问题，范茨先生通过给新生儿看两张脸谱来进行试验。一张是规则的脸谱，另一张是将鼻子、眼、口等脸上的结构搬了家的、歪曲的脸谱。结果表明新生儿喜欢看规则的脸谱。

图 1-17　新生儿喜欢规则的脸谱,不喜欢乱涂的脸谱

这或许是新生儿天生就有能力认识自己同类的面孔吧(见图 1-17)。

新生儿最喜欢看人脸,在他安静觉醒时,面朝前方,你和他面对着面,当他注视你的脸时,眼睛睁得很大,眼光变得明亮起来,常停止吸吮和运动。在短时间内全神贯注地凝视你,这种眼和眼的对视是一种传神的、充满感情的交流。父母和婴儿之间在对视中如有磁性一样吸引在一起,相互交流母子感情和真挚的爱(见图 1-18)。

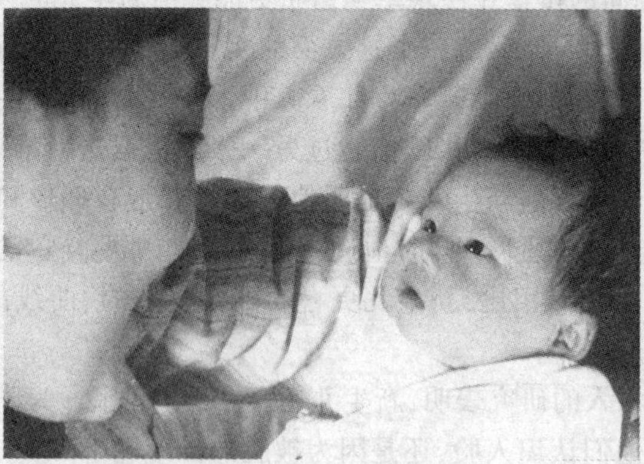

图 1-18　生下两天的小女儿想认认妈妈

看的最佳距离——20 厘米

当新生儿在注视你时，你的头向一侧慢慢移动，但仍然面对着婴儿的脸，这时他会慢慢移动眼，随后转动头部追随你运动的方向，除水平方向外，他还能从垂直方向追随看你的脸。假如与此同时和婴儿说话，就更能引起他的兴趣，因为声音刺激和嘴的活动会增强他的感受(见图 1–19)。

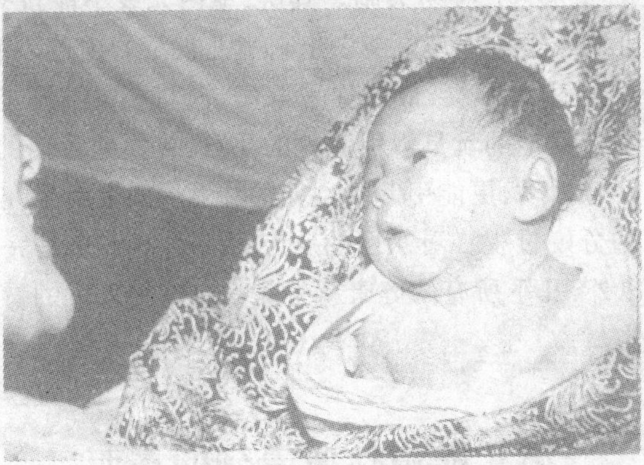

图 1–19　生后不久的宝宝，她的目光能追随检查者移动的脸

有些医生用红外照相技术发现，新生儿看图形时常先扫视图形的外部轮廓，然后看细节。同样，当看你的脸时，先看脸的轮廓，再看眼、嘴等。眼睛是特别能吸引新生儿注视的目标。新生儿不但会注视母亲的脸，而且想用手接触她的嘴，说明视觉和手活动之间已有不寻常的协调动作了。过去认为新生儿不会看的原因之一是不了解新生儿近视的特点。他们看东西的最好距离约 20 厘米，相当于母亲抱婴儿喂奶时母亲脸和婴儿脸之间距离。新生儿调节视焦距能力差，东西距新生儿太近或太远，他们均看不清楚，只看到模糊影。所以要引出新生儿看东西的能力必须将物体放在距婴儿

眼约20厘米左右的距离。这种状态一直持续到生后3~4个月,婴儿4个月才有调节视焦距的能力。有的新生儿能追随移动的物体,而有的新生儿似乎不会看,经过研究才知道,新生儿看东西的能力主要是和他们所处的状态有关,他们在安静觉醒状态才会看东西。如果你想观察新生儿看东西的能力,首先要学会敏锐地认识新生儿的觉醒状态。有的新生儿的机敏觉醒时间是很短暂的,必须善于抓紧时机。这种状态常在吃奶后1小时左右容易取得,因为状态变化和睡眠周期有关。最好不要在刚吃完奶以后,因为这时婴儿很困,睡得很熟,不易叫醒。也要避免第二次喂奶前,因为这时小儿被叫醒后很饿,想吃奶,容易哭闹。其次,室内光线不能过亮,因为强光使新生儿睁不开眼。为了能引出新生儿视觉的出色表演,应使新生儿有一个舒适的体位,最好你采取座位,将婴儿半卧抱在膝上,你拿一个颜色鲜艳的玩具以引起他的注意,或使他看你的脸。如果你将物体轻轻摇动,更能引起新生儿的注意。如果新生儿有病或经历不顺利的分娩过程,看东西的反应暂时引不出来是完全有可能的。除此以外,几乎所有的健康新生儿均有这种天生的看东西的能力。

婴儿能记住所看到的东西

新生儿不但能看,而且还能记住所看到的东西。如床头挂一个玩具,开始时他看的时间长,以后,看的时间逐渐缩短,好像他对此厌烦了。如果换一样新的东西,又会重新表现出兴趣,叫做对“新奇东西的反应”。这可以说明他对已经看过的玩具或图像有早期记忆的能力了。更有趣的发现是小家伙能认出母亲脸上的变化。有一位母亲感冒了,为了保护婴儿而带上了口罩,当抱起生后只有8天的小宝宝喂奶时,发现孩子频繁地看她的脸,好像有什么事情不太对头似的,母亲的脸和以前不同了。结果小宝宝吃奶减少了,白天睡午觉时表现也不安定,入睡也不那么容易了,总的睡眠时间比以前减少了。以上情况说明新生儿能认识他们母亲的脸,并记住她们的模样,一旦改变,就表现出心神不定的样子。还有一位母亲注意到,当她带上有眼镜架的近视眼镜代替贴在角膜上的镜片时,她的日龄只有一天的小宝宝表现出迷惑不解的样子。所有这些事实告诉我们,新生儿从一出生开始,不仅会看东西,而且还能记住看到的形象,他们已有更高一级的脑功能。

总之,新生儿有活跃的视觉能力。在觉醒时,他们能自然地看周围的世界,喜欢看复杂的、多样的和运动的物体,并有视觉记忆力。

特别能引起小婴儿兴趣的是人脸。新生儿眨眼比成人少,他们天生有奇妙的凝视,好像带着好奇心来到世界上。加上他们有凸出的前额、丰满的粉红色的脸颊,因此当他们睁大眼睛注视你们,即年轻的父母或为他们操劳的医生护士们时,你们会感到在和这些纯洁的小天使的对视中那种无言的热切的感情交流,从中得到莫大的精神上的安慰。特别是对孩子抱有殷切期望的父母,可以在对视中,互相交流感情,得到互相了解的机会,不断加深认识和增进亲子之间真挚的爱(见图 1–20)。

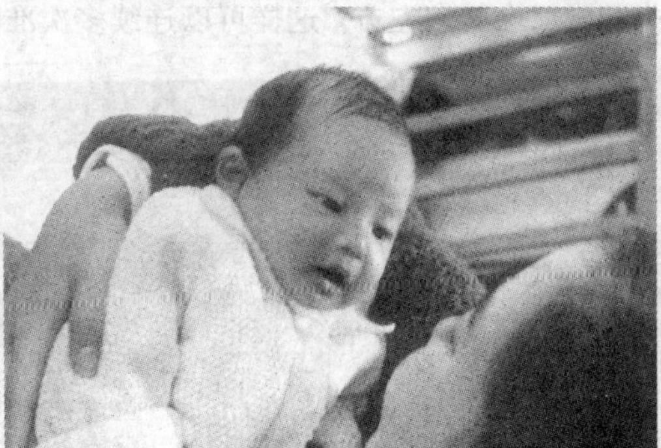

图 1–20 “你是我的妈妈,对吗?”

新生儿的听觉能力

美国著名儿科医生布雷寿顿曾做过一个有趣的试验。妊娠 7 个月的母亲，在 B 型超声的荧光屏前，观察胎儿对声音的反应。当胎儿在觉醒状态，听到母亲腹壁外的格格声时，头会转向声音发出的方向。原来在小儿出生前几个月，他们听的能力已经发育得很好，能准确地听了。他们已能区别声音的类型(如嗡嗡声或铃声)、声音的强弱、调的高低、熟悉或不熟悉的声音，甚至已能辨别声音来源的方向。

新生儿从一出生即有声音的定向力。在新生儿觉醒状态，头向前方，用一个小塑料盒，内装少量玉米粒或黄豆，在距小儿右耳旁 10~15 厘米处轻轻摇动，发出很柔和的格格声，小婴儿会变得警觉起来，先转动眼接着转动头向声音发出的方向(见图 1-21)。有时他还要用眼寻找小方盒，好像在想，是这小玩具在发出好听的声音吗(见图 1-22)？如果你将小儿的头恢复到正前方，在小儿左耳旁轻摇方盒，他的头和眼又会转向左方。这样可以连续多次准确地转头向

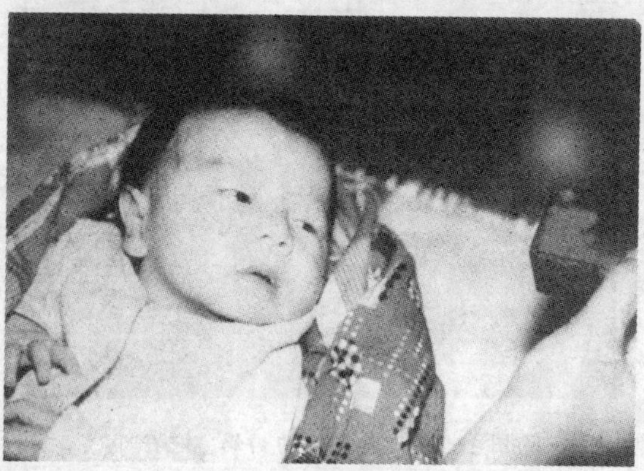

图 1-21　小宝宝听到耳旁塑料盒发出的格格声，转过头和眼

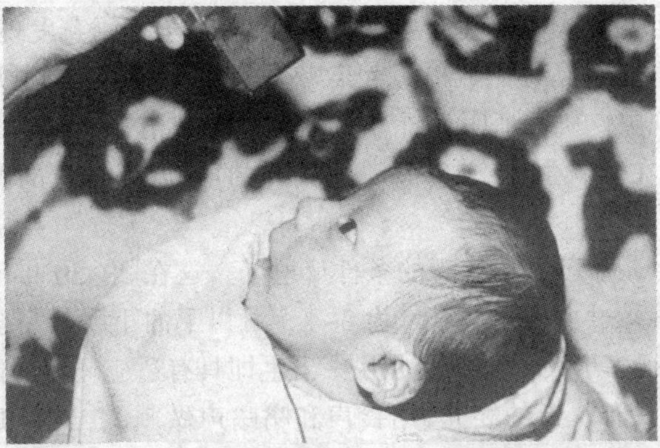

图 1-22　新生儿当听到耳旁格格声时，不但转过头，而且用眼寻找声源

声源。好像小婴儿的头是自动天线，能自动地移动到最好的接收声音方向。

他们不但听而且看声源物，说明眼和耳二种感受器内部由神经系统连接起来了，这种连接使新生儿能尽可能圆满地感受外来的刺激，更好地适应环境。

如果格格声过强时，小婴儿会表示厌烦，头不但不转向声源，而且转向相反方向，甚至用哭来表示拒绝这种噪音干扰。

婴儿喜欢听什么

新生儿喜欢听人声。在他醒的时候，在他耳旁一定距离，在不让他看到的情况下，轻轻地不断呼叫并说话，如“小宝宝，来！来！转过来看看我！”他的眼和头会慢慢转向你，并亲热地看看你，脸上显出高兴的样子，在另一侧耳旁和他说话，有同样的反应。如果一边是父亲的声音，另一边是母亲的声音，多数小婴儿喜欢自己母亲的声音，将头和眼转向自己母亲一边。这可能是由于胎儿在子宫内听惯了母亲声音的缘故吧！

新生儿喜欢听高调的声音，有一位语言学家研究发现，父母亲们似乎本能地提高音调和新生儿第一次谈话。这种声调几乎是世界性的现象。研究证明，6 个不同国家的母亲不管他们的本国语言是什么，在和新生儿交谈时，都用同样的声调、无意义的音节和短语说话。

新生儿期已经建立听的条件反射了，这在 20~30 年前是不可思议的事。过去人们一直认为 3~4 个月以下的小婴儿完全是不懂事的，但很多事实说明新生儿从一出生即具有适应环境的能力。例如，生活只有 1 天的婴儿，用铃声和嗡嗡声做刺激，当右侧铃声响时，给小儿吸吮糖水，嗡嗡声响时不给糖水，他们就能学会当铃声响时，头转向右，而嗡嗡声响时，头不转向右边。如果我们反过来教他们，右边嗡嗡声响时给糖水，铃声响时不给糖水，他们同样很快学会只在嗡嗡声响时头转向右，铃声响时不转头了。这种在生后不久就能对不同感觉刺激联系起来，做出有目的反应的能力，代表了人类学习基本过程的开始。

美国医生地卡斯泊以出色的独创精神，发明一种装置，可以证明新生儿喜好的奥秘。他认识到新生儿有极好的天生的控制他们嘴和唇的能力，他们能通过改变吸吮速度表示一种喜好。因此，这位医生设计一种实验。在小婴儿嘴内放一个橡皮奶头，连接一对软垫耳

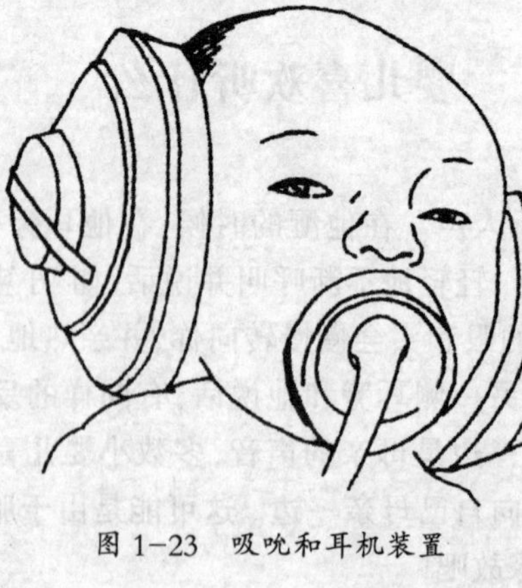

图 1-23　吸吮和耳机装置

机，奶头又和一种可以记录吸吮速度的装置相连。医生能通过耳机控制给小儿听的声音，同时通过装置记录吸吮的速度(见图 1–23)。试验是这样进行的，12 个生后 1~2 天的新生儿，当他们高速度吸吮时能听到母亲的声音，吸吮低速度时听到父亲的声音，结果有 11 个新生儿高速地吸吮。为了保证这不是因为小婴儿喜欢高速度吸吮，做了相反的训练，即吸吮低速度时能听到母亲的声音，结果他们又很快学会了使吸吮速度减慢。这就证明他们为了能听到母亲的声音而加快或减慢吸吮的速度。

用同样的试验方法还发现了新生儿喜欢听自己母亲的声音超过听其他母亲的声音。因为他们在胎儿期听惯了自己母亲的声音。但是，新生儿早期不能分辨自己的和他人的父亲的声音，能辨别自己父亲的声音要晚些，这可能是由于在正常会话水平时，男人声调低，通过子宫壁不易区别的缘故。既然胎儿在宫内能听到外界的声音，那么就可以从胎儿期开始培养胎儿对音乐的爱好。有一位 13 岁的天才小提琴手，她已参加著名的交响乐队，并出场演奏。当人们考察其成长背景时，发现她的母亲是位职业音乐师，在怀女儿时曾在室内乐队拉小提琴。许多伟大的作曲家的父母就是音乐师。当然，儿童早期的经验也是极为重要的，更不必说教学课程、学习勤奋等对发挥个人才能的意义了。

对声音的记忆力

为了进一步了解新生儿对宫内胎儿期听到声音的记忆能力，地卡斯泊医生还做了一个著名的试验。有 16 位妊娠母亲参加这项有趣的尝试。先让这些母亲朗读一个小故事“帽中的猫”和一首小诗“国王、老鼠和奶酪”，并录了音。试验组母亲妊娠 34 周(最后 1 个半月)时开始，一部分母亲大声读“帽中的猫”的故事，而另一部分母亲读一首小诗给他们自己的胎儿听。每个胎儿在出生前，能一遍又一遍重复听同样的故事或小诗，每天 2 次，共 5 小时。在新生儿出生的第 3 天，给他们按上耳机和吸吮奶头，播放他们自己母亲读的故事和小诗的录音，如果婴儿在吸吮快时听到故事，吸吮慢时听到小诗，令人惊奇的是，16 个新生儿中 15 个能选择正确的吸吮速度，当收听他们在胎儿期重复听过的故事或小诗，即在胎儿期听故事的新生儿吸吮速度快，所以能从耳机中收听到同样的故事，而胎儿期听小诗的新生儿吸吮速度慢，以便听到胎儿期听惯的小诗。有一组医学生进入新生儿母婴同室病房，发现新生儿喜欢看他们母亲的脸和听他们母亲说话。而医学生逗新生儿玩时，他们显得不感兴趣。同时还发现哭闹的新生儿听到自己母亲的声音时变得安静起来，即刻转过头去看自己母亲的脸。生后 2 周以内的新生儿已能记住自己母亲的声音和脸的形象了，并能将听到的声音和看到的脸联系起来。这种能力还可以从下面的试验中得到证实。当新生儿听到自己母亲声音而看到其他母亲的脸或看到自己母亲的脸而听到其他母亲的声音时，会表现出慌乱和苦恼的样子，只有当听到自己母亲的声音同时看到自己母亲的脸时，才显出舒畅和得到安慰的神态。

灵敏的触觉、味觉和嗅觉

敏感的触觉

触觉、味觉和嗅觉也是新生儿探察世界奥秘、认识外界事物的重要途径。新生儿的触觉器官最大，全身皮肤都有灵敏的触觉。实际上胎儿生命一开始，当他们被子宫内温暖的软组织和羊水包围时就开始有了触觉。习惯于被紧紧包裹在子宫内的胎儿，出生后喜欢紧贴着身体的温暖环境。东方民族有包裹新生儿的习惯。一般有经验的父母都说，将新生儿包裹好，可以使他们睡得很安静，减少惊跳。这是新生儿被解除了的子宫束缚由人工束缚所替代的缘故。

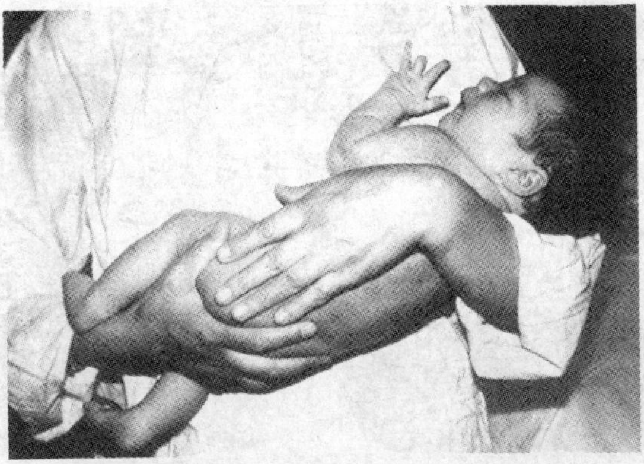

图 1-24　新生儿喜欢紧贴着躺在你的怀抱内

新生儿利用包裹的触觉感受使自己安静。当你怀抱新生儿时，他们喜欢紧贴着你的身体，依偎着你(见图 1-24)。

全世界无论什么民族的父母，当他们的小婴儿哭时，都会本能地抱起自己的孩子，并轻拍、摇动他们。这是在充分利用触觉安慰新生儿。我们做了一个观察，有 2/3 哭闹着的新生儿，只需要和他们说话，将手放在婴儿的腹部，并按住他们的两个手臂，通过触觉刺激使他们停止哭闹，而不需要抱起来安慰 (见图 1-25、1-26)。

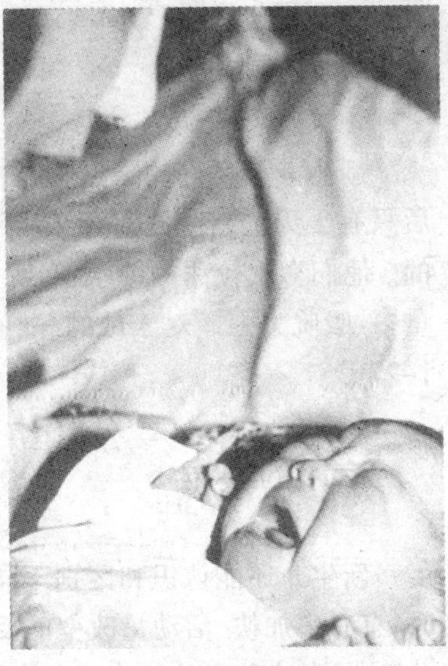

图 1-25　宝宝哭了，先用语言安慰，仍哭个不停

新生儿对不同的温度、湿度、物体的质地和疼痛有触觉感受能力。就是说他们有冷热、疼痛的感觉，喜欢接触质地柔软的物体。嘴唇和手是触觉最灵敏的部位，这可以解释胎儿、新生儿喜欢吸吮手指。用超声显像方法

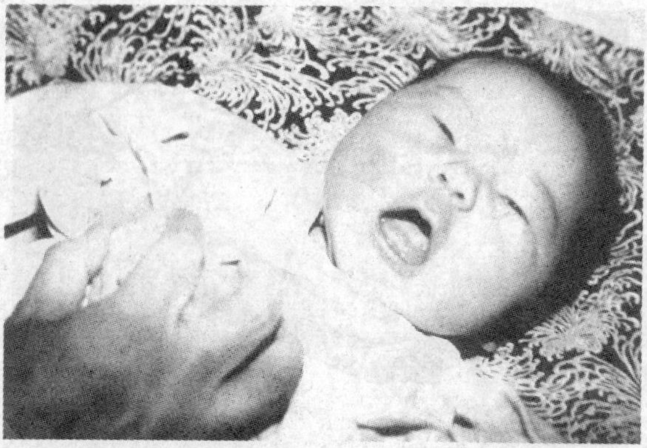

图 1-26　用手放在宝宝腹部并按住他的两上臂就不哭了

可以看到早在胎儿 24 周(怀孕 6 个月)时就有吸吮拇指的动作。总之，触觉是小婴儿安慰自己、认识世界以及和外界交往的主要方式。

良好的味觉

新生儿有良好的味觉,从出生后就能精细地辨别溶液滋味。生后只有 1 天的新生儿对于浓度不同的糖水吸吮的强度和量是不同的。他们喜欢较甜的糖水,吸吮浓度较高的糖水比浓度较低的糖水量多、吸吮力强。对于咸的、酸的或苦的液体有不愉快的表情(见图 1-27)。

惊人的嗅觉

新生儿还能认识和区别不同的气味,当他们开始闻到一种气味时,有心率加快、活动量改变的反应,并能转过头朝向气味发出的方向,这是对这种新的气味有兴趣的表现。一旦适应这种气味后,反应很快消失。英国牛津大学一位研究者发现,生后 6 天的新生儿能辨

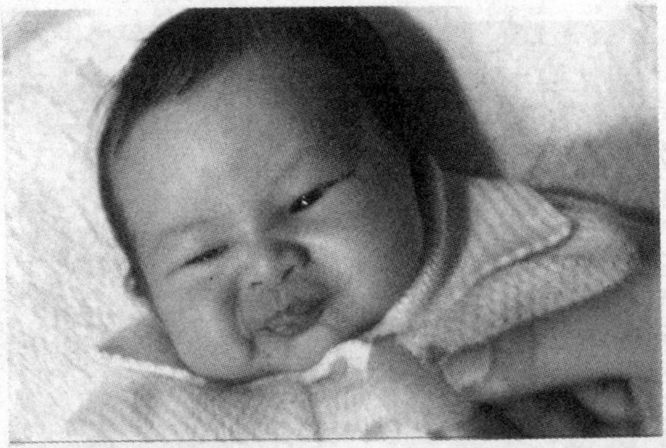

图 1-27　这橘子太酸了

别自己母亲的气味。试验是这样进行的。在喂奶时,每个母亲用一块纱布垫吸收流下的乳汁。在受试婴儿鼻两侧各放一块奶垫,一侧是婴儿自己母亲的奶垫,另一侧是其他母亲的奶垫。观察小儿能否认识并将头转向自己母亲的奶垫。结果生后 2 天的新生儿不表现出对自己母亲奶垫的兴趣,而第 6 天时,大多数小儿能经常地将头转向自己母亲的奶垫。为了防止偶然性, 奶垫的位置每分钟改变一次,结果小儿仍能准确地将头转向自己母亲奶垫的一侧。说明生后 6 天的新生儿确实能闻出自己母亲的气味了(见图 1-28、1-29)。

与此同时,母亲也能辨别自己婴儿的气味。如果将母亲的眼遮住,将不同的婴儿放在她的鼻子附近,她们能凭气味确定谁是自己的孩子。因此,嗅觉也是母婴相互了解的一种方式。

刺激与学习

令人惊奇的是, 生后 3 周的新生儿能将来自不同感觉器官的信息在大脑中联系起来, 他们已经开始学习客观事物的抽象信息了。试验分两步,第一步,用一个光滑的或一个表面卵石样的橡皮奶头,在不给小儿看见奶头外形的情况下,将其中一个奶头放进新

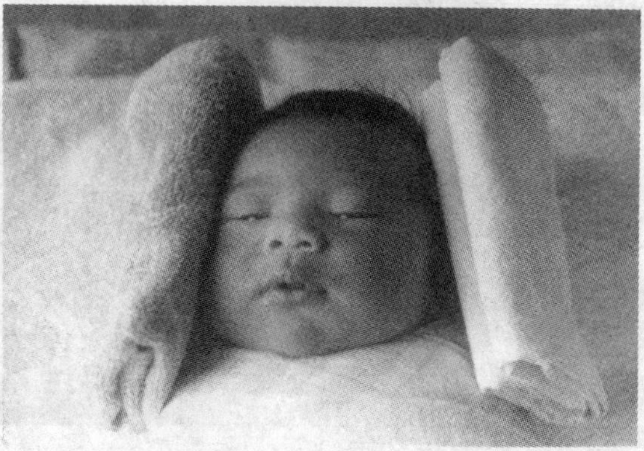

图 1-28　先让我闻闻

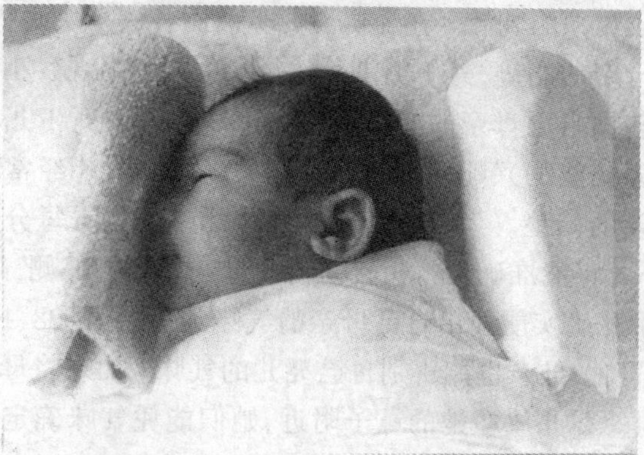

图 1-29　我喜欢自己妈妈奶垫的气味

生儿的口内，停留一分半钟，使他熟悉这种奶头。同样，在不给婴儿看奶头的情况下从口中取出奶头。第二步，立即给小儿看两种奶头，一个是光滑的，一个是表面为卵石样的奶头。结果，大多数新生儿能看他们在口中已经含过的奶头。这意味着，生后 3 周的新生儿，他们脑的某部分能将嘴内含过物体所接受的感觉和眼看到物体的感觉连接起来。人类新生儿的大脑有多么不可思议的本事啊(见图 1-30)!

图 1-30　两种奶头

这些新生儿的不寻常的才能可以出现在不同时期，有时消失，有时又出现，这一方面取决于发育过程中外界的刺激。另一方面也取决于婴儿是否有机会主动或被动地应用自己的能力及应用的机会有多少。无论怎样，新生儿对于接受新鲜刺激有着无穷的兴趣。

总之，新生儿已经具备了视、听、触、味、嗅觉器官，他们不仅能从外界接受各种感性刺激，而且对于他们正在发育的大脑来说，这些外来刺激的传入是大脑发育完善必不可少的条件之一。

如果读者从本书受到启示，从你的婴儿出生开始，将他看成懂事的人，多和他谈话，多和他玩耍，在和新生儿交往中，发挥你的创造性，你一定会找到无穷的乐趣，一定会对孩子未来的智力发育大有益处。

在喂奶时可让宝宝的手碰碰你的乳房，扶扶奶瓶。对他说话时，让他的小手摸摸你的脸。在他的手中放进各种质地的小玩具，轻握他的手摇动，边摇动边让他看，增加他的知觉感受能力。为婴儿作全身按摩或触摸也是值得提倡的方法，不但使小儿情绪愉快，而且可增强机体活力和抵抗力。

学习能力的关键期

婴幼儿时期是心理发展最迅速的时期。年龄愈小,发展愈快。在 3 岁以下,特别是 0~1 岁小儿的智能发展日新月异。学习能力是有关键期的。关键期是指某种知识或行为经验,在某一特定时期或阶段中最易获得,最易形成,错过这个时期,就不能获得和达不到最高的水平。

"关键期"这个概念最初是从动物实验中得来的。20 世纪 50~60 年代,奥地利动物行为学家、诺贝尔奖金获得者劳伦斯发现,小鹅在生后 1~2 天有追随一个活动着东西的行为,过了这个时刻,就很难再形成这种追随行为了。劳伦斯把这种行为称为"印刻现象",即生后 1~2 天是小鹅形成追随活动东西的关键期。人也有学习的关键期。人生下来就有很多潜能,如不给予丰富的环境刺激,使这些能力发挥出来,就会受到窒息,永远发挥不出来了。天生因白内障失明的人,经过手术可以获得视力,如果超过 5 岁做手术,即使复明,也很难辨认东西,因为眼睛看到的东西,视觉信息进入大脑,大脑已经失去了把信息变成图像的能力。

1920 年,在印度发现年约 7~8 岁的狼孩卡玛拉,她出生不久被狼叼走并哺育。她没有语言能力,不能直立行走,只能怪声嗥叫,已经不存在任何人类的智慧。专家们收养了狼孩并为她提供了极好的生活、学习条件,但结果却很失望。直到 6 年后,她才会直立行走,这和训练其他动物不相上下。她死去时已 17 岁,但只学会了几十个单词,仅仅具备 2 岁孩子的智力水平。所以,人学习的黄金时期是 3 岁以前,最好从新生儿期开始教育。

从新生儿期开始早期教育的效果,已通过种种实验研究结果得到了证实。对于人来说,无论学习音乐、舞蹈,还是体育、外语,都是早期为好。因为人的早期是行为可塑期,学习进步快。人的发展,年龄愈大愈慢。但是,我们也应看到,早期虽然重要,不等于过了早期，环境和教育就不起作用了。我们这里只是强调，如果要发挥人的大脑的最大潜能，应特别注重 0~3 岁的教育。

学习始于生后头几天

年轻的爸爸妈妈可曾发现，宝宝是醒着来到世界上的。出生不久的宝宝，如果给他安定温暖的环境，室内光线不要过亮，他会以独有的方式适应世界，体验新的生活。他会睁开明亮的眼睛，带着好奇，安静注视着你，身体贴近着你。他有天生的能力与你接触和交流，你会被这棵刚降临的人类“幼苗”所强烈吸引并感到惊奇和佩服。

宝宝刚出生，他的心灵的“窗口”就敞开着，随时准备捕捉来自环境的良好信息。

这些“窗口”是眼、耳、口、鼻和皮肤等感觉器官。他的大脑有上千亿个神经细胞渴望着从“窗口”进入的适当刺激，并随时接收和处理这些信息，这就是学习的开始。这些信息如同阳光和雨露促使小树成长一样，可以促使神经细胞茁壮成长。可是，爸爸妈妈多忙呀！要忙着哺喂和护理，妈妈分娩后的劳累还没有恢复。出院回家后，有很多事需要安排，还顾得上宝宝的学习吗？其实，爸爸妈妈不用紧张，你懂得宝宝生下来就有学习的能力，将宝宝当成一个“懂事”的孩子，在照顾宝宝的过程中不断和宝宝说说话，如“宝宝，我是你妈妈！现在给你喂奶，奶很香吧！”“宝宝，你尿湿了，给你换换尿布，你会很舒服！”“宝宝，我多么喜欢你，你的小手多嫩，多可爱!”然后，亲吻小手，抚摸一下宝宝，这些就是宝宝头几天学习的内容。爸爸妈妈在和宝宝交流中会感受到精神上的安慰和乐趣。

新生儿会交流吗

当宝宝从医院接回家后,全家为添了一个新成员而忙碌着。这时,父母的感情是复杂的,充满着喜悦,满怀希望,但又多少有点担心。他们仔细观察这位小天使的头发、眼睛、鼻子、小嘴和面部,抚摸宝宝的小手,轻轻拍拍宝宝的身体,感到无比的欣慰,同时也会产生一种怎么将宝宝培养成为聪明可爱的孩子的强烈愿望,那么新生儿期如何开始培养呢?

首先要学会与新生儿交流。不会说话的新生儿怎么会和人交流呢?新生儿生下来就会看、听、有嗅觉、味觉、触觉、活动和模仿等能力,具备了和大人交往的能力。

新生儿的哭是和成人交流的主要方式,用哭声来表达自己的要求。哭是一种生命的呼唤,提醒你不要忽视他的存在。如果你能仔细研究新生儿的哭,就会发现这其中有很多学问。首先是哭声,正常新生儿有响亮婉转的哭声,使人听了悦耳。有病的新生儿的哭声常常表现为高尖、短促和沙哑或微弱等,如遇到这些情况应尽快找医生。正常的新生儿的哭有很多原因,如饥饿、口渴或尿布湿等,还有在入睡前或刚醒时不明原因的哭闹,一般在哭后都能安静入睡或进入觉醒状态。宝宝会用不同的哭声表达不同的需要。年轻父母经过 2~3 周细心体验,就能理解小婴儿哭的原因,并给予适当处理。

大多数新生儿哭时,如果把他抱起竖靠在肩上,他不仅可以停止哭闹,而且会睁开眼睛。如果爸爸在妈妈后面逗引他,他会注视你,用眼神和你交流。我们做过研究,在新生儿哭时,你可以通过和宝宝面对面说话,或把你的手放在宝宝的腹部,或按握住他的双手臂,约 70%哭着的新生儿可以经过这种安慰停止哭闹。过去有人认为小婴儿哭不用抱,以免以后经常要人抱、费时间。其实,这种看法是错误的。因为宝宝发出要和你交流的信息,你不给予应答,他以后就不愿意发出信息了。这样做,不利于宝宝的智力发展。

新生儿还会用表情和你交流,如通过注视、皱眉或微笑等和你交流,使你了解他的意愿,父母可以细心的体会。如果父母从新生儿期能敏感地理解新生儿的表示,就可以促进新生儿交流能力的发展。

眼神的交流。当宝宝觉醒睁开眼睛时,妈妈抱起他,面对面,宝宝会注视你的脸,妈妈会不由自主地说:“宝宝看看妈妈,宝宝认识妈妈吗?”宝宝似带微笑,有时会学妈妈的样子张开小嘴。当宝宝吃奶听到妈妈说话时,他会停止或改变吸吮速度,说明宝宝在听妈妈说话。而别人说话他不理会,说明他对妈妈的声音有偏爱。爸爸比妈妈更加活跃和调皮,他们爱和宝宝嬉戏,以得到心理满足。一个有较多时间照顾宝宝的爸爸这样描述:“宝宝是如此爱听我的话,睁着大眼睛看看我,似乎能听懂我的话,哼哼地和我说话,好像在和我交流。”

训练方法。细心体会婴儿哭的原因,对婴儿的要求给以满足。在觉醒时充满爱心地和婴儿交流,婴儿和成人在交流中辨别不同人的声音、语意,辨认不同人的脸、不同的表情,保持愉快的情绪,促进宝宝交往能力的发展。

第二篇

新生儿天生的运动本领

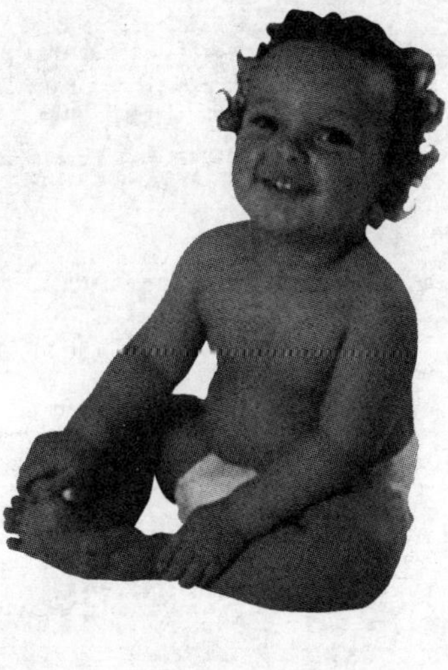

运动自胎内开始

自妊娠后期开始,父母就沉醉在喜悦之中,胎儿在子宫内运动的本领——胎动给他们带来了无限的乐趣。胎动是母子依恋、母子交流的开始，甚至父亲也会经常用两手抚摸其妻的腹部共享胎动之乐。

实验已经证明,用超声波观察胎儿,在母腹外用声音刺激(如摇摆浪鼓)或光照,均会引起胎儿的反应,胎儿先会惊跳,随着刺激次数增加,他的运动减弱,甚至还会吸吮大拇指。胎儿对反复刺激将慢慢地习惯化。另外如果父亲经常对着母腹说话，多次叫唤“宝宝”,胎儿也会引起反应,脸转向父亲。实际上,运动从胎内就已开始,而且会有规律地进行。

胎儿令人惊讶的各种运动有着很多目的，运动本身对肌肉骨骼的生长和发育,以及对脑内神经细胞的生长是必需的。脑内神经细胞的扩展实际上使臂和腿发育成长。运动可帮助其发育,运动也使未来的神经通路及分支得到发育。由于神经的发育使手的控制能力加强,如果妨碍任何一个部分的运动,则会出现关节僵硬,肌肉和神经衰弱,骨骼发育不全。因此,父母所感觉到的胎儿运动(胎动),对婴儿的发育至关重要。

胎儿生活在子宫羊膜腔内,其内充满羊水,缓冲和保护胎儿。在此漂浮和失重的环境内，胎儿的躯体和肢体有着广泛自由的活动范围,保持其关节的灵活性。在宫内胎儿经历着摇动,这也可以解释为什么出生后的新生儿会如此高兴并能引出各种反射。如一个17周胎儿能做仰头、前滚翻、倒立、伸腿的整套动作,在数秒钟内胎儿有规律地全身广泛运动犹如花样游泳一般。

当研究者用超声观察胎儿的时候，发现胎儿有大量不可预测的行为,如睁眼、张嘴、伸舌、微笑、打哈欠、作怪相、啜、抬手、拥抱、伸展、蜷缩,而且在他们出现此类动作前似乎已实践了一段时间。

这种锻炼，像运动员所从事的训练一样，以帮助每一个运动更加平稳和协调。

胎儿的生命和活动是由一系列内在的生物钟所调节的，每一种运动有不同的时刻表。如心率 1 分钟 140 次，而在宫内控制睡眠和觉醒时间的“定时计”走得很慢，每 30 分钟改变 1 次，这些睡眠和觉醒状态的“定时计”是随着胎龄而改变的。大多数“钟”位于脑内，而胎心的起搏点则有部分是心脏本身。这些“钟”同时工作并与胎儿的各种运动节奏相一致。

一些孕妇清楚地意识到，胎儿会用改变运动形式来对他们的情感作反应。产科医生也观察到，有慢性应激的妇女将使胎儿心率加快及动作活跃，经过一些复杂的过程，胎儿会被母亲的情感所影响。这种母亲和胎儿间的“谈话”在孩子出生以前已经进行了很久。

新生儿的生活规律

出生后的新生儿具有一定的生活规律。一日之内 90%的时间处于睡眠，觉醒时间总共才 2~3 小时，新生儿不断地进行着睡眠—觉醒周期，以每 30~60 分钟循环一次。此周期我们前面已作过介绍，包括六个状态：有深睡、浅睡、瞌睡、安静觉醒、活动觉醒及哭。如果你的眼睛是一架摄影机，能进行连续的摄像，每秒钟一张，你将会惊讶地发现：当新生儿觉醒不哭时，他会在一定的规律下运动，约 1 分 25 秒完全没有活动，紧跟着会突然发生运动。当新生儿处于活动觉醒状态时，每 1~2 分钟连续发生着活动—安静周期。当今科学家们正进行着不懈的努力，以揭示新生儿外表上似乎无目的运动的复杂性。最近的研究成果为我们提供了一幅奇妙的图画，新生儿的运动不再被认为是随意的和无意义的了。

“生物钟”支配运动

我们发现,新生儿的运动不是反射性的,他们对一个环境刺激的反应有时表现为惊跳或抖动。更确切地说,新生儿的这些臂和腿的自发性活动有一个内在的节律，揭示出在每一个新生儿脑内存在着一个支配运动的物质，它是神经组织的一部分，我们称它为“生物钟”。那么这些节律的发生究竟有多早并发展到何种程度呢?心理学家鲁勃脱松发现,早在妊娠 20 周时,胎儿已有同样的自发性运动。说明在生命早期就存在着臂和腿的大量活动。对每一个新生儿来说,运动量的变化是轻微的,一些新生儿活动较多,另一些则较少,而运动的范围较广,需要靠特殊摄影机才能及时观察这些活动。如果你在肉眼下不能看到你自己的宝宝有节律的运动,你也不要感到失望。只要你耐心仔细地观察,我们相信你一定会成功地观察到这种节律确实存在。

影响新生儿活动的主要因素

新生儿的这些活动(包括伸出和缩回上下肢)或许是向父母学习的一种自然本能,是新生儿邀请成人游戏的一种表示。不同文化教养、传统习惯和种族等因素会影响新生儿的活动。譬如我国传统的襁褓,在我国国情下是一种很好的保温措施,但却限制了新生儿的四肢活动(见图 2–1)。在襁褓内新生儿显得安静且活动少。如果像西方国家一样,不用襁褓,新生儿就显得活跃。活动增多能促进呼吸和身体活动的锻炼,有利于发育。我们的研究表明,在新生儿早期,以手到口(吃手)为例,美国新生儿较我国的新生儿吃手的能力要强些,有人推测这也许是西方新生儿不用襁褓的缘故。不仅不同的文化教养影响婴儿，而且种族的不同似乎在出生时也表现了出

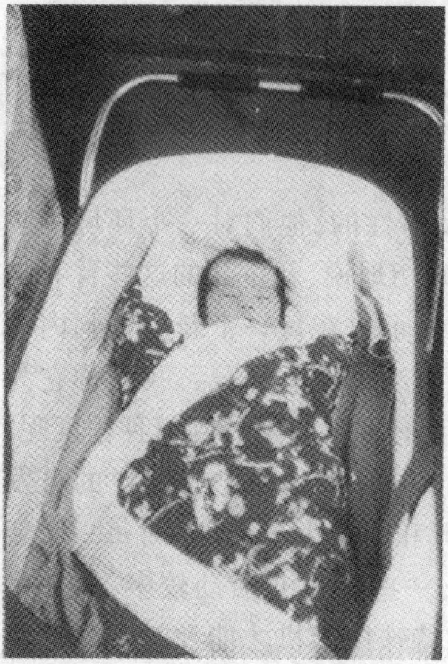

图 2-1　我国传统的襁褓，新生儿被束缚，但安静

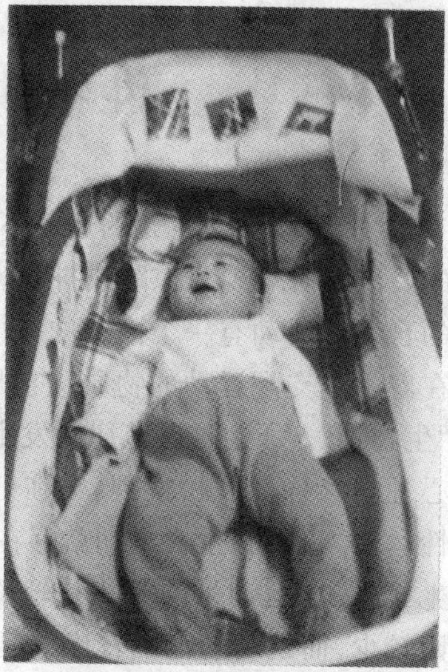

图 2-2　对着妈妈微笑

来。有人对黑人、高加索人及东方人三个种族的新生儿进行观察表明，东方新生儿的肌肉强度和张力均小于其他两组，且出生时活动也较少。相反，黑人新生儿的肌肉强度和张力最好，高加索新生儿则介于黑人和东方新生儿之间，但三组新生儿在成长过程中发展的能力都是相同的。如果改变传统的襁褓方法，我们推测，很可能我国新生儿的发育还会改善，甚至优于其他两组。

交谈与新生儿的躯体活动

当母亲或护理人员在新生儿床头与新生儿热情谈话时，会发现相当微妙的情景。他躯体的运动会伴随成人的说话同时进行。新生儿对其母亲或护理人员的声音会有节奏地运动，开始头会转动，手上举，腿伸直。当继续谈话时，新生儿会表演一些舞蹈动作，更使你意想不到的是，他竟会举眉、伸足、举臂。你仔细观察还会发现，由一个音节会引出一个新的动作，如对你凝视、微笑。新生儿的躯体活动与其母亲谈话的内容是协调的，包括声音的停顿和变化，这些变化你都可以试一试，当你成功后会感到无比高兴，这是母子交往的最好形式。当新生儿状态良好时，还会打哈欠、凝视、对着你笑、吸吮手拳及抓住谈话者的手(见图 2–2)。

这些动作在出生时就已存在。当你重复一个音节或中止一下呼吸时，就会使新生儿弯曲其踝关节或举肘、举眉。当你和新生儿谈话时，相信他对你正作出反应，在他能说话以前他常用躯体活动来和你谈话，这对脑的发育、心理的发育是颇有帮助的。

特有的原始反射

正常的新生儿一出世就有一些先天的反射。这些反射能够反映出宝宝的机体是否健全，神经系统功能是否正常。有些早期异常也可从这些反射的变化中看出来。如你把拇指同时压在新生儿的两侧手掌，他的嘴会张开，并向前低头、有闭眼的动作，这叫巴巴啃。这种反射在出生后即已出现，6 周后会逐渐减弱，如果生后 4 个月仍持续存在，则表明有脑部病变。

当你用手指抚摸新生儿的脸颊时，他就会转向抚摸的这一侧并张开其嘴。新生儿来到世界的一个重要本能是“准备吃”，而觅食(或寻找)反射就是为了使其容易获食。

在新生儿安静觉醒状态下，母亲将新生儿抱在怀里，使新生儿左颊触碰其母乳头，此反射先会引起婴儿将头转向左侧，并张开上下唇，然后寻找并咬住乳头开始吸吮。这种生后即出现的反射叫原始反射(又称新生儿期暂时性反射)，这类反射是新生儿生后所特有的本领。随着年龄增加，中枢神经系统逐渐发育，这些反射会逐步减弱消失。大多数反射如果在生后 3~4 个月仍继续存在，则提示有

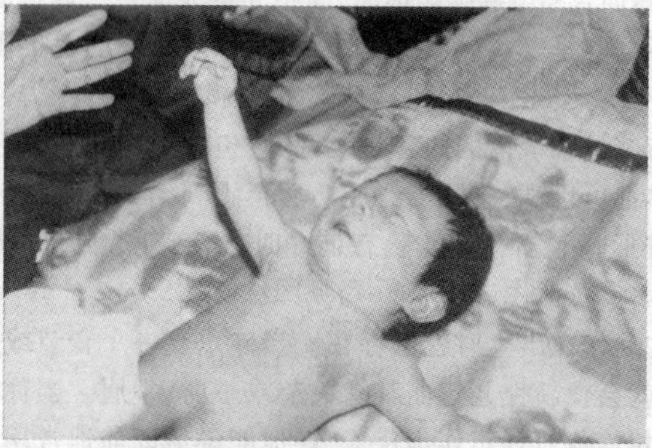

图 2-3　拥抱反射(1)

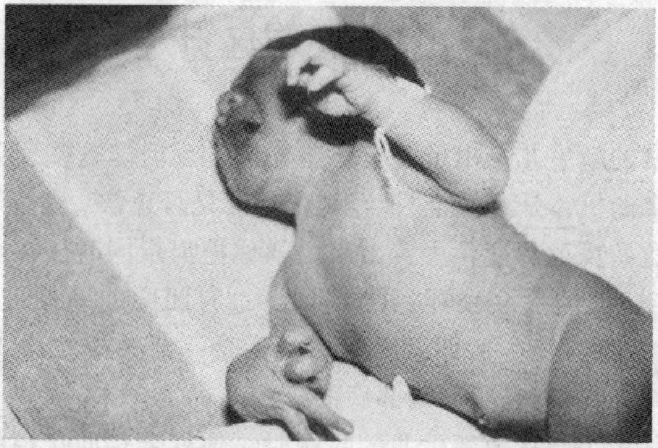

图 2-4　拥抱反射(2)

脑的病变，有些反射如颈肢反射在 6 个月后会消失。除以上所提的巴巴啃反射及觅食反射外，这类反射还包括吸吮反射、握持反射、拥抱反射及自动踏步等。

拥抱反射

又称摸罗反射，当突然改变新生儿的姿势时，或者当他听见大的声音时，他会(1)双臂外展，手指伸开；(2)上肢屈曲内收呈拥抱状；(3)有时伴有啼哭(见图 2–3，2–4)。

握持反射

安静觉醒的正常新生儿很容易引起握持反射，可将你的双食指或小指分别自新生儿两手的尺侧缘伸进手心，轻压其手掌，他会紧紧抓住你的手指引起抓握反射。反射亢进则提示双侧大脑有疾病，新生儿期消失或减弱则提示该新生儿中枢神经系统呈抑制状态。正常情况下两个月消失。一些学者认为握持反射代表着一种进化的适应，新生儿有这种能力是在设法“保护”自己。在某些情况下，你的宝宝甚至能支持其自身体重并在帮助下拉向座位。

此外，对有直立能力的新生儿，当其足接触桌面支撑直立时，将出现自动踏步动作，一般是先迈出左足，然后右足跟上，踏步良好时像散步一样，有的甚至会走10余步，使父母惊叹不已 (见图2–5)。

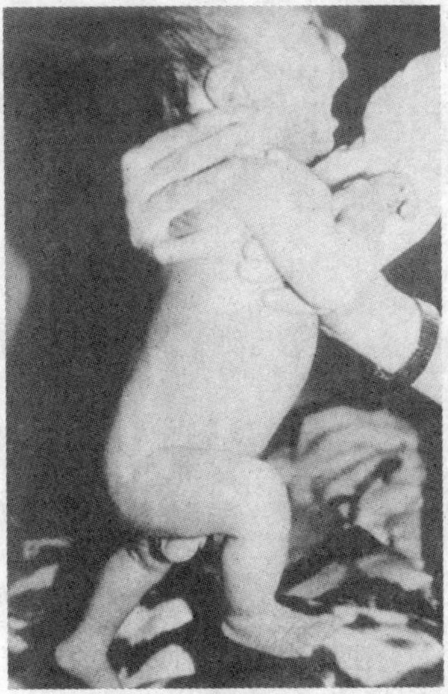

图 2–5 自动踏步走

新生儿与成人共有的其他反射，如情感改变时会出现恐惧、心跳增快等；当你用羽毛去刺激他的鼻子时，他们就会打喷嚏；当食物误入气管就会咳嗽；多食后肠蠕动亢进会使大便次数和量增加。

主动运动

新生儿的运动本领确实令人高兴,除了有前面所谈到的能看、能听(临床上把他们称为视、听定向能力)外,还有更高一级的模仿能力;并能在帮助下竖起头、身体站立;在牵拉新生儿时新生儿会像拉单杠似的腾空而起,在帮助下还有爬行动作(见图 2-6)。

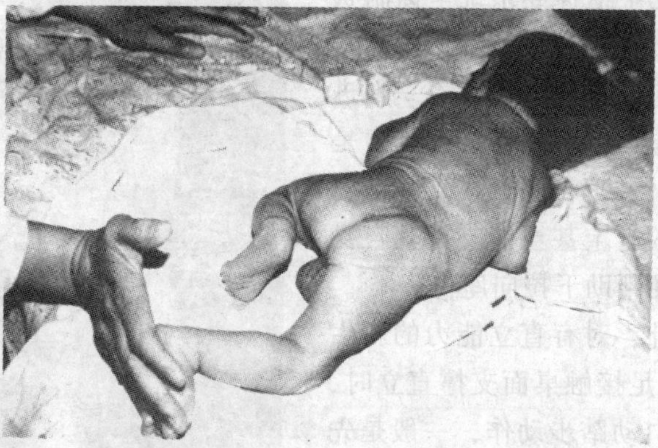

图 2-6 在帮助下向前爬行

在做视听定向或行为检查中,与新生儿面对面对视,相距 20 厘米左右,如果新生儿处在良好的安静觉醒情况下,当你发出轻柔的语声时,新生儿会对你说话感兴趣,向你凝视,并作出友好的应答,面露笑容,嘴唇启动犹如与你说话一样,表现十分轻松、惬意。你要抓住这个极好良机,向他连续张嘴动作,张嘴幅度自小而大,新生儿会模仿你而张开嘴(见图 2-7 至 2-9)。

新生儿由于主动肌张力的存在,靠其颈屈肌(管理颈部屈曲的肌肉)和颈伸肌的主动收缩,在帮助下可使头竖立。具体做法是,我们用双手在新生儿乳间连线水平固定其身体,自仰卧位慢慢将新生儿扶起,在刚扶起时新生儿头向后垂,当将躯体与床位成垂直

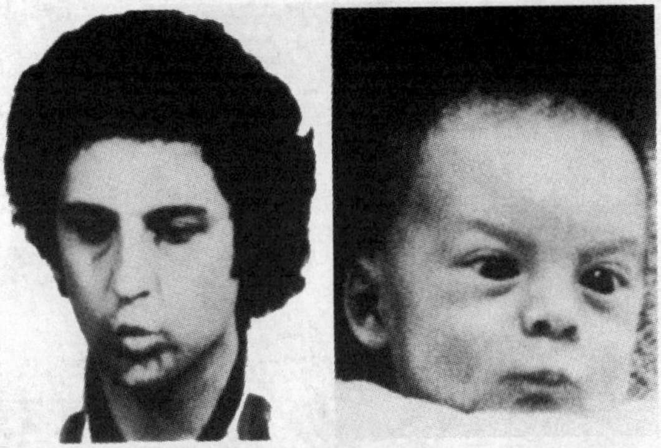

图 2-7　精彩的模仿动作(1):凝视医生,开始张嘴

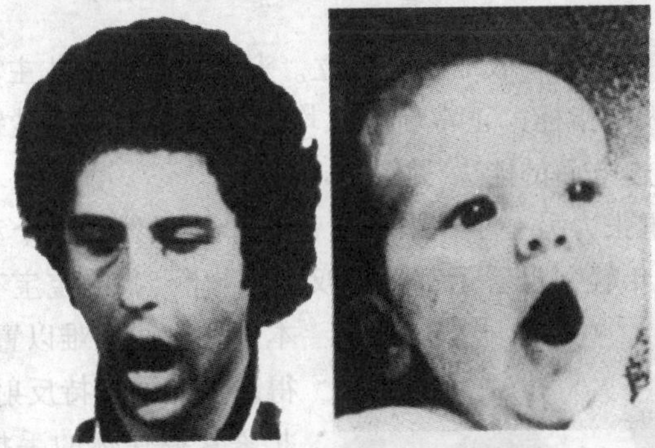

图 2-8　精彩的模仿动作(2):啊,嘴张大了

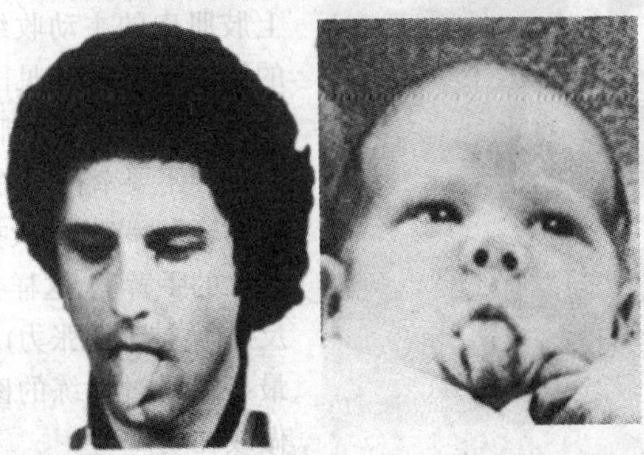

图 2-9　精彩的模仿动作(3):嘴张到最佳状态

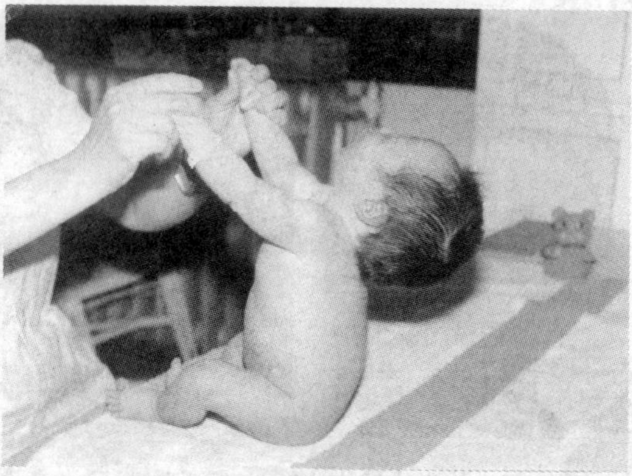

图 2-10　当新生儿起坐时头后仰

时，因颈屈肌的主动收缩头会竖立。头竖立是新生儿主动肌张力测定的一个极好指标，正常新生儿均能把头竖上 1~2 秒钟甚至几十秒钟，显示这方面的能力(见图 2-10)。

主动肌张力另一个惊人的运动是牵拉反射，这个动作令人兴奋，尤其是年轻父母看了都会惊叹出声："啊，我的宝宝有这么大的本领"，真叫人难以置信。当你取得新生儿的握持反射后，在新生儿紧紧握住你的手指时的一刹那你立即将双手举起，新生儿靠上肢肌肉的主动收缩会使自己的躯体腾空而起(见图 2-11)。请你注意，当新生儿抓握不好时，你千万不要牵拉。另外，当你牵拉时，不要将你的大拇指放在新生儿的手背上，这样会变成悬吊反射(属被动肌张力)。做此检查最好由受过训练的医护人员来做或在场。

图 2-11　牵拉反应

新生儿能伸手去拿东西吗

新生儿有伸手去够东西的能力吗？过去，许多人认为，因新生儿未臻成熟，不能伸手拿东西。一般地说，约4个月月龄时才开始有这种能力。神经生理学家对此的解释是，新生儿之所以无此能力，是由于神经周围缺乏髓鞘的缘故。但法国儿科医生阿米尔梯桑和格里纳用大量的研究实践否定了此理论。他们的工作表明，一些新生儿能够伸手拿东西。他们认为，在新生儿安静觉醒状态，当你集中注意，平静地与新生儿面对面看，以及检查者轻轻地摩擦他们的颈部3~4分钟，使颈部放松后，新生儿可无约束地去拿东西。正常新生儿在出生时明显有够东西的内在能力，但由于颈肌紧张，妨碍了新生儿的伸手运动。一旦颈肌放松，新生儿就可伸出手拿东西。克劳斯用电影手法慢速度重复观察到了此种能力，但他告诫读者，这种伸手的运动仅在极少数新生儿中能见到，父母们如不能看到自己的孩子有这种本领，也不要感到失望。

总之，通过对你宝宝的观察，你会认识到新生儿自胎内就开始运动，且这种运动在生后与父母的交往中继续发展。运动的本领受神经系统内的生物钟支配，反过来运动又促进神经系统的发育，有利于早期智力开发。愿年轻的父母们掌握并学习这种规律，促进你的宝宝健康成长。

面部表情和模仿能力

新生儿有着宽宽的前额，大而明亮的眼睛，微小的鼻子，柔嫩的皮肤，对爸爸和妈妈来说像是一块带有磁性的吸铁石。当母亲第一次接触新生儿时，母亲的动作大多和新生儿面部的表情特别是眼睛的表现有关。

正像你对新生儿的面部感兴趣一样，婴儿也对你的面部特别感兴趣。当新生儿将成人的面孔与几何图形作出比较时,他们会首先选择人脸。在安静觉醒状态下,婴儿常以特别的兴趣注视着你的面部,他们不但有能力对于看到的面部作出反应,而且能正确地模仿你的某些表情。

一位天才的希腊心理学家马勒特斯首先注意到了这种模仿能力。谁在模仿谁呢?你看,母子互相注视着,母亲聚精会神地看着孩子,孩子也在目不转睛地望着妈妈(见图 2-12)。

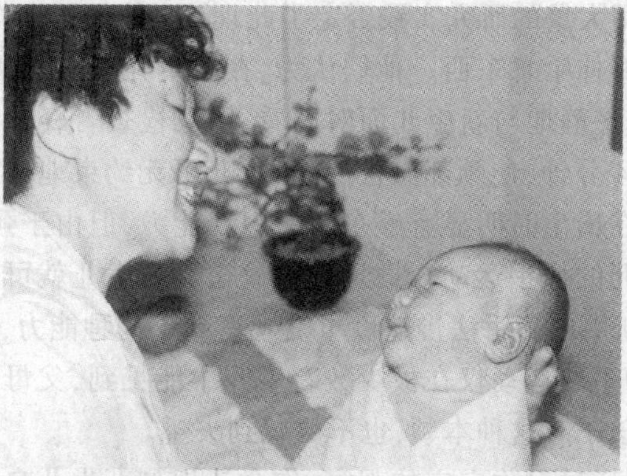

图 2-12　聚精会神的母女

你想试试吗?当宝宝处于安静觉醒状态时,距离宝宝的面部约 20~25 厘米,并让宝宝直接注视到了你的脸。首先,尽可能地伸出你的舌头,慢慢地重复伸出舌头,每 20 秒钟一次,共 6~8 次,然后停止。如果宝宝继续看着你的脸,常常可能在嘴里移动自己的舌头。开始时,朝着一侧面颊移动,大约 20~30 秒钟后,舌头将慢慢地出现在嘴边。最后,有的宝宝能很快地将舌头伸向嘴外。

伸出舌头,对新生儿来说,就像玩游戏一样。当宝宝的注意力集中在你的面部时,如果你伸出你的舌头,宝宝就能模仿。但也有些新生儿不喜欢玩这个游戏。成人的兴趣各有不同,儿童的爱好也是无法统一的,有的喜欢玩枪,有的喜欢玩娃娃。新生儿也有自己的思维活动,他们有权力选择是否玩伸出舌头的游戏。

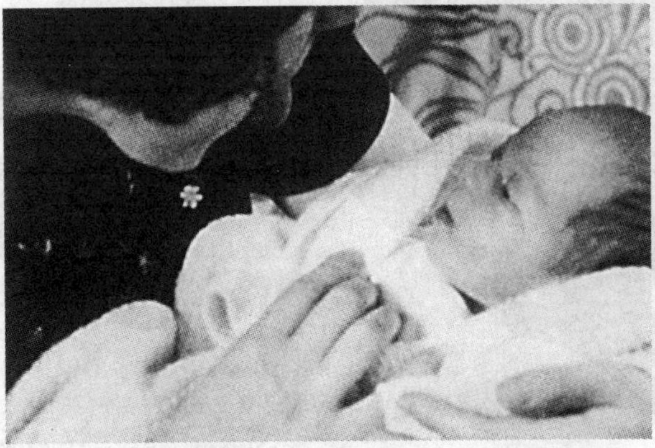

图 2-13　大夫将舌头伸出嘴外，刚出生 2 天的小婴儿正在全神贯注地望着大夫

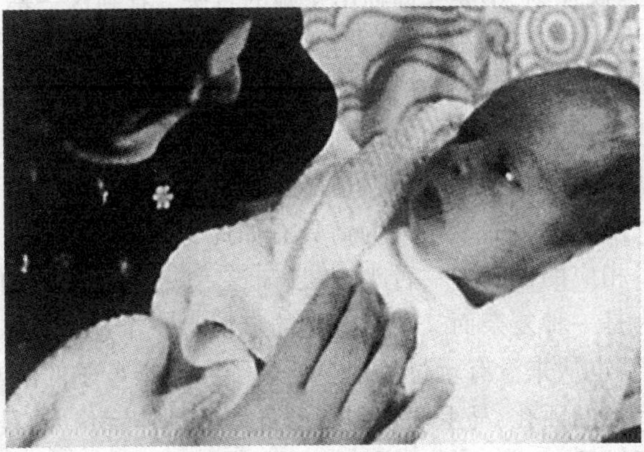

2-14　大约 30~40 秒后，小婴儿张大了嘴

一个出生两天的小儿，她目不转睛地望着大夫的脸，注视着伸出嘴外的舌头(见图 2-13)。大约 30~40 秒钟后，小女孩张大了嘴，她的舌头在嘴里向一侧颊部移动(见图 2-14)。最后，小婴儿模仿大夫，将舌头伸出嘴外(见图 2-15)。

我国一位儿科老专家曾对一名具有神奇能力的新生儿进行过观察。这个新生儿是一个刚刚出生 8 小时的小女婴，能玩伸展舌头

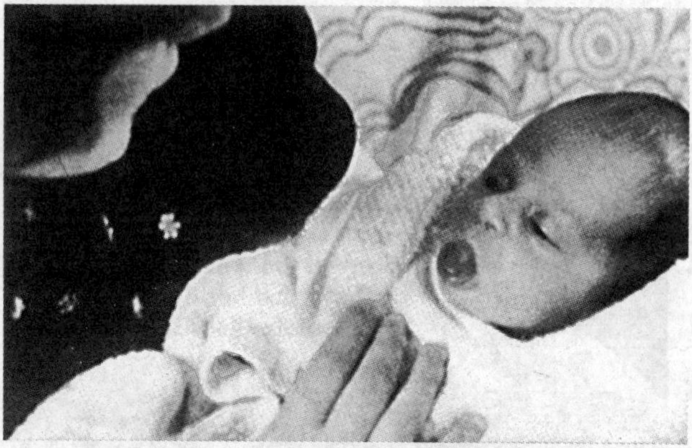

图 2–15　宝宝终于伸出了自己的舌头

的游戏。首先，老专家和小婴儿互相注视，当老专家慢慢地伸出他的舌头，稍候片刻，小婴儿即伸出了她的舌头。看到这一幕，在场的大夫和护士们都感到很惊奇。有人建议：让这个新生儿一个一个地、面对面地和所有的工作人员见面，包括老专家，但有一条规定，和小女婴见面者切勿伸出自己的舌头，这样她却只有在见到老专家时，不管老专家的面部表现如何，都伸出她的舌头。

这个出生不久的新生儿为何具有如此惊人的本领呢？首先他们具备了相应的器官——舌头，并且知道舌头的定位和如何使用。模仿行为是一种复杂而又很有意义的事情，一个新生儿从来没有照过镜子，也从来没有玩过发现自己鼻子和母亲鼻子的游戏，但他们能看到你的面孔，马上联想到自己身体的具体定位，这是一个复杂的认识过程。

有一位母亲告诉我们另一种奇怪的游戏，她教她的新生小女儿打呵欠，然后，鼓励她一个接一个地打呵欠，一直到母女入睡。虽然，这是一种游戏，但这种游戏已经影响了母女的行为。

在世界上，不同民族的新生儿都一样，他们的面部表情是明显的，通常表现的面部表情有害怕、悲哀、高兴、讨厌和生气。所以说，人脸是会说话的。从新生儿开始就能显示几乎和成人一样的面部表情。

当新生儿注视你的面部表情时，他的双眼集中到你的眼睛和嘴上(见图 2-16)。然后，按照他们所见来改变自己的眼睛和嘴的表情。当他们模仿悲哀的表情时，他们会紧缩眉头，并撅起小嘴。但如果要问，新生儿到底需要接受多少刺激才能联系到他们的模仿行为呢？目前尚不清楚。也许这是人类婴儿的天赋。他们用自己面部的感觉器官，随着自然运动和各种特征性的活动，使自己在新生儿时就产生了最大范围的面部表情。

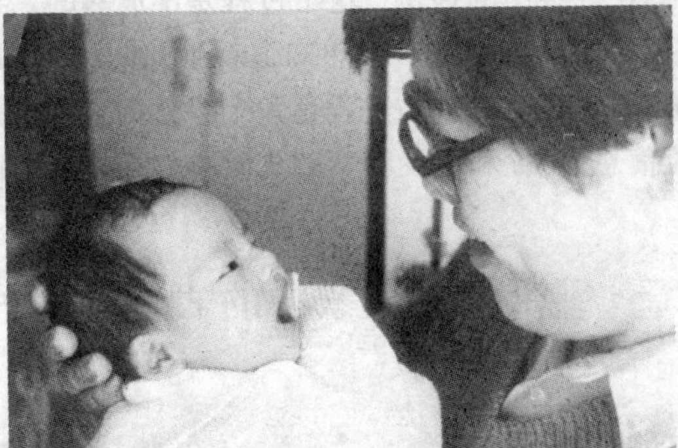

图 2-16　显示了父子互相注视、互相模仿的情景

随着孩子的生长、发育，他们的面部才显示真正的表情，并随着家庭环境的变化而变化。

到了妊娠末期，母亲常常梦想即将出世的孩子如何漂亮、聪明。通常情况下，他们想像即将出世的孩子相当于一个 3~4 个月的婴儿，面色红润，皮肤柔嫩，面带微笑，双眼睁得大大的，显得很机灵。当孩子出世后，母子初次相遇，用真正的婴儿取代了想像中的婴儿，无论在面部特征和行为能力上都存在着差距。因为他们刚刚出世，皮肤上蒙有一层薄薄的胎脂，有的有脱屑，闭着眼睛，哭着来到了世界上。

母子相见，互相注视、互相模仿，他们之间的关系错综复杂。这已由英国著名精神病学家韦尼考顿博士通过精细的观察得到了阐述。他们观察到，母亲对婴儿来说，就像是一面镜子，尤其是在生后第 1 个月，母亲在婴儿的模仿行为上花了很多的工夫。韦尼考顿博士在母亲的镜子作用中评论道：“当新生儿看见母亲的脸时，他们到底看见了什么呢?看见的是他们自己。”

当母亲温和地追随或模仿婴儿而不是刺激或指挥他们，并且把自己摆在婴儿的位置上时，小婴儿做出的反应和模仿行为就明显增多。

相互借鉴的另一种形式是互相学习。婴儿要了解自己、了解你、了解他们在社会中的地位。这个过程是不成熟的。我们叙述这个过程，仅仅是因为我们有兴趣想知道新生儿的秘密，而不是为了去训练孩子，因为以上的模仿过程是一个自然的过程。我们为新生儿具有交流信息、生存和接受养育的先天本领而惊异。

新生儿在家中的表现

最受欢迎的小使者

一位妈妈回忆说：“当分娩最痛苦的时刻，突然听到腹中婴儿呱呱坠地，一切痛苦就抛到九霄云外去了，我们全家等待已久的小使者果真来到了这个世界，母爱油然而生，我憧憬着未来，我决心把她培养成一个有文化、有教养的人。”我们在家庭访问中，总会听到家庭成员对新出生的小使者的赞美和希望。有一位奶奶给小宝宝取名“晨”，即早晨、太阳、希望的意思，意味着小宝宝是全家人的希望所在。宝宝来到人间，受到了父母、家庭以及社会的欢迎和关怀。

新生儿来到人间，与家中成员互相交往，母亲当然是其最可亲的对象。当父母每一次接触自己新生的婴儿时，他们的感情是复杂的，充满喜悦，满怀希望，又多少有点担心。他们都特别仔细地、十分认真并按特定的顺序一项一项地观察这位小使者的头发、眼睛、鼻子、小嘴和面部，接着抚摸小宝宝的小手、小脚和躯体，并轻轻地摇动一下小宝宝的身体，母亲会感到无限的欣慰。宝宝这时会很懂事，用眼睛注视妈妈，拥抱她，听妈妈喃喃说话并闻到奶香、寻找乳头、获得食物。这就是父母和宝宝的互相交往。

视、听是最好的交往形式

前面已提到，视、听、触觉和模仿是新生儿的主要行为能力。在家中新生儿和父母等交往也是通过这些能力来表现和发展的。只要你用心观察就会发现，小使者光临人间不久就会东张西望，眼睛还会追随红球或有色玩具上下左右移动。我们曾对新生儿(正常足月)进行了初步观察，通过家访发现，生后 12~14 天、26~28 天的婴幼儿，在看红球、听格格声这两项行为方面较生后 2~3 天的婴幼儿有明显长进，生后 2~3 天的婴幼儿虽能看红球，但头和眼球只能在水平方向移动，到 12~14 天特别到 26~28 天时不少新生儿可随着红球转动。如你能掌握此规律，你就可以在哺乳后抱起宝宝，眼和眼接触(最佳距离是 20 厘米)，一边说话，一边慢慢移动面部，宝宝的头和眼球就会随着你而转动，这是轻而易举的事，但意义却重大。正如美国学者文尼柯茨博士所说："'最早的母亲贯注'对幼儿来说是很有帮助的，这是一个能提高敏感性的时期，在生后要持续几个星期，可以为形成你宝宝的个性、展开智力发育及感觉发展提供条件和环境。"这样，如抓紧新生儿时期的行为锻炼(当然要循序渐进)，对你宝宝的发育会有很大好处。

眼对眼的互相注视是相互交往的开始。许多妈妈反映，在宝宝注视她们时会感到很高兴，不由自主地会紧紧拥抱她们的孩子。她们会说："张开宝宝的眼睛，喔，宝宝是妈妈的，宝宝认识妈妈吗？"这时宝宝可能会微笑。大约 40%的母亲要花一周或更多的时间才感觉到宝宝真正是自己的。通过接触、照顾新生儿，父亲才真正感到宝宝是自己的，因此这些相互之间的交往是必需的。父母在此时期内能强烈地感到他(她)们自己与宝宝联系在一起，惊人的感情共鸣渗透在母(父)亲与新生儿之间。

在家庭随访中,妈妈还会告诉你她那些引以为骄傲的事:当宝宝在吃奶时听到妈妈的谈话,宝宝就会停止吸吮或改变吸吮速率,表明宝宝要听妈妈说话,而别人的说话声宝宝却不理会。这里要顺便提一句,母乳喂养不仅可将抗体输送给新生儿来预防感染(因为母乳尤其是生后头几天的初乳含有丰富的分泌型 IgA),而且新生儿的吸吮动作可使母体产生激素帮助子宫恢复,更重要的是母乳喂养能促进母子之间的感情交流,新生儿对自己母亲的乳房有特殊的吸引力,能识别自己母亲的奶香,吸吮母乳有利发育,而正在哺乳的妈妈往往沉浸在惬意之中。

通过交往促进行为发展

新生儿对妈妈的爱抚、接吻、拥抱及注视的反应是将两眼对准妈妈并微笑。妈妈的爱抚常常易使婴儿安静下来,大概与妈妈同婴儿在生理、内分泌和感情上的内在联系有关。在安静觉醒状态,他会以非凡的能力模仿成人的动作,如张嘴、伸舌及微笑。大概生后第 7 天起,新生儿就会望着妈妈、爸爸或其他家庭成员微笑,以表示满意。生后 7 天的女儿,妈妈在旁边逗她,会转过头看着妈妈微笑。到了 12 天,当爸爸逗她时,她会注视着爸爸微笑。父亲也可在生后几小时甚至几天与宝宝的接触中得到极大的愉快之感,他们与新生儿的接触与母亲的风格不同,爸爸比妈妈更活跃和调皮,他们爱与宝宝嬉戏,从中得到满足(见图 2–17)。

在家中,父亲有较多时间去照顾宝宝,并进一步了解宝宝。有一位父亲用这样的话来描述:“宝宝是这样的爱说话,睁着大眼看着我,好像能听懂我的话,嗯嗯地和我说话。一会儿宝宝闹一阵,我抱起他就安静,并用眼睛盯着我笑,他是一个十分机敏的小羊羔,是那样舒坦和令人鼓舞,真使我不能想像。”

这位父亲提及的用抱起安慰的方法使他的宝宝从烦躁哭泣到安静觉醒状态,是很有趣的。这种本能的、天生的“安慰”实际上是以新生儿行为正常为前提的。安慰不能成功常提示有中枢神经系

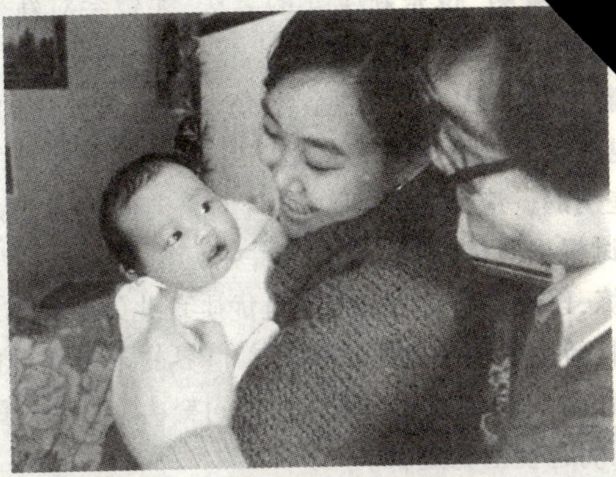

图 2-17　爸爸、妈妈与宝宝一起嬉戏

统病变所产生的激惹症状，这时就需要找新生儿科专业医师检查。

这位父亲的话使我们很受启示，新生儿行为的发展需要父母共同来关怀和诱导。我们在家访中高兴地看到一个生后 10 天的新生儿，处于安静觉醒状态，医生给他“上课”，用彩色带响的玩具在他眼前移动，宝宝会注视着玩具，头部会随着玩具而转动。妈妈低声与宝宝说话，宝宝很懂事似的注意妈妈的动作，他的小嘴也模仿着动，此时，妈妈不知道有多高兴。

新生儿对红色特别感兴趣，我们发现一个新生儿生后 11 天就能看着在玻璃鱼缸中游动的金鱼达 10 分钟之久，还有一个 11 天的新生儿可注视电视上的火球。如果你定期随访新生儿就会发现，新生儿到了 26~28 天时，反应愈来愈灵活，常带笑容，喜欢与成人逗笑。有时在成人逗他时，他可发出喉音，似乎在与成人对话。新生儿对周围事物感到很新鲜，常常上下左右地张望，表现出很机警的样子。如果这时对新生儿安排合适的课程，实行一些训练，年轻的父母们，你的宝宝动作会更灵活，思想会更敏捷。

有一个 18 天的新生儿，听到洗衣机的脱水声，便奇怪地瞪着眼睛，凝神地听着。新生儿听到歌声便舞动两只小手，生后 26 天新生儿在哭闹时，听到电子音乐声，马上停止哭闹，且将头转向声源。

我们在家访中发现，不少家长包括爷爷奶奶、爸爸妈妈自己探

…生儿的方法，无疑会对新生儿的行为

…视、听、模仿及与成人交往的本领，这些…的基础。当然，每个新生儿的这些行为…期就对新生儿进行行为能力的检查和…家庭条件制订措施以进行早期智力开…育。这是优质育儿的关键措施之一。年…体承载着世界的未来和希望。专业医…配合，共同努力，以促进我们的下一代从新生儿期起就茁壮成长。

新生儿的护理

刚出世的宝宝正经历从子宫内寄生到独立生活的巨大变化，了解新生儿特点做好喂养和护理是保证宝宝健康的关键。新生儿消化、呼吸、体温调节能力均较差，抵抗力低，容易感染。母乳是最佳的天然营养品，而且吃母乳有防病作用。小儿需要生活在空气新鲜、温度适宜的环境。室内禁止吸烟，经常通风(避免过堂风)，室温20~24℃，湿度50%~60%。谢绝亲友探望，以免交叉感染。新生儿保暖和预防感染是重点。皮肤娇嫩，应保持清洁。会阴和臀部要经常水洗。尽量做到每天洗澡，脐带脱落前身体上、下部位分开洗，脱落后可用盆浴。宜用无刺激性的肥皂，浴后用软毛巾吸干，不宜揩擦，因易损伤表皮。衣服应柔软、宽适，天天换洗。保持鼻孔通畅，如有鼻涕痂，可用温开水浸湿的棉棒轻轻取出，因为新生儿不会因鼻塞而张口呼吸，鼻塞可引起呼吸困难。脐带护理好可预防感染，一般于生后3~10天脐带残端脱落。脐带部位不用纱布覆盖，有利其干燥脱落。每天用70%酒精棉棒洗脐根部及周围皮肤1~2次。刚脱落时脐根部有些湿润是属正常现象，局部用酒精棉擦后凉干即可。如脐部有脓性分泌物或脐周皮肤变红，应找医生诊治。

第三篇

0~3岁体格和智能发育规律

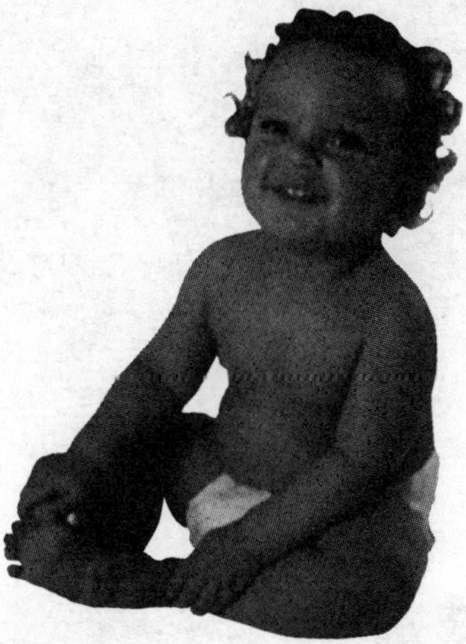

婴幼儿体格发育规律

体重增长规律

体重是衡量婴幼儿体格发育和营养状况最重要的指标。目前，我国正常新生儿的平均出生体重为 3.20~3.30 千克。大多数新生儿出生后会出现生理性体重下降，3~4 天时达最低点，7~10 天左右可以恢复到出生时的体重，体重下降最多的可达 200~300 克。生理性体重下降的原因多半因为新生婴儿不能立即适应母体外的环境，表现为多睡少吃，吸乳不足，而肺和皮肤又蒸发大量水分，大小便的排泄也相当多，从而导致体重减轻。如果体重下降太多或 10 天以上尚不能恢复到出生时的体重，就应查找原因，分析是否由于母乳不足、喂养不合理或患病等因素所致，以便及早采取措施。

婴儿满月时一般增重 0.5~1.5 千克，平均 0.9 千克左右，生后第 2 和第 3 个月平均增重约 1.25 和 0.9 千克，4~6 个月平均每月增 0.45~0.75 千克，7~12 个月平均每月增 0.22~0.37 千克，全年共增重约 6.5 千克。由此可见，生后头 3 个月增长速度最快，以后随月龄增长而逐渐减慢。一般生后 3 个月的体重约为出生体重的 2 倍，1 周岁体重约为出生体重的 3 倍。

1 岁后体重的增长速度进一步减慢，并且能独立行走，活动量增加。因此，从外表看，1 岁后的小儿不如从前那么胖了。这是正常现象，不能以此认为孩子营养不充分或者有病。一般 1~2 岁内全年体重增长约 2.0~2.5 千克，2~3 岁全年增长约 2.0 千克，因此 2 岁小儿的体重应为 10~12 千克，3 岁小儿的体重应为 12~14 千克。

对婴幼儿来说，定期测量体重十分重要。体重不按常规增加或者下降，除患病以外，大都是由于护理不当或营养供给不足，必须及时纠正。测量次数：6 个月以内的婴儿最好每月一次，6~12 月每 2

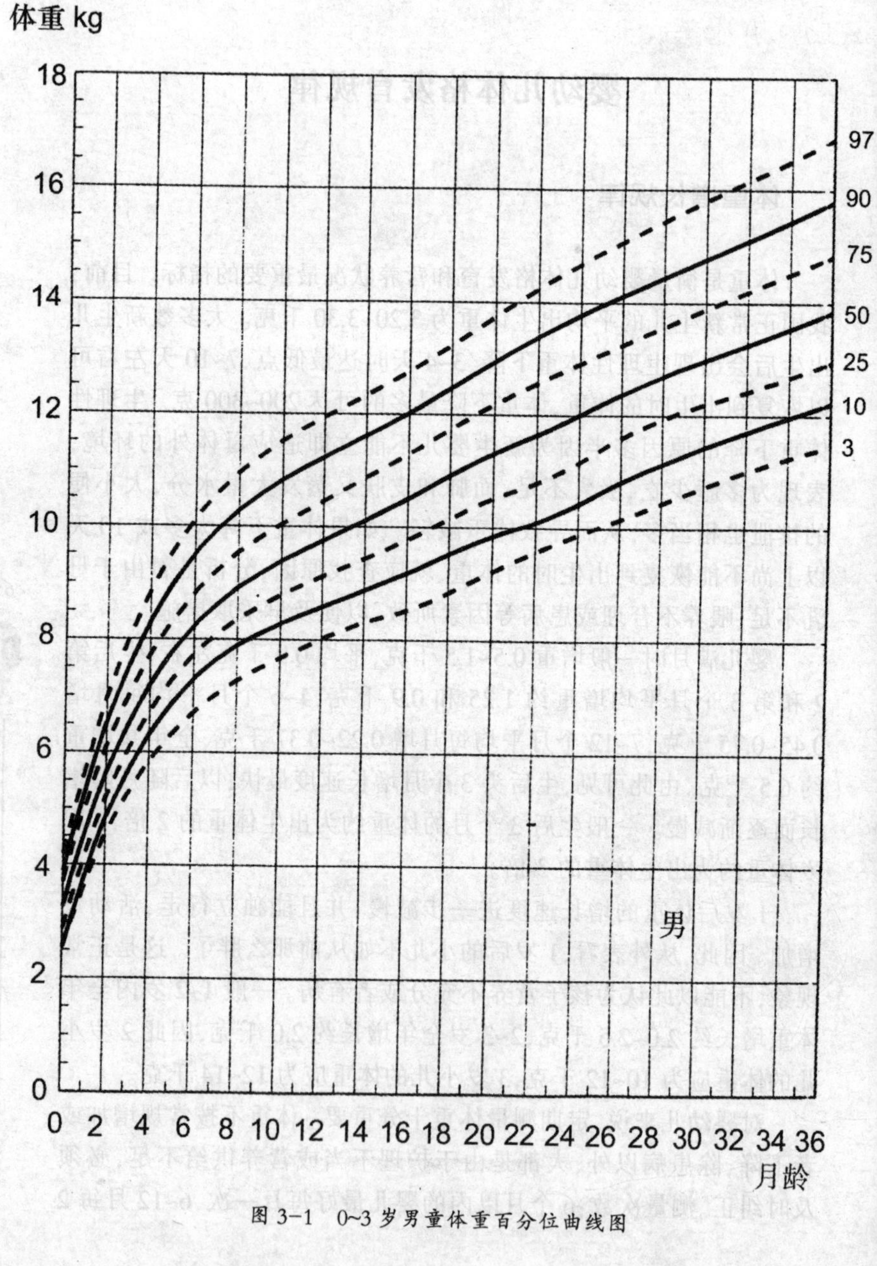

图 3-1　0~3 岁男童体重百分位曲线图

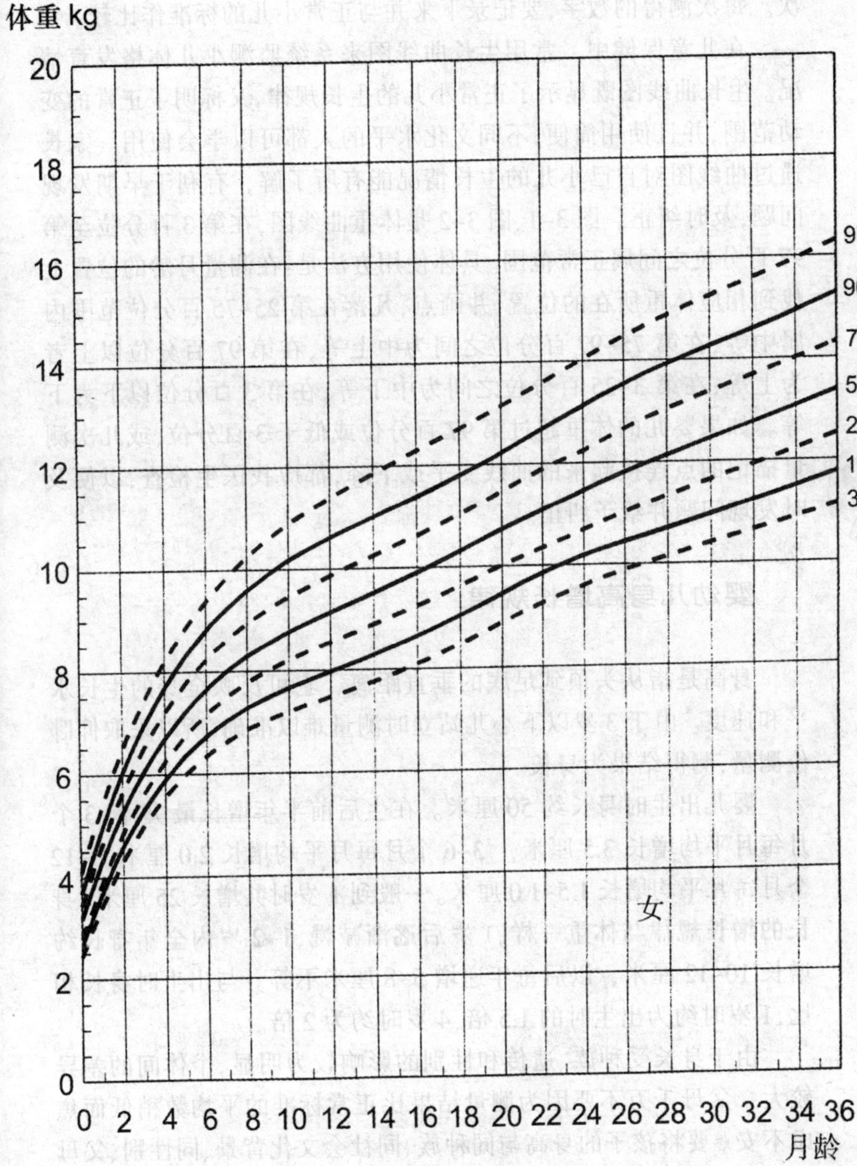

图 3-2　0~3 岁女童体重百分位曲线图

月一次，1~2 岁每 3 个月一次，3~6 岁每半年一次，6 岁以上每年一次。每次测得的数字，要记录下来并与正常小儿的标准作比较。

在儿童保健中，常用生长曲线图来系统监测小儿体格发育情况。生长曲线图既显示了正常小儿的生长规律，又标明了正常的变动范围，并且使用简便，不同文化水平的人都可以学会使用。家长通过曲线图对自己小儿的生长情况能有所了解，有利于早期发现问题，及时纠正。图 3–1、图 3–2 是体重曲线图，在第 3 百分位至第 97 百分位之间属正常范围。具体使用方法是：在测量月龄的位置上找到相应体重所在的位置，并画点，凡落在第 25~75 百分位范围内属中等，在第 75~97 百分位之间为中上等，在第 97 百分位以上者为上等；在第 3~25 百分位之间为中下等，在第 3 百分位以下为下等。如果婴儿的体重超过第 97 百分位或低于 3 百分位，或几次测量描记的点连接起来的曲线变平或下降，都应找医生检查，以便及时发现问题并给予纠正。

婴幼儿身高增长规律

身高是指从头顶到足底的垂直距离，它可反映全身的生长水平和速度。由于 3 岁以下小儿站立时测量难以准确，所以采取仰卧位测量，测得结果为身长。

婴儿出生时身长约 50 厘米。在生后前半年增长最快，前 3 个月每月平均增长 3.5 厘米， 3~6 个月每月平均增长 2.0 厘米，6~12 个月每月平均增长 1.5~1.0 厘米。一般到 1 岁时共增长 25 厘米。身长的增长规律与体重一样，1 岁后逐渐减慢，1~2 岁内全年身长约增长 10~12 厘米，以后每年递增 5~8 厘米不等。与出生时身长相比，1 岁时约为出生时的 1.5 倍，4 岁时约为 2 倍。

由于身长受种族、遗传和性别的影响较为明显，个体间的差异较大，父母千万不要因为测量结果比正常标准的平均数稍低而焦虑不安。要将孩子的身高与同种族、同社会文化背景、同性别、父母平均身高相同的儿童做比较，才有参考的意义和价值。用百分位数

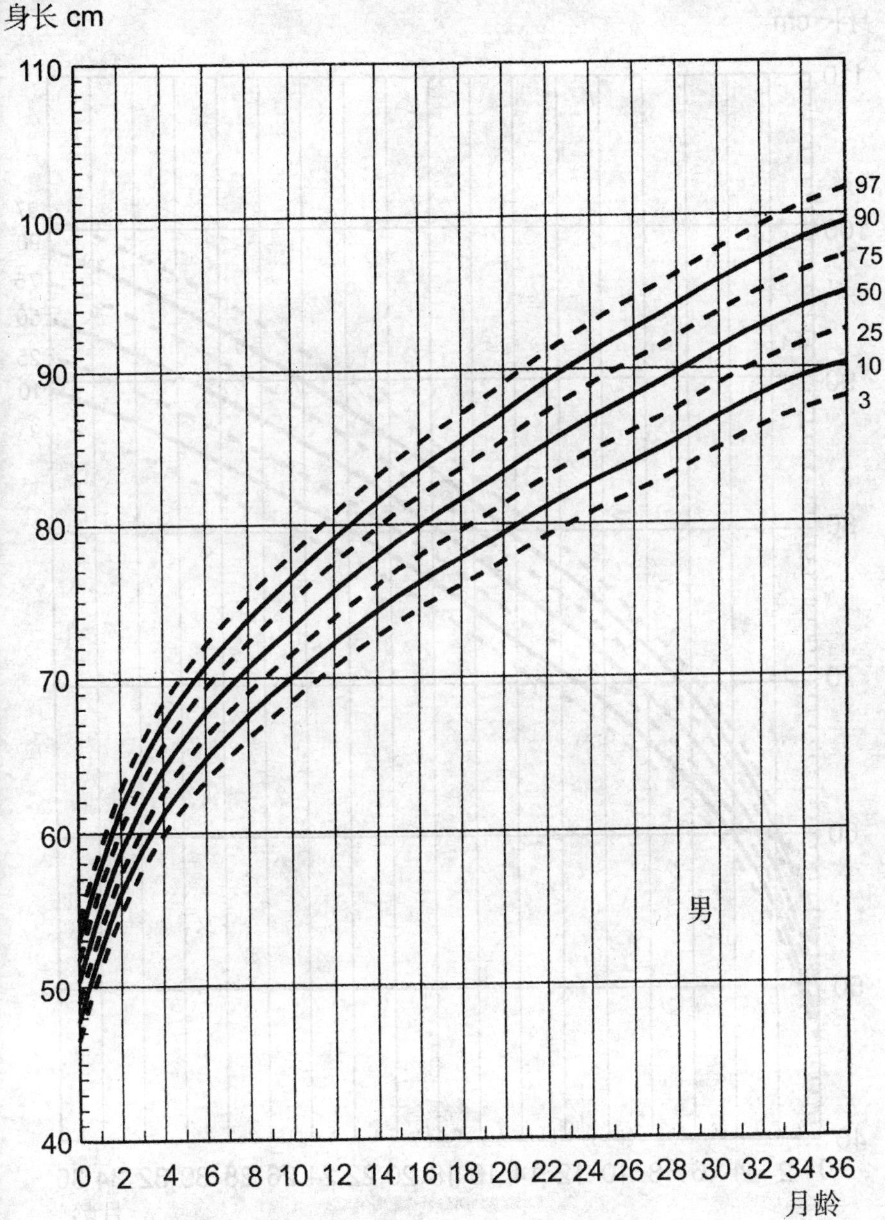

图 3-3　0~3 岁男童身高百分位曲线图

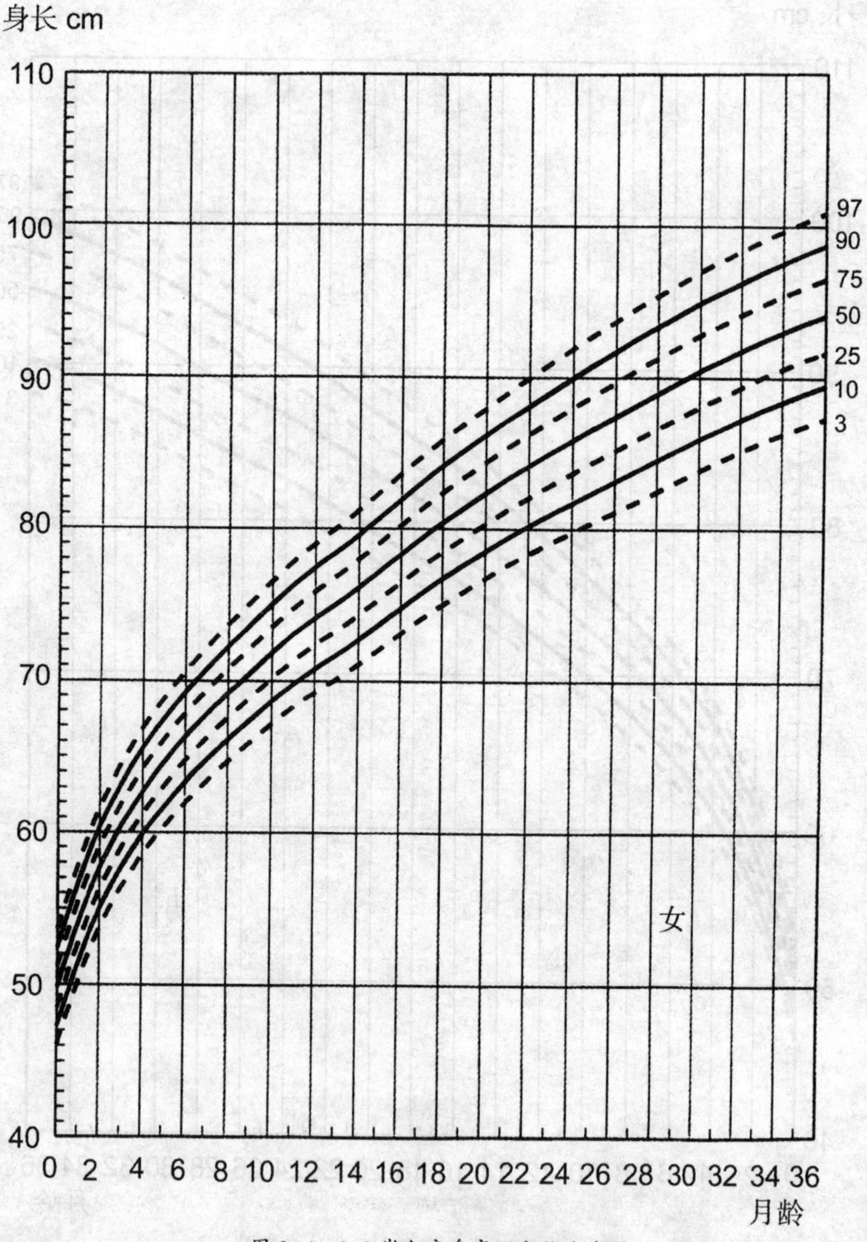

图 3-4 0~3 岁女童身高百分位曲线图

表示孩子的身高水平时，将第 3~97
3、图 3-4）。当身高低于第 3 百分位
以上则是过高。这时就需要找医生帮
正常变异，还是真的出了问题。

此外，由于生长是一个连续的动态过
测量来了解增长的速度有时比绝对身高更
题。如果每年的增长速度低于正常应有增长
逐渐偏离原有的走势而逐渐变平，都需要找医生

婴幼儿头围增长规律

头颅的大小是以头围来衡量的，头围的增长与脑的发育有关。年龄愈小，头围增长速度愈快。正常新生儿出生时头围约 34 厘米左右，第 1 个月增长最快，平均增长 2.8 厘米；第 2 个月增长 1.9 厘米；第 3 个月增长 1.4 厘米，以后逐渐减慢，4~6 个月共增长 3.0 厘米，7~9 个月共增长 2.0 厘米，10~12 个月共增长 1.5 厘米。生后第 1 年全年约增长 13 厘米，第 2 年约增长 2 厘米，第 3 年约增长 1 厘米，可见婴儿期是脑发育最快的一年。

婴幼儿期定期测量头围，可以及时发现头围过大或过小的异常现象。如果头围过大，要注意有无脑积水、佝偻病等疾病；头围过小常常伴有智能发育迟缓。一般男孩头围 1 岁时小于 43.6 厘米、2 岁小于 45.6 厘米、3 岁小于 46.8 厘米；女孩 1 岁小于 42.6 厘米、2 岁小于 44.6 厘米、3 岁小于 45.6 厘米则认为头围过小。

头围与体重、身高一样也存在着个体差异。在婴儿期应定期测量头围，掌握头围的生长速度，并注意婴儿的动作和语言发育状况，以便及时发现智能发育迟缓，及时给予早期干预治疗。

具体监测可以利用头围的生长曲线图（图 3-5、图 3-6），如果头围超过第 97 百分位或低于第 3 百分位线，则需要请医生检查以判定是属于正常变异，还是病理情况。

头围测量的方法是：用一条不易热胀冷缩的、有毫米刻度的软

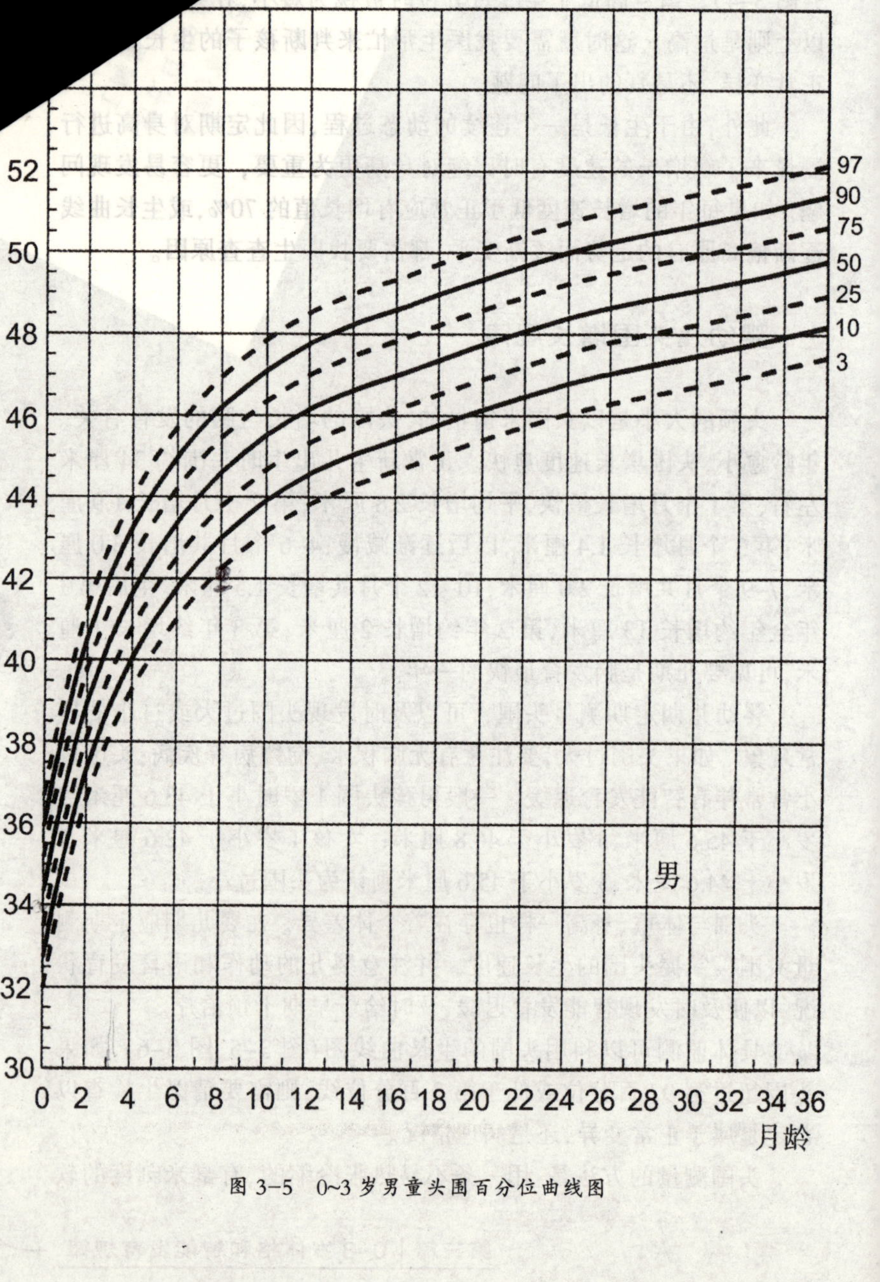

图 3-5　0~3 岁男童头围百分位曲线图

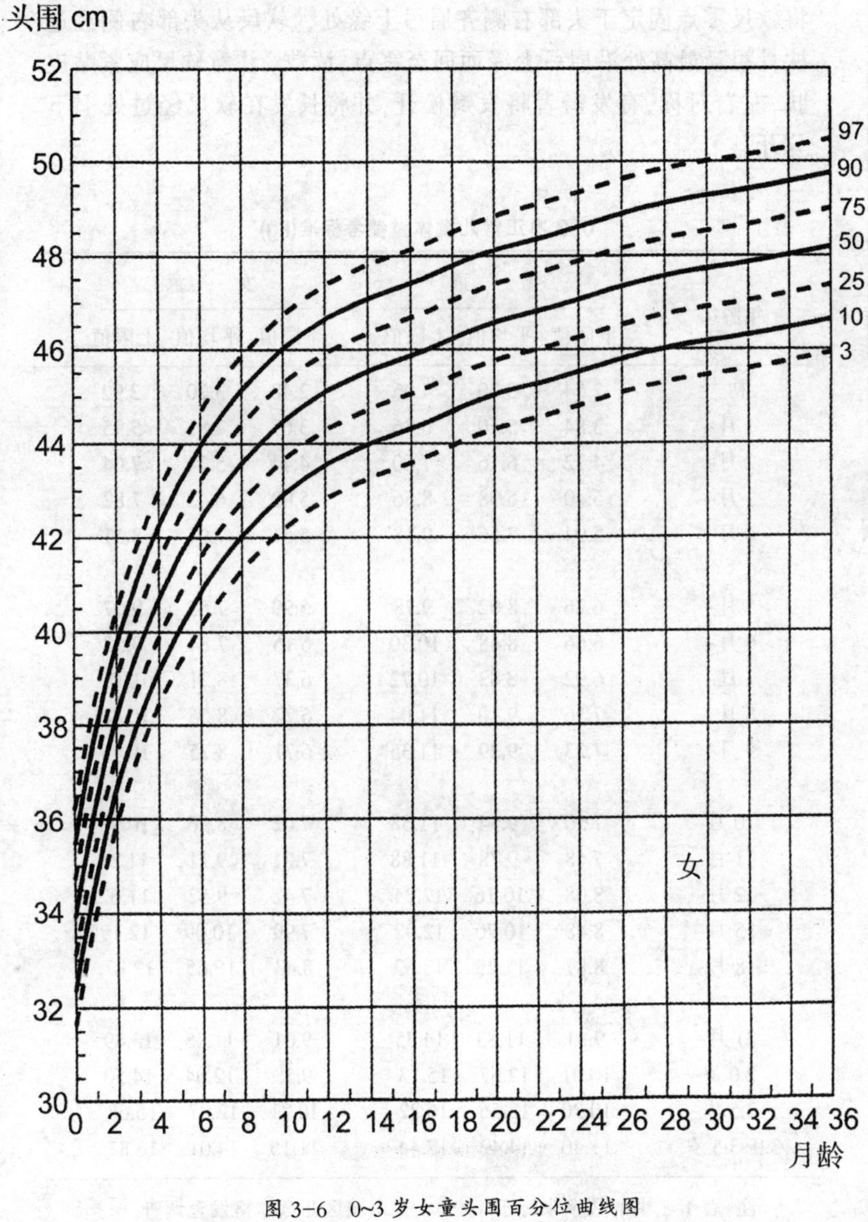

图 3-6　0~3 岁女童头围百分位曲线图

尺，一人将小儿抱在腿上坐直，另一人站在小儿右方，用左手拇指将软尺零点固定于头部右侧齐眉弓上缘处，软尺从头部右侧经过枕骨粗隆最高处沿眉弓上缘而回至零点，读数。注意软尺应紧贴皮肤，左右对称，有发辫者将发辫松开，并将长发在软尺经过处上下分开。

表 1　　0~3 岁正常儿童体重参考标准(kg)

年龄组	男童			女童		
	下限值	平均值	上限值	下限值	平均值	上限值
初 生	2.54	3.30	4.06	2.48	3.20	3.92
1 月~	3.84	5.10	6.36	3.67	4.81	5.95
2 月~	4.72	6.16	7.60	4.44	5.74	7.04
3 月~	5.40	6.98	8.56	5.02	6.42	7.82
4 月~	5.94	7.56	9.18	5.51	7.01	8.51
5 月~	6.26	8.02	9.78	5.99	7.53	9.07
6 月~	6.66	8.48	10.30	6.16	7.84	9.52
7 月~	6.92	8.82	10.72	6.37	8.21	10.05
8 月~	7.16	9.10	11.04	6.72	8.56	10.40
9 月~	7.23	9.29	11.35	6.71	8.75	10.79
10 月~	7.50	9.54	11.58	7.02	8.96	10.90
11 月~	7.68	9.78	11.88	7.21	9.21	11.21
12 月~	8.08	10.16	12.24	7.42	9.52	11.62
15 月~	8.48	10.70	12.92	7.99	10.09	12.19
18 月~	8.87	11.25	13.63	8.43	10.65	12.87
21 月~	9.31	11.83	14.35	9.01	11.25	13.49
2.0 岁~	10.01	12.57	15.13	9.58	12.04	14.50
2.5 岁~	10.90	13.56	16.22	10.31	12.97	15.63
3.0~3.5 岁	11.40	14.42	17.44	11.15	14.01	16.87

注：表 1~3 中的数字来源于 1995 年九市城区儿童体格发育调查

表 2　　0~3 岁正常儿童身高参考标准(cm)

年龄组	男童			女童		
	下限值	平均值	上限值	下限值	平均值	上限值
初 生	47.0	50.4	53.8	46.6	49.8	53.0
1 月~	52.3	56.9	61.5	51.7	56.1	60.5
2 月~	55.6	60.4	65.2	54.6	59.2	63.8
3 月~	58.4	63.0	67.6	57.2	61.6	66.0
4 月~	60.7	65.1	69.5	59.4	63.8	68.2
5 月~	62.4	67.0	71.6	60.9	65.5	70.1
6 月~	64.0	68.6	73.2	62.4	67.0	71.6
7 月~	65.5	70.1	74.7	63.6	68.4	73.2
8 月~	66.5	71.5	76.5	65.4	70.0	74.6
9 月~	67.9	72.7	77.5	66.5	71.3	76.1
10 月~	68.9	73.9	78.9	67.7	72.5	77.3
11 月~	70.1	75.3	80.5	68.8	74.0	79.2
12 月~	71.9	77.3	82.7	70.3	75.9	81.5
15 月~	74.7	80.3	85.9	73.3	78.9	84.5
18 月~	76.5	82.7	88.9	75.8	81.6	87.4
21 月~	79.2	85.6	92.0	78.5	84.5	90.5
2.0 岁~	82.3	89.1	95.9	81.3	88.1	94.9
2.5 岁~	86.3	93.3	100.3	84.8	92.0	99.2
3.0~3.5 岁	89.4	96.8	104.2	88.7	95.9	103.1

表 3　　0~3 岁正常儿童头围参考标准(cm)

年龄组	男童			女童		
	下限值	平均值	上限值	下限值	平均值	上限值
初生	31.9	34.3	36.7	31.5	33.9	36.3
1 月~	35.5	38.1	40.7	35.0	37.4	39.8
2 月~	37.1	39.7	42.3	36.5	38.9	41.3
3 月~	38.4	41.0	43.6	37.7	40.1	42.5
4 月~	39.7	42.1	44.5	38.8	41.2	43.6
5 月~	40.6	43.0	45.4	39.7	42.1	44.5
6 月~	41.5	44.1	46.7	40.4	43.0	45.6
8 月~	42.5	45.1	47.7	41.5	44.1	46.7
10 月~	43.0	45.8	48.6	42.4	44.8	47.2
12 月~	43.9	46.5	49.1	43.0	45.4	47.8
15 月~	44.5	47.1	49.7	43.6	46.0	48.4
18 月~	45.2	47.6	50.0	44.1	46.5	48.9
21 月~	45.5	48.1	50.7	44.5	46.9	49.3
2.0 岁~	46.0	48.4	50.8	45.0	47.4	49.8
2.5 岁~	46.6	49.0	51.4	45.6	48.0	50.4
3.0~3.5 岁	47.0	49.4	51.8	46.2	48.4	50.6

婴幼儿动作发育规律

婴幼儿动作的发展是神经系统发育的一个重要标志。因为人和其他动物不同，很多动物一降生动作发育即已成熟，如小鸡、小羊等初生下即能走能跑。而人初降生动作发育很不成熟，要在1~2年内迅速发展起来。人的动作发展和心理、智能的发展是密切相关的。尤其在婴儿期，由于言语能力有限，心理发展的水平更多的是通过其动作表现反映出来的，也就是说心理的发展离不开动作和活动，只有动作发育成熟了，才能为其他方面的发展打下基础。

婴儿从先天的无条件反射到形成复杂动作技能的发展过程，并不是随随便便、杂乱无章的，而是遵循着一定的原则，有着比较严密的内在规律。它的发育特点是：

动作的发展相对落后于感觉的发展

婴幼儿降生后先有视、听等感觉的发展，在这个基础上促进了婴幼儿活跃的动作反应，在成人的帮助下可以逐渐的促进婴幼儿接近、抓握他(她)们看到的物体，这就对其动作的发展起到了促进作用。

动作的发展

婴幼儿动作的发展是从整体到分化，从不随意到随意，从不准确到准确的。他们最初对外界的动作反应是未分化的整套的活跃反应，即全身性的活动。如1~2个月的婴幼儿，当成人走近他(她)、逗他(她)时，会引起他(她)全身的乱动，手足不停的挥舞，以后随着神经系统和肌肉的成熟，逐渐发展到各种分化的随意动作，即局部精确的动作。如婴幼儿从4~5个月开始学习抓东西，开始手眼不协调、全身用力、手不能抓到物体，渐渐地可以摸到，再发展到手眼可协调地、准确地抓到想要的东西。

动作发展的顺序和主动肌张力发展的顺序相一致

婴幼儿动作发展的顺序是从上到下(即从头到脚)、从中心到外周、从大肌肉到小肌肉。婴幼儿最早协调的动作是头部的动作，如吸吮反射、眼及头追随物体的转动，以后是手的抓握，躯干的动作，如翻身、坐和爬行，最后是腿和脚的动作，即站立和行走。从中心到外周的发展表现为，婴幼儿先出现肩、腰部分的动作，以后才出现肘、腕、膝、踝等部分的动作。例如，婴幼儿看到物体时，开始是移动肩肘，用整个手臂接触物体，以后才会用手腕和手指接触并抓取物体，这就是从大肌肉的动作发展到小肌肉的动作。

从婴幼儿动作发展的进程看，主要是躯体的移动即直立行走和手的动作。

躯体动作发展的顺序首先是抬头，1 个月以内的婴幼儿俯卧时头不能抬起，以后俯卧时逐渐地可将头抬起，到 3 个月小儿俯卧时不仅头可抬起，胸部也可离开床面，用双上肢支起头胸部和床面约呈 90 度角。3~4 个月时开始翻身，先是由仰卧到侧卧，约 5 个月时可从仰卧翻到俯卧。约 6 个月时可独坐，7~8 个月时开始学爬行。爬行在婴幼儿动作发展中很重要，爬行不仅可促进全身动作的协调发展，锻炼肌力，为直立行走打下基础，而且可较早地正面面对世界，增加空间的搜寻，主动接受和认识事物，促进婴幼儿认识能力的发展。

国外研究还发现，爬行对婴幼儿情感的发展也有益处。过去由于我国的文化背景和抚养方式的影响，家长常不重视婴幼儿爬的动作发展，一方面是不了解爬在运动和智力发展方面的重要意义，另一方面是怕婴幼儿发生危险。随着文化及经济的发展，人们的生活方式也有所变化，婴幼儿学爬行将会受到大家的重视。

10 个月的婴幼儿可扶着站，扶着迈步行走。1 岁左右开始独立行走,从摇摇晃晃的行走到独立稳定的行走。直立行走在人的发展中占有很重要的位置,这时婴幼儿已能够控制自己的部分动作,能够到处走动,也就有了独立性和主动性。他(她)可以主动地接触各种物体,扩大认识范围,更有利于各种感觉器官和言语器官的发展。婴幼儿能独立行走后,想到哪就到哪,在多方面和事物的接触过程中,对事物的分析综合能力就发展了,这就为早期的思维活动提供了可能性。婴幼儿独立行走还为建立运动与视觉的联系,为空间知觉的形成准备了条件。婴幼儿自能独立行走后,大运动的发展更加迅速并趋于成熟。如婴幼儿慢慢地会跑,会自己上、下楼梯,双足跳起,单足站立,到 3 岁左右,活动基本和成人差不多了。

手的动作主要是精细运动的发展,这在婴幼儿智能发育中非常重要。手是认识事物某些特征的重要器官,是使用和创造工具的工具,是人类进化的重要标志。通过手的动作,可使婴幼儿进一步认识事物的各种属性和联系,使婴幼儿知觉的完整性和具体思维能力得到发展。因此,促进手的动作发展是早期教育的一个重要内容。

手的动作发展顺序如下:3 个月前婴幼儿的手不能主动张开,但可触摸,一般是被动的;3 个月后,婴幼儿的手可有意识的张开,就有了随意的抓握。开始是大把的不准确的抓,以后是准确的、五指分开的、手眼协调的抓握。进一步两只手同时抓握,或相互交换手中的物体,从只能抓大的物体到拇食指相对的精细捏取(图 3-7),从无意识的松手到有意识的放下。以后婴幼儿的手逐渐灵活,可主动地、随心所欲地摆弄各种物品,主动地学习

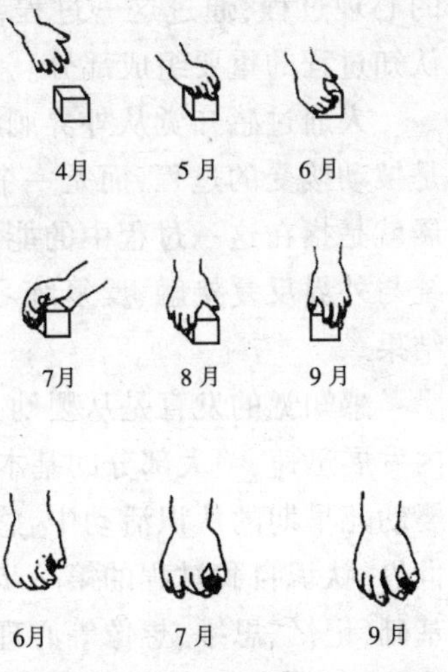

图 3-7 幼儿抓握动作的发展顺序

和创造各种活动,这时就开始体现了手的工具作用。

以上是婴幼儿动作发展的一般规律，虽然婴幼儿动作的发展都遵循着这一共同的规律,但具体到每一个婴幼儿,其发展速度却各不相同。由于动作发展是诱导心理发展的必要前提,对婴幼儿的空间认识、概念形成,自我认识和社会交往均有一定的作用,加上无论是躯体的大运动,还是手的精细运动,在生后头 3 年都是迅速发展的时期,所以要抓住这个时机,创造条件,促进婴幼儿动作的正常发育,使婴幼儿更快的获得运动经验,以利于婴幼儿心理的发育。

婴幼儿感知觉发育规律

感觉是指对直接作用于感觉器官的事物的个别属性 (颜色、声音、气味等)的反应。知觉是在感觉的基础上产生的对作用于我们感觉器官的事物的各个部分和属性的整体的反应。感知是一个基本的心理过程,通过这一过程,人们获得外界环境的知识,所以这是认知过程的重要组成部分。

人通过感知觉从外界刺激中获取关于周围环境的信息，这不是被动接受的过程,而是一个主动、积极、有选择性的过程,感知发展就是指在这一过程中的能力的增长。这种能力的增长是感知系统与外界反复接触、反复练习,并通过自身调节和逐渐积累经验的结果。

感知觉的发育是从婴幼儿降生就开始的，并在降生的头几年内发展迅速,绝大部分的基本感知觉能力在婴幼儿期即已完成。在婴幼儿早期的认识活动中,感知觉占着主导的地位,是婴幼儿探索世界、认识自我过程的第一步,是以后各种心理活动产生和发展的基础,记忆、思维、想像等心理活动都是直接的或间接的在感、知觉的基础上产生和发展起来的。所以促进感知觉的发育是早期教育、促进智能发育的重要内容。

感知觉的发育主要有以下几个方面：

视　觉

视觉刺激为人和他们所处环境的联系中提供极端重要的信息。在这方面各个领域的研究都比较多。过去认为婴幼儿在2周左右才能看见东西，现在大量的研究证明，视觉最初发生的时间应当在胎儿中晚期，4~5个月的胎儿即已有了视觉反应能力以及相应的生理基础，当用强光照孕妇腹部时，会发现胎儿闭眼及胎动明显增强。34周的早产儿视觉功能已和足月新生儿相似。而新生儿已具备了一定的视觉能力，获得了基本视觉过程。新生儿已经能看见明暗及颜色，而且视觉已相当敏锐，出生几天的新生儿即能注视或跟踪移动的物体或光点，新生儿行为能力检查已清楚证明了这一点。眼电图显示，新生儿目光追随物体有共轭功能，这说明两眼的肌肉已能协调运动，追随物体。1个月内的新生儿还不能对不同距离的物体调节视焦距，似乎有一个固定的焦点，动力视网膜镜显示最优焦距为19厘米。一般认为2个月以前的婴儿，最佳注视距离是15~25厘米，太远或太近便不能看清楚，2个月以后婴儿开始按物体的不同距离调节视焦距，4个月时已能对近的和远的目标聚集，眼的视焦距调节能力即已和成人差不多。

新生儿对复杂图形的觉察和辨认的视觉能力约为正常成人的1/30，在以后的半年中，这种能力有很大提高，到6个月时仍比成人差。婴幼儿视觉功能的特点是：看到运动的物体能明确地作出反应，如闪烁的光、活动的球及活动的人脸等。新生儿容易集中注视对比鲜明的轮廓部分，如白背景下的黑边线，他对黑线条附近对比最强烈的地方注视时间更长。婴幼儿容易注视图形复杂的区域、曲线和同心圆式的图案。婴幼儿出生2个月内，颜色视觉有很大发展，2个月时已能对某些不同的波长作出区分。3~4个月时颜色视觉基本功能已接近成人，以后在辨别颜色的准确性方面继续发展。婴幼儿对颜色的反应虽然和成人一样，但却表现出对某些颜色的偏爱,他们偏爱的颜色依次为红、黄、绿、橙、蓝等,这就是我们经常要用红色的玩具来逗引婴幼儿的依据。

听　觉

关于听觉系统的研究近年来也进展很快,那种“一切婴儿刚生下来时都是耳聋的”观点早已过时。现在的研究证明,5~6 个月的胎儿即开始建立听觉系统,可以听到透过母体的频率为 1000Hz 以下的外界声音,生后随着新生儿耳中羊水的清除,声音更易传递和被感知。婴儿出生后头几天听觉敏感度有很大的提高,新生儿听觉阈限高于成人 10~20 分贝,婴儿在高频区的听力要比成人的好。

婴儿不仅能听到声音,对声音的频率也很敏感,他们可以分辨 200~250 周波/秒之间的差别,能区别语言和非语言,而且能区别不同的语音,显然这有助于语言的学习。现在的研究还发现,婴儿有很强的音乐感知能力，新生儿喜欢音乐而讨厌噪音,3 个月时就已能静静地躺在那儿倾听音乐,2~3 个月时婴儿已能初步区别音乐的音高,3~3 个半月时已能区别音色,6~7 个月时已能区别简单的音调。而且早期受音乐训练的人，成人后对绝对音高的感知能力更强,所以我们认为有必要尽早对小儿进行音乐训练。

嗅觉、味觉、触觉等

嗅觉是一种较为原始的感觉，在进化早期曾具有重要的保护生存、防御危险的价值。随着文明的发展,作用日渐减弱,仅和日常生活中感知事物的过程有关。在胎儿 7~8 个月时嗅觉器官即已相当成熟,新生儿生后即已有了嗅觉反应,他们嗅到母乳的香味就会将头转向母乳奶垫,3~4 个月时就能稳定地区别不同的气味。起初婴儿对特殊刺激性气味有类似轻微的受到惊吓的反应，以后渐渐地变为有目的地回避,表现为翻身或扭头等,说明嗅觉变得更加敏锐。

味觉是新生儿出生时最发达的感觉,它具有保护生命的价值,味觉感受器是在胚胎3个月时开始发育,6个月时形成，出生时已发育的相当完好。新生儿味觉是相当敏锐的,能辨别不同的味道,他们对甜味的反应一开始就是积极的,对咸、酸、苦的反应则是消极的。把不同的物质放在婴儿的舌尖上,可以看到不同的反应,对苦和酸的食物会产生皱眉、闭眼等表情。人类味觉系统在婴儿和儿童期最发达,以后就逐渐衰退,这与味觉在人类种系演化进程中的趋势是一致的。

触觉是婴儿认识世界的主要手段，在其认知活动和依恋关系形成的过程中占有非常重要的地位。婴儿出生后就有触觉反应,如母亲的乳头接触到婴儿的嘴或面颊时,他(她)就会做出觅食和吸吮动作,把物体触到他的手掌,他就会握住,抚摸他的腹部、面部等,他即可以停止哭泣等。在婴儿4~5个月后视触协调能力发展起来,他(她)可以有意识的够到物体,并通过触觉来探索外在世界。

知　觉

知觉是对感觉的加工过程。知觉的发生较晚,约在生后4~5个月时才出现明显的知觉活动,手眼协调的动作也是在此时出现的。有研究表明，约在3~4个月时已出现对形状的知觉,4个月的婴儿对物体有整体的知觉,能把部分被遮蔽的物体视为同一物体,科学家们还做了细致的深度知觉的研究,比如一个著名的"视崖"试验表明,当3~5个月尚不能爬行的婴儿被放在视崖深侧时,他(她)的心率明显减慢，而7~8个月已能爬行的婴儿总是避开看上去像是陡坡或悬崖的一侧(即深侧),即使母亲逗引他(她),而且是绝对安全的,大多数婴儿也不肯爬过去,说明他们已经有了深度知觉。另外,空间知觉、距离知觉、自我知觉等也在婴儿时期逐步地发展起来了。

以上这些感知觉发育的研究为我们的早期教育活动提供了科学的依据，使我们认识到丰富的环境刺激对婴儿的认知活动有着非常重要的意义。

婴幼儿语言发育规律

语言是人和其他动物相互区别的主要标志之一，是人类相互交往的工具,也是表达个体思想的工具。语言的发展在婴幼儿认知和社会的发生发展过程中起着重要作用，婴幼儿如能掌握部分语言,就得到了一种有效的认识工具,可以通过同成人的交往增进对外部世界的知识,也可借助语言把这些知识更好地储存起来,以供应用。

语言的发育过程可分为几个阶段：

语言感知阶段

人类的语言是有声语言,语声是语言的物质外壳,词语的意义是靠声音表达出来的,而婴儿分辨和发出语声是一个发展的过程。2 周左右的婴儿能区分人的语声和其他声音,如钟声、哨声等。这种区别不同声音的能力是他(她)以后学习语言的前提。2 个月时,他(她)对说话时的情绪表现似乎就有所反应,如以愤怒声斥责他(她)时会哭,和蔼声安慰他(她)时会笑。4 个月时婴儿就能区别男声及女声,6 个月时即能区分出不同的语调。

发音阶段

0~3 个月是婴儿的简单发音阶段,婴儿出生后的第一声啼哭就是最早的发音,也是今后语言的基础。第 4 周开始,婴儿的哭声可以作为一种用来表示身体状态以得到注意的手段。开始它多是表示一种消极状态的,如饿、冷、热、湿、寂寞等。到 2~3 个月就有了表示积极状态的声音,如舒服、高兴时的发音。成人逗他时婴儿的发音主要是一些元音，如阿、哦、噢等，婴儿情绪越好发音越多。

4~7个月是婴儿连续音节阶段。在这个阶段小儿明显地变得活跃起来，发音增多，在他兴奋时发音更多，可出现一些重复的、连续的音节，像是咿呀学语，如爸—爸、打—打、哞—哞等，但并无所指，这些音为以后正式说出词和理解词作了准备。

语言-动作联系阶段

7个月以后，婴儿不仅发音增多，而且对某些特定的音会产生反应，比如对自己的名字有反应，8~9个月的婴儿可以形成第一批语言-动作的条件反射，如说“欢迎”婴儿会拍手，说“再见”婴儿会摆手等，有了这种条件反射，婴儿就有了学习与成人交往的可能。从11个月开始是语言-动作的条件反射形成的快速时期，此时婴儿听懂的词越来越多，他(她)可以按照指示去做一些事情，并开始模仿成人发音。这时还不是正式的说话，他可能是用一定的声音表示一定的意义，也可说是学说话萌芽阶段。在这个阶段如果认为婴儿不懂话，不会说话而不和他(她)说话，则常会造成婴儿言语发育迟缓。反之，如能注意和婴儿多说话，使婴儿每次感知某事物或某动作时都能听到成人说出关于这个事物或动作的词，在他(她)的大脑中就会逐步建立起关于这个事物或动作的形象和词之间的暂时联系，从而促进婴儿言语的发展。

学说话阶段

经过一年的语言准备，婴儿从1岁左右起开始正式学说话，1岁到1岁半语言的发展主要还是对言语的理解，可以听懂一些简单的故事了，但说出的词比较少，一般都是单字词。这时婴儿说话的特点是：多为单音重复，如奶奶、猫猫、灯灯等，而且婴儿的单字可有多种用意，如“瓶瓶”可能是“拿瓶子喝水”、“把瓶子拿走”、“水在瓶子里” 等多种意思，这些意思只有在具体情景中成人才能理解。这时期婴儿能说出的词大多是名词。

1 岁半到 3 岁，婴儿的语言发展非常迅速，一般都已掌握了本民族的基本语言。从说单字到出现双字词，然后会说简单句，即主要包括主谓语或谓宾语的短句。如“妈妈上班”、“姐姐走了”、“送送奶奶”等等。2~3 岁，婴儿开始出现一些复合句，但仍是比较短的，为 6~10 个字。

总之，到 3 岁末婴儿已掌握了最基本的词汇，也就是说掌握了最基本的语言。它使婴儿的心理活动开始有了概括性，使婴儿有可能开始认识直接经验所得不到的事物。它也使婴儿的行为活动开始有了随意性，即由于词的调节作用，使人的行为服从一定的目的，成为有意识有目的的自觉活动。它还使婴儿开始产生意识和自我意识，意识到客观现实的存在和自己的存在，意识到客观事物之间及自己与客观事物之间的联系，如果没有词的抽象概括是达不到思维的。

语言能力是智能水平的主要标志之一，也是智能发展的基础，因此，语言发育应是家长和保教人员十分关注的问题，要给婴儿创造一个丰富的语言环境，使婴儿的语言得到很好的发展。

婴幼儿注意、记忆、思维的发育

注　意

注意指的是对一定对象的有意识的指向性，是一种定向反射。注意分为有意注意(随意注意)和无意注意(不随意注意)。婴儿在看一图画时，听见铃声立刻抬头找是无意注意，而集中注意另一新鲜的事物是有意注意。

注意是婴儿心理发展中的一个重要内容，是婴儿探究世界的“窗口”。注意能使婴儿有选择地接受外在环境中的信息，及时发觉环境的变化并调节自己的行为，还能使婴儿为应付外界刺激而准备新的动作，集中精力于新的情况。注意与婴儿的感知觉密切相关,与记忆有关,而且是学习的先决条件,制约着婴儿的学习效果。

注意在婴儿期是不断发展的。新生儿已具备注意的能力,研究发现新生儿的注意有偏好，他们对图形比对杂乱的刺激点或线条更容易集中,对人的面孔的注视比图形的注视时间更长。

1~3 个月婴儿,当有发亮的东西或色彩浓艳的东西出现在视野内,他就会发出喜悦的声音或睁眼注视。这个阶段的婴儿具有选择性注意的特点,喜欢注视曲线胜过直线,偏好对称的物体超过不对称物体。

3~6 个月婴儿,随着头部运动自控能力的加强,扫视环境更容易。婴儿视觉注意更加发展,更加偏爱有意义的物象,如喜欢注视母亲以及喜欢的食物或玩具,较多注视数量多而小的物体,对更复杂、更细致的物象保持更长的注意时间。注视后辨别差异的能力和转换注意的能力增强。

6~12 个月婴儿,随着活动能力增强,注意已不完全集中在视觉方面,而是从更多感觉通道和活动中表现出来。如注意更多表现在抓取、吸吮、倾听,操作和运动选择上。随着婴儿的成长,对新异事物的兴趣增加,产生探索性行为和注意。

1~3 岁以后,随着语言能力发展,他们能听懂很多话,言语活动支配婴儿注意选择，幼儿可以将注意力集中在成人用词表达的对象上,如集中听故事,看图书和看电视活动上。而且,随着年龄的增长,婴儿的注意可逐渐明确,时间会逐渐延长。据天津和平保育院的调查，对有兴趣的事物 1 岁半的婴儿只能注意 5~8 分钟,1 岁 9 个月婴儿能集中注意 8~10 分钟,2 岁婴儿能集中注意 10~12 分钟。2 岁半婴儿能注意集中 10~20 分钟。

为了培养婴儿注意力，在不同时期提供适合婴儿注意发展特点的环境刺激,如开始是以视觉和听觉刺激为主。物体和图像要简单、清晰。要多多俯视宝宝,使他看最爱看的人脸。然后,让宝宝注意更加细小,多样化较复杂的物体。从视听的注意发展为对活动和操作的注意,最后发展对语言的注意。在孩子注意某种事物和活动时,不要随意打扰他,每次尽量让宝宝集中注意一件事,如果孩子没有兴趣了,再转移注意另一件事。在日常生活中,应尊重婴儿注意的选择,这样能更好引起他的兴趣。只有了解婴幼儿注意发展规律,才能正确促进他们的注意能力的发展。从而提高孩子的认识和记忆能力使宝宝更加聪明起来。

了解以上这些婴儿注意发展的规律,是我们进行早期教育所采用的一些方法和时间的依据,只有这样,才能使婴儿的学习活动效果更好。

婴儿的记忆力及其培养

记忆是人们将感知过、操作过、思考过和体验过的事物保存在大脑中。人们一切知识经验的积累、技能与技巧的掌握,习惯的形成都与记忆有密切的关系。记忆在人类的学习、生活和工作中极为重要。

记忆从时间上可分为瞬时记忆、短时记忆和长时记忆。从过程上可分为识记、保持、回忆。识记指识别和记住事物的过程,是一种反复感知的过程。保持是指已获得的知识经验在大脑中巩固的过程。回忆分为再认和再现两种形式。再认是指过去感知的事物再出现时能将其认出来。再现则是指过去感知过的事物不在眼前,而在脑中把它再现出来。

记忆是婴儿心理活动在时间上得以延续的根本保证,是经验积累或心理发展的重要前提,是婴儿发展过程中重要的心理活动之一,因此,心理学家对婴儿记忆的发生和发展做了广泛而深入的研究。婴儿从什么时候才开始有记忆的呢?现在有许多研究,一般多认为人类个体的记忆在胎儿时期已经产生。在孕期 8 个月起,给胎儿听音乐,出生后通过吸吮方法证明,对所听的音乐有记忆力。

新生儿最早的记忆是对母亲抱或吃奶姿势的记忆。吃母乳的婴儿,只要抱成他(她)固定的姿势,就会寻找奶头,说明经过多次反复,婴儿已对这一姿势有了记忆。

在 2~3 个月时,当婴儿注意的物体从视野中消失时,他(她)能用眼睛去寻找,这表明婴儿已有了短时记忆。

在 4~5 个月时,婴儿就已能记住喂奶和经常抚爱自己的人(多是母亲),能把她与陌生人区别开,即能够对熟悉的人再认。但这时的再认只能保持几天,如多日不见就不能再认了。婴儿记忆时间的长短是随着月龄的增加而发展的。

5~6 个月以后能记住妈妈的模样,见到妈妈时,表现欢乐、四肢舞动、面带笑容,甚至发出笑声。有人对 8~12 个月的婴儿做过试验,让婴儿看着把一个玩具放在同样两块布中的一块下面,用一块大幕布遮隔一下,遮隔的时间分别为 1 秒、3 秒、7 秒,然后让婴儿找玩具。结果发现:8 个月的婴儿间隔 1 秒就记不得了,即找不出玩具了。间隔 3 秒时,12 个月的婴儿都能记住并找出玩具,间隔 7 秒时,70%的 12 个月的婴儿能记住并找出玩具。

1~3 岁后,随着语言的发育婴儿的记忆能力逐渐增强。1 岁多的婴儿能记住自己用的东西和一部分小朋友的名字,2 岁时能记住简单的儿歌。这时期婴儿的记忆保持时间明显延长,记忆能保持几个月,如父母离开几个月后再回来时,婴儿仍能够再认。2 岁以后的小儿才能出现再现的回忆。

婴儿记忆的特点主要是机械记忆, 由于婴儿知识和生活经验有限,理解能力很低,他们只能采用简单重复方式进行记忆,不可能像成人一样通过理解后记忆。但婴儿大脑皮层反应性强,感知一些不能理解的事物也能够留下较深的记忆。婴儿机械记忆能力比成人强,而且有很大的记忆容量和发展潜能。

婴儿的记忆能力和特点是教育的基础。家长可有意识教婴儿一些知识和动作,如操作玩具,认识周围的物体和人物,学唱歌、认字、跳舞及一些基本的生活常识等,增强他的记忆能力。但教任何东西,都必须在孩子情绪饱满的时候,要重视“寓教于乐”,把学习当成一种游戏,引起孩子的兴趣,让孩子在不知不觉中学到知识,不能让孩子感到是一种负担。

思　维

思维是人脑对客观事物的概括和间接的反映，这是一种以感知觉、表象、语言等为基础的高级认知过程，是智能的核心。思维所具有的概括的、间接的特性是互相联系的，它使得个体能够通过分析、综合、抽象、概括等各种内部操作活动来认识那些没有直接作用于感觉器官的事物，把握事物的本质和规律。

人的思维活动是一个复杂的认知过程，由于思维是和第二信号系统即语言的发育分不开，所以它的发生较迟。一般认为婴儿在9~12个月时就产生了思维能力；但是比较低级的思维，主要表现是婴儿此时能有目的地运用动作来解决问题，比如找到一个藏在某地方的物体。这种思维可称为前语言的思维，主要是具体形象的思维，是和婴儿手的抓握和摆弄物体分不开的。

1岁以后，婴儿在言语发育的基础上才开始向抽象逻辑思维发展，但这时仍是以直觉行动为主，概括水平还是很低的。我们可以根据婴幼儿的这些特点，注意调动婴儿感觉器官的作用，不断丰富其对环境的感性知识和经验，并启发其思维，培养他(她)们用基本的语言进行简单抽象思维，为思维的发展打好基础。

婴幼儿情绪、情感和个性的发育

情绪、情感

情绪、情感是以人的需要和主观态度为媒介的心理活动，是人对客观事物的态度的一种反映。情绪是这种反映的比较短暂的状态，情感则是比较稳定和持续的状态。由于客观事物是多样的、变化的，所以人的主观体验也是不同的。人的需要有天然需要，如吃、喝、睡等,人还有社会性的需要,如社会生产、社会交际等,这是人所特有的。一般来说,能够满足人的需要的事物就会引起肯定的态度和体验,如快乐、满意、爱等。如果违反人的需要和意愿,就会引起否定的态度和体验,如愤怒、哀怨、憎恨等。

儿童年龄越小,情绪在生活中的地位越高,这是婴儿心理的特点。首先,情绪对婴儿适应生存有着特别的意义。婴儿天生就具有情绪的反应能力,生后很早就表现出了他(她)的情绪反应,是其重要的适应生活的方式。如婴儿吃饭后就安静,饥饿或尿湿时就不安、哭闹等。2~3 个月婴儿吃饭、睡好后就会微笑,当成人逗他(她)时,就会全身活跃或笑出声。情绪情感直接影响婴儿的行为,对婴儿的认识活动起着激发和推动的作用。5~6 个月开始婴儿对新鲜的玩具特别感兴趣。以后,只有婴儿感兴趣的东西可更能引起他(她)的注意。婴儿在愉快的情绪下做什么事都积极,也乐于学习,而情绪不好时,则什么也不听、不学、不做。这就是人们常说的"婴儿凭兴趣做事"。

另外,情绪情感是婴儿进行人际关系的重要手段。婴儿生后不久,对人即有了泛化的认识,他(她)见任何人都微笑,6~7 个月开始表现怯生情绪,并产生了与亲人相互依恋的情感。8~10 个月婴儿出现分离焦虑的情绪,这种情绪在 13~15 个月最强,1 岁半以后逐渐减弱。1 岁多的婴儿即可出现对人、对物的关系的体验,如有同情感。2 岁时已出现快乐、兴高采烈、爱亲人、爱小朋友、害怕、厌恶、苦恼、甚至嫉妒等情绪的表现。

在婴儿的情感活动中,依恋是一个重要的情感。依恋是指婴儿与母亲之间的一种特殊的持久的感情联系,它是母亲与婴儿之间的充满深情的积极的相互关系。它的形成与母亲经常满足婴儿的需要,给予愉快的强化刺激有关,也是婴儿在与人交往中对人的从泛化到分化的社会性认识的结果。

依恋感情的表现形式是婴儿喜欢同他(她)所依恋的人接近,此时他会感到安慰、舒适和愉快。在他遇到陌生环境而产生惧怕和焦虑时,依恋对象(母亲)的存在或出现会使他(她)感到安全,这种依恋的安全感一旦建立，婴儿就会更加自由自在地去探索周围的新鲜事物，就会愿意尝试与别人交往，会更广泛的去适应社会。因此，母亲与婴儿的这种相互依恋的感情是婴儿与别人交往和探索外部世界的“安全基地”。这种早期的母-婴依恋的质量对日后婴儿认知发展和社会性的适应都有重要意义。这就是我们说的安全依恋，这种安全依恋不仅可以促进婴儿的智力发育，而且还将导致一个人对人信赖、自我信任、并成功的依恋自己的同伴和后代，和人们形成良好的人际关系。

在我们的生活中也可以看到由于缺乏耐心的照料，不注意母子感情交流，出现一些不安全的依恋类型或无依恋的现象。没有建立母-婴安全依恋感情的婴儿，在后来的生活中多不善于与人相处，或不能很好地面对现实。各国对孤儿院儿童的研究充分证明了这一点。

所以，对每一个家长来说，育儿绝不是单纯的喂养，要在喂养中建立良好的亲子关系，要经常使婴儿保持愉快的情绪，以促进他们对外界知识的探索与学习，使婴儿的身体、心理均得到健康的发展。

个 性

个性是指个性倾向性和个性心理特征。个性倾向性即人对现实的态度，人在认识和改造客观世界中的趋向和选择，它包括需要、动机、自我意识、理想、信念和世界观。

个性心理特征是人经常表现的、比较稳定的、典型的心理特征，它包括能力、气质和性格。

根据婴儿的特点，在这里我们仅介绍自我意识的发展、气质和性格的发展规律。

自我意识。自我意识是指人对自己及自己与他人关系的认识，它的发生和发展是一个复杂的过程。自我意识不是天生的，而是受社会生活条件制约的，是在后天的学习和实践中形成的。

出生后头 5 个月的婴儿没有自我意识，不认识自己身体的存在，所以他们吃手、吃脚，把自己的手脚当物体来玩。以后婴儿逐渐认识到手和脚是自己身体的一部分，开始出现自我感觉。5~8 个月的小儿，对镜像显示出了兴趣，他(她)会注意镜中出现的某一形象，但他(她)仍不能区分自己的形象与他人形象的差异。9~12 个月婴儿能够认识到自己是镜像动作的来源，能区分自我形象和他人形象。1 岁左右，婴儿学会了走路，逐渐认识了自己能发生动作，如球的滚动是自己踢的，可以把自己和别人及别的物体区分开，认识到了自己能力的存在，这就是最初级的自我意识。

1 岁到 1 岁半，随着婴儿言语的发展，婴儿知道了自己的名字，并能用名字称呼自己，这表明婴儿开始能把自己作为一个整体与自己的动作区别开。2 岁到 3 岁，当婴儿掌握了代词"我"以后，自我意识的发展进入了一个新阶段。这时婴儿不再把自己当作一个客体来认识，而是把自己当作了一个主体。到 3 岁以后，婴儿才开始出现自我评价的能力。

自我意识在个体社会性发展中处于中心地位，其形成和发展影响着社会性其他方面的形成和发展。因此，我们应了解这一过程，促进婴儿自我意识的产生和发展，以便婴儿更快更好的适应社会。

气质。气质是人在进行心理活动时在行为方式上表现出的强度、速度、稳定性、灵活性和指向性等动态的心理特征。它是个性心理特征的重要组成部分，是一个人比较稳定的心理特征。

婴儿在生后的早期就明显表现出某种气质的特征，这主要是由高级神经活动的类型决定的，也就是说有一定的先天遗传的影响。比如，有的婴儿生后就很活跃、活动较多，对什么事都反应强烈、较急躁。有的小儿则较安静，活动相对少，对事物反应平静而缓慢。还有的小儿介于这两者之间。一般我们把婴儿的气质类型分为三种，即活泼型、安静型和中间型。

气质类型本身无好坏之分，每种气质类型都有积极的方面和消极的方面，气质类型也不决定一个人的智力水平和发展趋向。但是由于气质影响小儿的活动方式，所以它经常地、强烈地影响着父母的反应，影响着婴儿的个性形成，亲子关系，早期社会交往以及认知等各个方面的发展，对婴儿早期教养有着不可忽视的重要影响。

气质虽然是婴儿最早表现出来且变化最为缓慢的个性心理特征，但其本身也在与外界环境相互作用中发生着一定的变化，也就是说气质也是可以改变的。特别是婴儿期神经系统正处于不断发展变化中，具有较强的可塑性，可通过环境经验和成熟过程中来调整，所以，后天环境和教育对气质发展的影响是至关重要的，家长及保教人员应当了解每个婴儿的气质特征，以不同的方式给予教育，注意帮助婴儿发扬气质特征中积极的方面，克服消极的方面，促使每个婴儿形成个人特有的活动风格。

性格。性格是指一个人对客观现实的某些态度以及与这些态度相适应的比较牢固的行为方式。性格是个性的核心。性格不是遗传决定的，是在生活环境和教育的影响下形成的。

人的性格是非常复杂的，它有很多特征：有对现实态度的特征，即对人、对劳动、对工作、对自己的态度；有意志方面的特征，如遵守道德规范，对自己行为有自觉的控制水平，以及在困难条件下和工作中的毅力等；有情绪方面的特征，如不同的情绪体验，控制水平，自我调节能力等。这些特征的综合反映一个人的性格。

性格是有好坏之分的，婴儿时期是个性初步形成的时期，是奠定基础的关键时期，因此，要充分重视婴幼儿良好个性品质的形成。当然在 3 岁前，婴儿的社会生活还比较少，对集体观念、自我评价等问题尚未形成，有些方面的问题还暂时涉及不到。但是，家庭是婴儿出生后赖以生存的第一个环境，家庭的物质和文化条件，家庭成员的关系，家长对婴儿的态度以及婴儿在家庭里的地位和生活方式，都会在婴儿性格的形成上打下最初的烙印。所以，家长除了要注意自己的行为外，要学习一些教育方法，要注意婴儿主动性、独立性的培养，要从婴儿最初辨认是非时即给予良好的道德教育，培养孩子积极的性格特征，排除不良的影响，为促进婴儿形成良好的性格奠定基础。

第四篇

大脑发育和环境

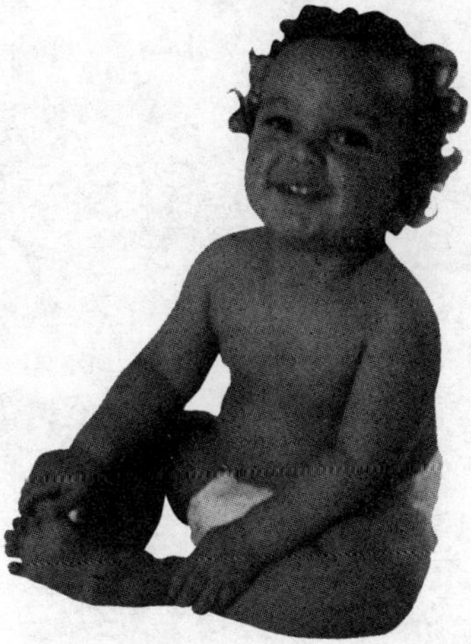

脑发育年龄愈小愈快

新生儿脑重 370 克,6 个月时为 700 克，是成人脑重的一半,2 岁时为成人的 3/4,4 岁时为出生时的 4 倍,已经与成人接近,但此时,体重仅为成人的 1/3。因此,人脑先发育。人脑约有 1 千亿个细胞,人脑中的神经细胞增殖期主要从妊娠头 3 个月至生后 1 岁,过了此时期,神经细胞不再复制和再生。而维持神经细胞的营养、传导和支持的胶质细胞的增殖是从妊娠后期延续到生后 2 岁。神经细胞之间由突触连接,突触的数目在生后迅速增加。Peter 博士研究发现,视觉皮层内突触的数目出生时每个神经元约 2500 个,到 6 个月后增加到 18000 个(7.2 倍)。突触的浓度在 2 岁时达到最高浓度,约为成人的 1 倍半,保持此浓度到 10~11 岁,以后逐渐修剪到成人水平。与突触密度的变化相应,研究发现,4~10 岁时脑的血流是成人的 1.8 倍,在 3~10 岁新皮层葡萄糖的代谢是成人的两倍。脑的氧消耗量也比成人多,儿童约为成人的 1.3 倍。神经元出生时像棵小树,生后 2 年枝繁叶茂起来。突触的增多,神经元之间形成神经回路,形成丰富的信息传递网络系统。

早期经验对大脑发育的重要作用

良好的环境给婴儿各种感知觉的经验，是大脑发育不可缺少的条件。大脑发育有关键期,在关键期内,最容易受外界的影响。由于视觉、听觉和触觉等感知觉刺激传入的冲动激发着神经元茁壮成长,神经元长出更多树突,突触迅速增多,神经回路的快速形成,到青春期突触的修剪不是随意的现象，而是根据活动—依赖的稳定性原则，即在关键期重复的神经活动进行的神经回路在修剪期不被清除。神经回路活动—依赖稳定性的好处是，早期良好的育儿环境将指导塑造最优的皮层细胞结构，以为个人将来最优发展所需要。研究证明，很少玩耍或很少接触外界的儿童脑发育比他同龄正常儿要小 20%~30%。实验动物研究证明，养育在玩具多的笼子内的大鼠比关在贫乏无味笼子的大鼠表现有更复杂的行为能力外，每个神经元突触增加 25%以上。PET 是检查大脑葡萄糖代谢的脑功能扫描仪，此检查显示受虐待儿童大脑比健康儿童大脑葡萄糖代谢水平明显降低，说明脑功能受损。因此，良好的环境使婴幼儿获得丰富的经验，这些经验对大脑功能和结构，无论在生理和生化方面均有重要的影响，其作用将持续终身。

以下选择三个主要方面，说明脑发育和环境的关系。

视觉发展和环境

大脑划给视觉使用的版图，比其他感觉加起来的总和还大。视觉开始于眼的视网膜视觉细胞，由视神经通过两条通路传递信息到脑部。一条为皮层下通路，为控制眼肌运动和全身活动，以便对视觉刺激做出反应；另一条皮层通路，神经纤维通到脑枕部原始视觉皮层区。除此区外，脑部还有 31 个视觉区，分布在脑顶部和颞部。这些部分分为两个功能区，顶部的“何处”通路和颞部的“何物”通路。如果你在马路上看到一辆红色轿车疾驶而过，脑正在分别处理这辆轿车的颜色、形状、位置和动向的信息。“何处”通路担任视觉空间处理，负责查明物体三维空间中的速度、动向和位置，并指挥眼睛动作，以便追踪视觉目标。“何物”通路用以辨认物体特征，专门处理车的颜色、形状和详细的特点。所有这 32 个脑区同时工作，才能保证在一瞬间视觉的灵敏反应。刚出生的婴儿没有这种视力，他是通过生后丰富的视觉刺激，逐渐形成复杂的视觉通路的。这些视觉线路的畅通是经由亿万个神经细胞有序连接完成的。这是人的遗传基因和环境刺激共同相互作用的结果。如同打长途电话，遗传基因为城市间铺设好电话总干线，通过视觉的环境刺激逐

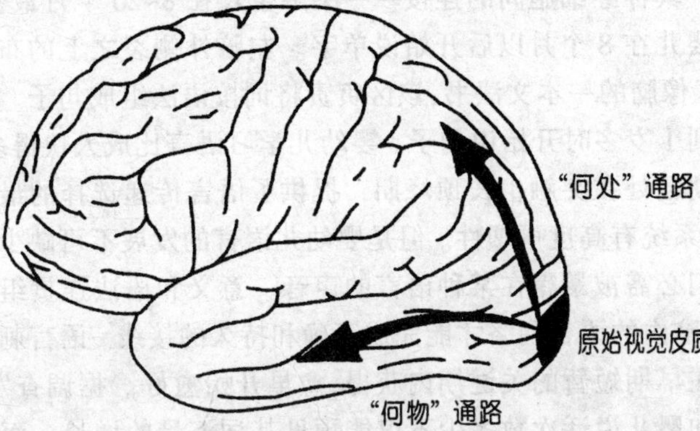

图 4-1　视觉通路

渐接通每家每户的分机线路。

视觉发育是有关键期的。婴儿期如果没有丰富的视觉刺激，不但视觉通路无法形成，甚至会使大脑视觉潜能完全丧失。如患先天性白内障的婴儿，由于出生后即双目失明，大脑视觉皮层的神经细胞得不到刺激而逐渐萎缩和死亡(参见图 4-1)。如果 3 岁以后做手术，虽然眼的晶体透明了，但视觉皮层已经丧失感知的功能，导致患儿永远失明。这和老年白内障患者手术后能重见光明不同，因为成年人视觉皮层已经发育成熟，一旦不透明晶体除去，立即能恢复视觉。由于视觉发育有关键期，小儿视觉异常如斜视和弱视等，都要尽可能早地纠正。人视觉关键期有多长呢？生后头半年是视觉发育最快的时期，也是最重要的时期，视觉关键期长达 4~5 年，不超过 10 年。

语言发展和环境

全世界的小孩只要生活在正常的环境中，都能学会说话，无论学哪国语言，其步骤是一样的。先说单字，后说双字词，然后说出整个句子。这种语言发育的程序是人类脑的遗传基因决定的。一般来说，左脑司语言，左脑颞叶和顶叶部位的威尼基(Wernicke)区如同脑的字典，其神经细胞间的连接——突触生长在 8~20 个月最密集。因此，婴儿在 8 个月以后开始说单字。左脑外侧裂之上的布洛卡(Broca)区像脑的一本文法书，该区负责将词按语法组成句子。所以宝宝要到 1 岁多时开始说句子。婴幼儿学习语言比成人快得多，因为这时期脑处在突触生长顶峰期，提供了语言传递选择的最佳机会，神经系统有高度可塑性。但是婴幼儿语言的发展不可缺少的条件是他们必需被暴露在某种语言的声音、意义和语法连贯组合刺激之下，脑内的语言网络才能完成正确和持久的接线。语言刺激经验应当在早期短暂的关键期内获得，愈早开始愈好。据调查发现，家庭中和婴儿说话次数多少不仅能预见其词汇量的增长，而且还会影响婴儿今后运用复杂词汇和句法能力的发展。有一调查追踪到小学五年级，发现父母和婴儿说话次数多少影响学业表现。人的语言学习关键期在 6~7 岁以前，至青春期结束。如果在关键期没有机会接触语言，孩子的语言能力将完全被破坏且不可逆转。如印度有一个在狼窝内长大的孩子叫卡马拉，7~8 岁救回来时只会狼嗥和爬行。经科学教养花了数年才学会几个单词，到 17 岁死亡时仍不会语言。至今，世界上大约发现 30 个野生儿童的经历都说明这个道理。所以说创造科学的语言环境对婴幼儿语言发展非常重要。

大脑情绪发育和环境

情绪发展从很多方面来看都是最重要的，它为智能发展打好基础。婴儿从出生开始会用情绪表达意愿，在和父母情感互动中得到安全感、自信、动机，才进而学习运动、语言、认知等方面的技能。研究认为情绪智力(emotional intelligence)对孩子以后的成功有决定性的作用。情绪智力就是认清和克制自己情绪的能力，以及理解并回应他人感情的能力。情绪发展和智力发展一样和脑功能的关系密切。根据有关脑功能的发育规律，可以科学地培养孩子的情绪智力，为建立成年时健全的人格打好基础。

脑支配情绪的基地是边缘系统，它位于大脑和脑干的分界线

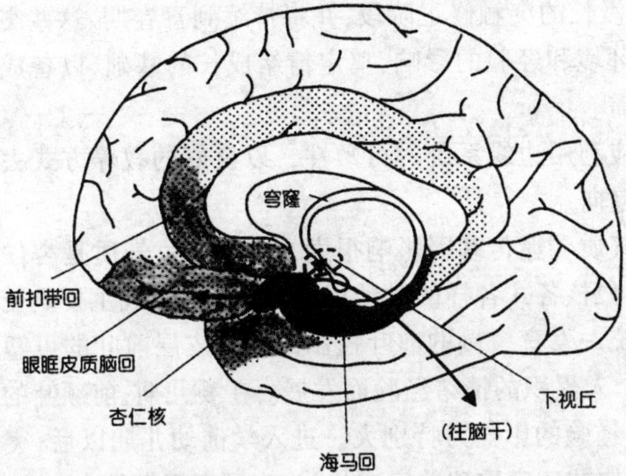

图 4-2 情绪发育

上,分为低层和高层两个层面。较低层情绪支配人类的最本能的情绪表达,是由杏仁核支配。杏仁核在大脑皮质和皮质下部分之间边界上,有两个扁桃体样的结构。这部分如果受损伤,情绪反应消失。高层情绪由边缘系统皮质支配，这部位能按个人的教养来调整和控制本能的情绪反应。高层情绪控制部位是眼眶皮质脑回和前扣带回,两者在脑前叶的中层和底面。杏仁核依靠这些结构,把本能的情绪反应通知有意识的大脑皮层,作出适应社会的情绪反应。高层情绪控制皮质受损伤后,人会变得冲动和粗暴,丧失自我控制能力,无主动性,对人冷淡,和原来长期形成的良好人格完全不同(参见图 4-2)。

神经科学家的研究告诉我们大脑情绪控制部分是如何发展的,如何在边缘系统发展的关键时刻,帮助婴儿培养健康的情绪。

边缘系统发展是由下往上的，婴儿刚出生时杏仁核与下丘脑以及脑干许多部位的线路已经具备完整的功能，因此婴儿出生后已经有情绪反应。但大脑皮质的情绪控制中枢,要等到婴儿 6~8 个月的时候,才真正开始发挥功能。婴儿半岁后,眼眶皮质脑回才逐渐控制婴儿的情绪生活。这时候婴儿真正能感受情绪,并开始对低层边缘系统实行自我控制。约在 2 岁起,前额叶皮层(包括眼眶皮质脑回)进入漫长的突触修正阶段,并将持续到青春期。这些突触的精简淘汰受环境和经验的影响,奠定情绪成长的基础,以备成人期人格形成所需。

我们应利用边缘系统的可塑性，以良好的教养方式去塑造孩子的人格趋向。

人的气质受遗传基因影响很大,大体上说,气质是杏仁核的产物,源于杏仁核各式各样的激动程度。人格的形成主要是受较高层边缘系统统一发育缓慢的前叶控制的。脑皮层前叶的可塑性非常高。按照个人累积的情绪经验而发展。在婴儿期,前额叶的突触刚开始形成,经验的影响力特别大。进入学前幼儿期以后,突触继续生成,以极快的速度重塑并完成接线,直到青春期结束。因此,从新生儿期开始亲子互动,建立安全依恋,在日常生活中引导和培养孩子良好行为习惯和人际交往能力，使额叶皮层神经通路向正确的方向完成接线,使习惯成为自然,以发展今后良好的情绪智力。相反,此时期也是婴儿情绪智力发展受伤害的脆弱期,孤立成长猴的试验和收容在孤儿院内的孤儿就证明了这一点。由于缺乏亲子和社会互动,使额叶神经元树突减少,突触联结的密度减低,给婴幼儿造成不可挽回的情绪智力和一般智力发育的损害。

第五篇

0~3 岁潜能开发和早期教育大纲

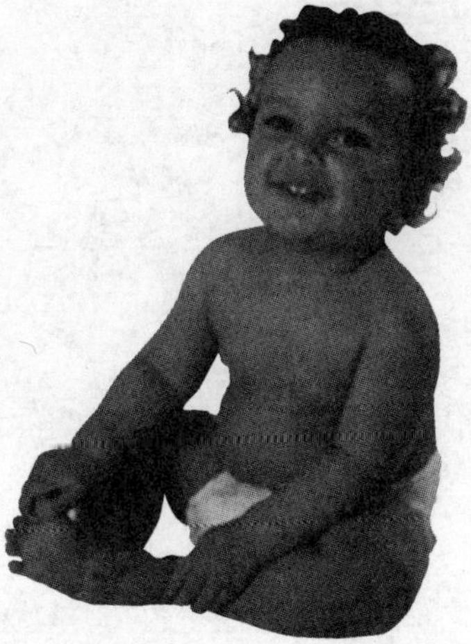

第三篇我们简单介绍了婴儿智能发育的规律。为了便于专业人员及广大家长比较容易掌握这些规律，并自觉地去促进婴儿的智能发育，在这一篇里，我们按不同的年龄阶段列出不同领域的教育训练具体操作计划，以便于大家根据婴儿不同年龄的发育水平实施重点的、具体的早期教育。

我们所提供的这一套教育训练计划是我们多年的实践经验，并综合了国内外一些有关资料编写而成的。它基本上是比一般的发育情况超前一个月左右(即稍稍提前一点)进行训练，以促进他们的发育。这一套教育训练计划已通过了一段时间的实际应用，实践结果和科研证明是行之有效的，此后我们又进行了具体的补充。只要家长真正掌握了这一套教育训练计划，并在平时的育儿活动中自觉地去做，一定会收到成效。如果在此基础上依据婴儿的实际再有所创造和发挥，效果将更好。

在实施训练计划中应当明确，婴儿的发育是既有阶段性又有连续性，二者是统一的。阶段性是指婴儿的智能发育并不是匀速的，在某一个阶段可能某一方面的发展比较迅速，另一方面的发展较缓慢。发展迅速的时期是教育的最适时机，错过了这一时期，往往使婴儿本来具有的发展潜能得不到充分发挥。连续性是指婴儿心理、智能的各方面都是持续发展的，有时好似暂时中断了，实际上仍在发展，只是速度慢了一些，仍需要持续的进行教育。

从婴儿智能发展的阶段性与连续性统一的观点出发，我们的教育大纲按 1~6 个月的间隔分阶段编写，所列出的内容是每一年龄阶段普遍的重点内容。这种划分是相对的，很多内容都是在不同年龄阶段连续的。为了避免重复，在相邻的年龄阶段不再列入，但应用者要有连续性的观念，要把前后年龄阶段的内容很好地联系起来。另外，我们所列出的各年龄段的内容是代表大多数婴儿的情况，婴儿智能各个方面的发展不一定是平行的，有的方面快一些，有的方面可能慢一些。婴儿之间也存在着个体差异，如在某一年龄阶段的某一方面婴儿“超前”发展了，可按下一年龄阶段的要求提前训练。如某一方面在这一年龄阶段还达不到这些要求，也并不代表婴儿不正常,而是要继续进行训练,使婴儿不断的进步。

0~1 个月

新生儿自生下来即具有奇妙的能力,这已在第一篇介绍了,这里介绍如何促进新生儿能力的发展。

视听刺激

新生儿有看和听的能力。当新生儿觉醒时可以和他面对面的谈话,当小儿注视你的脸后,慢慢地移动你头的位置,设法吸引小儿的视线追随你移动的方向。在新生儿耳边(距离 10 厘米左右)轻轻地呼唤你的小宝宝,使他听到你的声音后转过头来。还可以利用一些能发出柔和声响的小塑料玩具或颜色鲜艳的小球等吸引小儿听和看的兴趣 (见图 5-1)。每天定时在新生儿床头上方挂上些能晃动的小气球、小花布头等,品种可多样化,但应经常更换,可锻炼小儿看的能力。

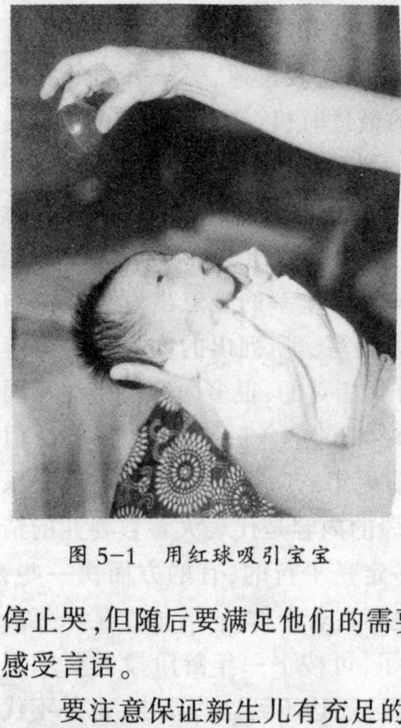

图 5-1 用红球吸引宝宝

平时,无论喂奶或护理新生儿时都要随时随地和小儿说话,使他既能看到你,又能听到你的声音。特别是当小儿哭的时候,首先用言语安慰他,很多孩子会停止哭,但随后要满足他们的需要,这样做的目的主要是让新生儿感受言语。

要注意保证新生儿有充足的睡眠时间,每天约 14~20 小时,新生儿很容易疲劳，表现为对视听刺激无反应，此时训练应暂停，休息片刻等新生儿对刺激有反应时再训练，一般每次视、听训练约 10 分钟。总之，在新生儿觉醒时利用各种方式进行视、听刺激，能够促进新生儿视听能力的发展。

和成人交往

年轻的父母首先要想到你的小宝宝是有一定的智慧和能力的，所以要学会和新生儿交往。注意细心观察新生儿的哭声、设法理解小儿哭的原因，给予适当处理。母亲还应注意新生儿的面部表情，如皱眉、微笑等，以便更好地理解他们。母亲对新生儿需求的敏感性将大大有利于婴儿智能的发育。

在小儿哭闹时，可用说话、用手按抚他的腹部、握住双手、或者抱起来等方式进行安慰，使你的小宝宝懂得成人的安慰，懂得等待成人满足他的要求。比如，小儿饿了，哭着要吃奶，你可以边准备边和他说话，如“宝宝等等，我在给你准备呢！”反复多次后，新生儿也会懂得暂时不哭，等待成人满足他的要求。这就是最初条件反射的建立，这就是新生儿学习的方式。

总之是要把新生儿当作懂事的孩子来对待，以促进他们认识世界的能力。

2个月

智能发育特征

2 个月龄的婴儿可以卧床抬头稍离开床面至 45 度，甚至更高，头竖立时间逐渐延长，由数秒至数分钟。高兴或烦躁时四肢舞动。手指能自己伸展或握拳，手在胸前时自己看手玩。

平卧在床上，眼睛会追随移动物体，会转头寻找声源，对新的声音和新的环境开始觉察。研究发现，2个月已有“红”和“绿”两色视觉，2~3个月时注意图形模式的内部结构，这意味着图像识别的开始。他们喜欢看正常人脸，不喜欢看将五官颠倒摆放人脸面谱，两个月时能安静躺着听音乐，2~3个月时能区分“音高”(即音的高低)。

开始发出“咿呀声”，和他说话时偶尔能出声应答。

对成人的逗玩有时会笑。能通过嗅觉、听觉和视觉逐渐认识母亲，表现为母亲抱时少哭，比较安静。

运　动

学抬头、练头竖直。婴儿主动运动发展是从抬头和头竖直开始的。所以从出生后开始，就进行抬头和竖头练习。

俯卧抬头。从出生到1个月如果注意练习抬头，到2个月时可以抬头45度甚至到90度。练习俯卧抬头，一般在空腹情况下，即奶前1小时、觉醒状态下进行。俯卧的床面要平坦、舒适，婴儿在俯卧时，他的双手放在头的两侧，家长可用一些带响的和色彩鲜艳的玩具在前逗引，激发宝宝抬头。每次训练30秒开始，逐渐延长时间，每天可练习数次。这种俯卧抬头的练习不仅锻炼了婴儿颈部和背部肌肉力量，而且有助于增加婴儿的肺活量(见图5-2)。

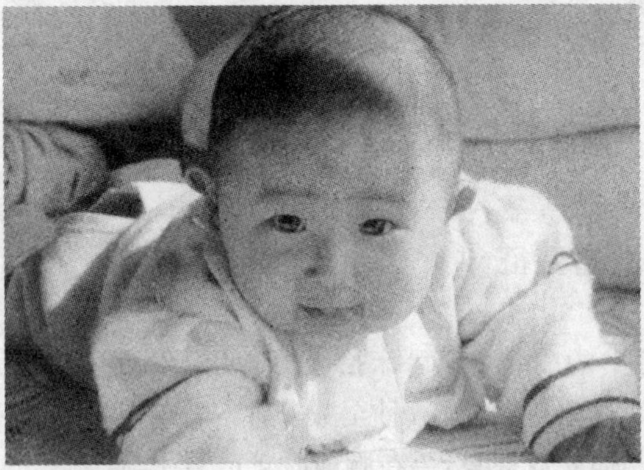

图5-2　看，抬头到了90°了

头竖直。每日适当的竖起抱婴儿数次,让婴儿练习头竖起。一般2个月婴儿头竖直几秒钟至1~2分钟。练习竖头时,家长一定要注意保护好。还可将婴儿背部贴住母亲胸部抱,一手扶住宝宝胸部,一手托住宝宝的臀部(见图5-3),使婴儿面部朝前,面前是一个广阔的空间,有很多新奇的东西引起婴儿的兴趣,使他更加主动练习抬头。如果他累了,可以把头靠在妈妈的怀内。

图5-3 这样坐头可竖直

手足运动。婴儿运动能力的发展遵循人类运动能力发展的顺序和大体的发展时间表,但对某一个儿童运动能力出现的早晚,受环境的影响作用很大。如果缺乏练习的机会,会使运动发展出现迟滞。一般来说,运动能力发展迟滞对智力发展有不利的影响。这是因为,神经-肌肉运动向脑提供的刺激作用是智力发展的源泉,是启动先天素质或遗传结构的动力因素。在练习时,可采用以下方法:

让手和手指充分活动。第2个月小儿的手经常握拳,但有时张开。宝宝不认识自己的手,有时会凝视自己的小手。要让婴儿自由活动手和手指,不要用布或手套包起来。因为,手的活动,是进一步练习抓东西的基础。看手,不断地活动双手,在这时期很重要。

让宝宝练习握玩具。当宝宝能张开手,又能看手时,可以给他容易抓握的玩具玩。有时把玩具握在手里,又很快掉下。通过握东西,促使手的张开和进行触摸刺激。

让两条腿自由活动。 2 个月时双腿活动也开始活跃起来,这时可给婴儿穿开裆裤,以便活动。在洗澡以后,或更换尿布时,母亲可以用手按摩孩子的腿部,并用手拉拉婴儿的双腿,使之上下活动,这有利于运动机能的发展。

认　知

丰富的视觉刺激。 丰富的视觉环境对大脑发育很重要。动物研究发现,将小鼠放在明亮具有多种颜色形状玩具的笼子内养大,它们的大脑视觉皮质发育得好,而养在黑暗没有玩具的笼子内的小鼠长大后,它们视觉皮层发育差,表现为皮层比较薄、重量比较轻。

那么如何创造丰富的视觉环境呢?宝宝天生最爱看人的面容,所以父母要经常用慈爱的目光俯视你的宝宝,开始对任何人的面容反应没有区别,渐渐对抚养他的人的面容有偏爱,如看到妈妈的面容时注视时间长,有时露出微笑。

视觉训练可用以下方式进行:婴儿仰卧位时,可在他的上面 20~30 厘米处,悬挂一些婴儿感兴趣的玩具,如彩色的环、铃和气球等,最好是红色和绿色或伴有响声的,每次放 1~2 件。在婴儿面前摇动或触动玩具,以引起他的兴趣,使其视力集中在这些玩具上。在婴儿集中注视后,可将玩具边摇边从水平或垂直方向移动,使婴儿视觉随玩具移动。玩具要经常调换和变换位置,使婴儿感到新奇。也可给宝宝看色彩鲜艳的图画,因为宝宝视觉通路不成熟,每幅图画只有一个主题如动物、人像或食物等,将这些图画挂在墙上,每次挂 3~4 幅,竖直抱宝宝观看,一面看,一面说图的名称,每天重复 1~2 次。宝宝逐渐会对其中某一幅图呈现特有的兴趣。每周更换一组图片。也可给宝宝看适合婴儿看的画报。让宝宝平卧在床上,将画报放在宝宝眼前约 20 厘米处,你可以发现他的眼会注视画报,表现出新奇的表情。

语 言

多和婴儿说话。 婴儿言语的发生和发展，需要一个良好的语言环境。没有接触过语言刺激的婴儿，即使他的脑发育正常，也可成为聋哑儿。生活在不发达地区的聋哑父母家庭的婴儿，不能获得正常的有声语言。所以，婴儿虽然不会说话，我们也应把他当成一个懂事的大孩子，经常和他交谈。

全世界的父母和小婴儿说话似乎都用相似的言语。这种和婴儿说话的言语有什么特征呢？声调较高，速度较慢，短语间有较长的停顿，较多使用重复的话语表示亲昵，如宝宝、妈妈、娃娃等，因较高频率的声音适合于婴儿早期听觉的适应范围。以爸爸和妈妈的语声比较，婴儿更加喜欢母亲的语声。语声的重复，音节间的停顿和缓慢的速度有助于婴儿去确认、分析和记忆。随着婴儿成长，可以逐渐过渡到用规范的语言，促进他们的听力发展。

和婴儿说话的姿势很重要，如指着某人说："看！谁来啦！爸爸！"这种姿势对婴儿的认知和社会行为的发展会起重要作用(见图 5-4)。

当妈妈和婴儿说话时，如果发现宝宝发出似应答的声音，这时妈妈应停顿片刻，以增加婴儿参加到母亲-婴儿的"交谈链"中的机

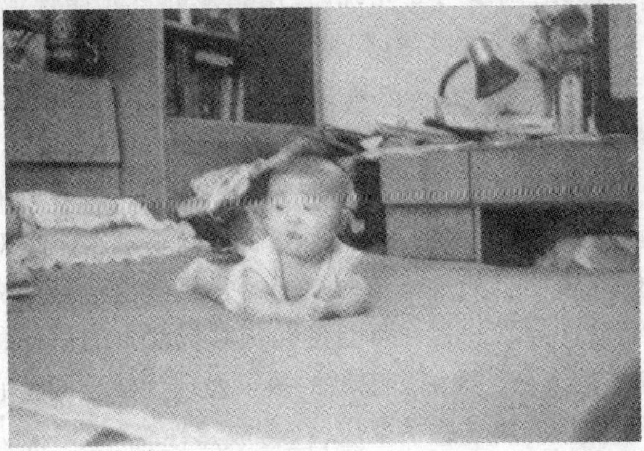

图 5-4 抬头看世界

会。这种母–婴间的言语交流对刺激婴儿神经系统的语言加工能力是必需的。因此，和婴儿多说话是语言发展必不可少的前提。

多与婴儿说话，还可以增进母婴联系，有利于建立牢固的亲子关系。妈妈对宝宝说话或宝宝听妈妈说话，对婴儿来说，都是社会交流中很重要的部分，有利于婴儿社会化的发展。许多研究结果表明，早期的母婴关系对孩子日后的个性、与人交流能力和社会适应能力等发展有着极其重要的作用。这种作用常常是终身的。

因此，无论从智力开发的角度，还是从儿童社会化的角度来看，妈妈对婴儿多说话都是非常有益的。

生活与交往

生活规律。婴儿来到世上，首先要保证他的健康与生长，所以培养生活规律，建立良好的“生物钟”非常重要。家长要注意了解婴儿的特点，逐渐养成按时并定量吃、喝，按时睡眠的习惯，晚间睡眠时间可逐渐延长，尽快建立昼夜节律。对婴儿的大小便要注意观察其时间规律、颜色、形状、量等，逐渐掌握孩子的生活规律，使他得到恰当的照料。

情感交流。除了生活上关心之外，家长也要与婴儿有情感的交流，要用亲切的语调多与婴儿说话，用慈爱的目光注视他，并引起他的注视。在婴儿安静觉醒时，或有发音等活动时要抱一抱婴儿，以示关怀和鼓励，不要待婴儿啼哭时才去抱他。注意观察婴儿不同情况下的哭声，逐渐的了解他，以便正确满足他的要求。

在 7~8 个月前的宝宝需要抱时去抱抱你的宝宝。有的父母怕“宝宝一抱即会养成好抱的习惯”而克制自己不理宝宝。对婴儿情绪发展的研究表明，如果母亲对孩子的哭或其他信号如交流性表情、发声和动作经常忽视，就会使婴儿对抚育人的信任感产生怀疑，形成焦虑的人格。这种焦虑型的孩子表现为缺乏同情心和内疚感，不能照顾别人，缺乏感情反应，社会成熟性晚，学习能力差。相反，如果抚育人对婴儿的哭或其他信号经常表示关注，并做出反应，那么，就能使孩子发展成安全型的人格，这类孩子往往富有探索精神，具有独立性强、社会性发展好、智力发展正常的特点。

0~6 个月玩具选择

为了给 0~6 个月宝宝创造一个丰富多彩的环境，应使他看到各种颜色、多种形状，听到不同声音，用手触摸、抓握等动作去感知物体的性状，并把这些感觉到的东西在大脑中联系起来，发展视听和运动协调能力。凡是能达到这个目的的东西都是玩具。玩具可以是专门为孩子准备的，也可以是家中常用的适合该年龄玩的物体。

玩具。(1)玩具选择的原则：

①颜色鲜艳纯正。如红色、绿色或蓝色。

②形态大小适合小手抓握摆弄；

③可带有悦耳的响声；

④质地光滑，没有坚硬的锋利的棱角，无毒性，易于清洗；

⑤不宜太小，以免吞食。

(2)选择的类型：

①必备玩具。如哗铃棒、吹塑彩环或彩球(直径约 15 厘米)、塑料小动物、带铃的环、橡皮玩具(长约 6 厘米，宽约 4 厘米左右)、软塑料捏响玩具、小镜子等；

②参考玩具。八音盒、音乐旋转玩具、音乐不倒嗡、音乐拉响玩具、发条起动的小动物和吊拿玩具等；

③家中可充当玩具的东西。如清洗后的塑料小药瓶、硬纸小盒、光滑的小塑料汤匙、花手绢、红布条、纸花等等任何小儿感兴趣的物品。

(3)玩教方法：

将玩具 1~2 种挂在床栏上方，用手摆动，引起宝宝的注意观看。摇动哗铃棒，让宝宝用眼睛去寻找铃声。将玩具在宝宝面前逗引，使他手舞足蹈，想去够取，如不会拿，可放进他的手内，帮助他摇动。可允许宝宝将玩具放进嘴巴，用嘴去探索。

图画和书刊。不同的黑白或彩色脸谱 3~4 幅，大小与人脸相仿,各种动物画面,适合婴幼儿的画报。这类图画和画报上的画,其颜色要鲜艳,一幅图上只有一个主题画,要大些让婴儿看得清楚。可贴在墙壁上,竖抱婴儿去看或拿在手中给他看,距离婴儿眼睛约 20~30 厘米处,每次看短暂时间,如果婴儿已经不感觉兴趣,立即转移目标。

3个月

智能发育特征

3 个月龄的婴儿开始有了有目的的行动,这是主管意志的大脑开始发达起来的缘故,而与此相反,新生儿时期特有的反射活动逐渐消失。

头竖直时间延长，有时能转头向四周张望。俯卧时头能抬起来,两只手腕能支撑上肢,有的可以做到挺胸抬头,躺着时能从仰卧位自动翻转到侧卧位。

醒来时挥动小手,接着能长时间吸吮自己的手,有时还能悄悄地看自己的手指,双手可接触在一起。看到物体手臂舞动,企图触摸玩具,手握玩具时,可放进口内“探索”。

耳目更加灵敏,逗弄他知道笑,有时会“啊！喔！”喃喃细语,好似与爸爸妈妈“谈话”。知道喜欢或不喜欢了。饥饿和疼痛时,大声啼哭,饱足和舒适时,则手舞足蹈,尽情撒欢。

运　动

学抬头和翻身。婴儿运动能力的发展是心理发展的重要准备,因为,神经–肌肉运动向脑提供的刺激作用是智力发展的源泉。运动发展是有规律的,其顺序是从上向下发展。先学会抬头和翻身。

抬头的动作发展有连续性，即某一技能的简单扩展。如新生儿俯卧时，只会偶然抬一下头，逐渐发展抬头到45度。3个月时抬头常常达到90度，而且会用手腕支撑起前胸，使头和前胸一起抬起来。运动发展也有阶段性，3个月开始，逐渐发展翻身动作，翻身和抬头之间是不同的行为模式，这就是阶段性。这个阶段翻身动作只能从仰卧到侧卧。动作发展的快慢，不同孩子之间有差别，但通过练习，可以明显促进其发展。

俯卧抬胸。婴儿的运动发育是连续性的，在他(她)能够俯卧抬头45度后，他(她)的颈部肌肉的力量逐渐增强，双臂的力量也在增强，很快的他(她)可在俯卧时将头高高抬起，与床面呈90度角，头保持稳定。继而他(她)的前臂不仅能够支撑头部，而且能够支撑着将肩部、胸部均抬起，头部稳定并自如地向两侧转动，此时家长可用玩具在不同的地方逗引他(她)去转头寻找。

翻身(仰–侧)。3个月前小儿主要是仰卧着，但已经开始有了一些全身肌肉的活动。注意一定不要给婴儿捆成像一个蜡烛包，以免限制了婴儿的活动，要在适当保暖的情况下使婴儿能够自由的活动。在仰卧位时家长可分别在两侧用婴儿感兴趣的玩具逗引他(她)，训练婴儿从仰卧位翻至侧卧位。每次可训练数分钟，每日训练数次(图5–5)。

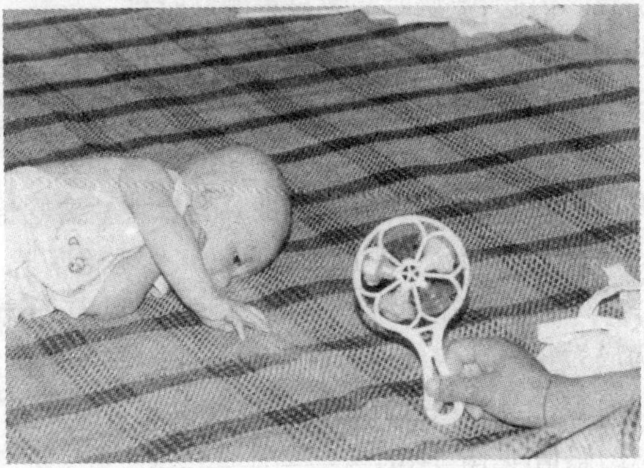

图5–5 宝宝就要翻过来了

认　知

视线转移。 随着宝宝的渐渐长大，他（她）的眼睛会越来越明亮，他可以一下子就注视到面前的玩具，并能灵敏的追随。此时可用两个玩具（或两人）来逗引婴儿，让婴儿先注视一个玩具（或人），然后拿出（出现）另一个玩具（或人），训练婴儿的视线从一个物体转移到另一个物体。也可以在婴儿集中注视某一物体或人脸时，迅速移开物体或人脸，训练婴儿在注视目标消失时用视觉寻找。

喂奶时教孩子。 早期教育是结合日常生活进行的。对婴儿来说吃奶是很重要的生活内容，吃奶是食物刺激，和很多条件刺激如体位、语声、表情和场景结合起来，使宝宝容易形成条件反射。这就是学习的开始。譬如，宝宝从新生儿时期就知道当妈妈抱他喂奶时，一定的体位，给他垫一块小毛巾在颌下的动作和听到妈妈的言语声，宝宝就知道将吃奶了，立即转头寻觅奶头，张开小嘴。这就是条件反射的形成。

宝宝吃奶时大多是在觉醒状态，开始喂奶 5~10 分钟内宝宝会专注地吃奶。当快吸饱的时候宝宝会睁开眼睛看看妈妈，有时会放开奶头对妈妈甜甜一笑，再吸吮奶头，好像和妈妈在交流什么，又像和妈妈游戏。因此，喂奶时是教孩子的好时机。

妈妈利用喂奶的时间要和宝宝多交流。在喂奶前，你可以说“宝宝饿了吧！妈妈给你喂奶，让我准备一下，好吗？”在喂奶过程中，你可以抚摸一下宝宝的小手，小腿，将小手放在你的乳房上，或用他的手摸摸你的脸颊，给他哼些歌曲。当宝宝快要吃饱时，你可以更多地用眼神和他交流，和宝宝说话，如“你吃饱了吗？再多吃点，快快长大，妈妈的奶好香啊！”等等。总之，爱说什么，就说什么，这样使喂奶成为轻松愉快的事，在自由自在的气氛中使宝宝更快认识妈妈的面容，记住妈妈的语声，促进认识能力的发展。同时建立母子依恋的感情(见图 5-6)。

创造良好的环境。 婴儿的环境直接关系到他们的健康和智能发育。婴儿大部分时间生活在室内，每天最好有 2 小时以上去户外活动。

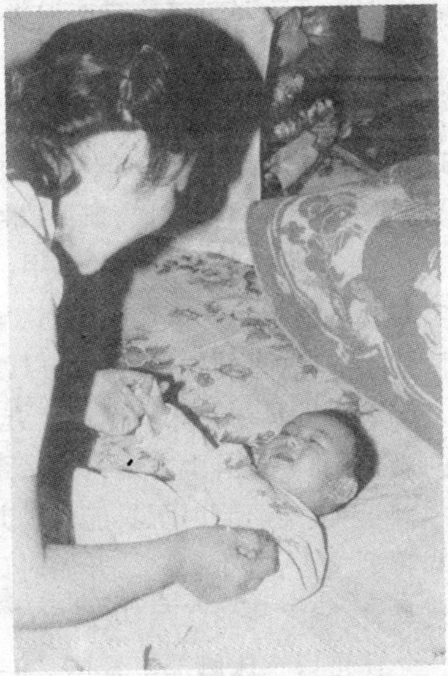

图 5-6 母子俩玩得多开心

首先，要创造一个良好的室内环境。住室空气要新鲜，春秋天要尽量多开门窗，夏天要通风凉爽，如有空调，温度保持在 25~28℃，不宜过低。冬季保暖，室温不宜过高，应在 18~22℃为宜。每天应定时开窗通风，保持空气新鲜，使婴儿呼吸更多的氧气。通风时不要让风直接吹到婴儿。如室内生炉火，注意装好烟筒及风斗。婴儿床不要离炉火太近。应经常用湿墩布擦地，可先擦地后扫地，防止尘土飞扬。室内要保持清洁，物品摆放整齐、有条理。在婴儿床的附近，可适当贴挂 2~3 张色彩鲜艳、内容形象适合婴儿特点的图片。床前挂玩具，如彩色气球、吹塑玩具、转动会响的伞花等，每次挂 2~3 种，定时变换花样和调换位置，以激发婴儿观察的兴趣。经常播放一些优美动听的音乐或童曲，音量要适度，时间在 30~60 分钟。注意避免噪音。

户外活动要选择空气新鲜，有些树木花草，非人群聚集和远离马路的地区。根据气候选择适宜场所，使宝宝经常沐浴空气和阳光，观察室外多种多样的树木花草、人物和车辆，增加丰富的环境刺激。

总之，创造优美的良好环境，可以从婴儿起给予美的享受，增强体质，促进感知运动机能和社会交往能力的发展。

玩玩具。3 个月的婴儿四肢随意运动开始发展，头部自己控制能力加强，已能开始转头细致地观察事物。记忆力增强，注意力发展。对于看得见的可操作的物体更加能引起他们的特别持久的注意和兴趣。家长可通过玩耍促进婴儿以上能力的发展。

从拍打到够取玩具——婴儿在卧位时，将色彩鲜艳、有响声、大小适当的玩具挂在小床上方宝宝能够抓到的地方。抱座位时，将玩具放在宝宝胸前 20 厘米左右。摇动或弄响玩具，吸引宝宝注意力，使他企图击打、够取、抓握、触摸玩具。当婴儿想要动手但又不成功时，可将玩具放进他的手中，并弄出响声，激发他的兴趣。当宝宝用视觉捕捉目标或偶然击打、触到玩具时，要用自然而丰富的表情和手势，欣喜的赞扬语调加以鼓励。

脚蹬玩具——床脚部位上方，在宝宝视线以内，挂上一个带响的彩色玩具，玩具上方用松紧带系住，玩具下方用松紧带系在小足踝部，当宝宝蹬脚时玩具能活动并发出响声，使宝宝看到玩具活动和听到响声，产生兴趣。开始时让宝宝重复练习，使他记住蹬脚和玩具动、响之间的联系，以后宝宝就会高兴地自动玩这种游戏了。

还可以在床脚部位悬挂上 1~2 个彩色塑料球，高低能适合宝宝用脚蹬踢到的位置，当踢到球时给予鼓励。

语　言

笑出声-发元音。随着婴儿各种感觉器官的成熟，婴儿对外界刺激的反应越来越多，愉快情绪也逐渐增加。首先会表现在微笑上，除了自发的微笑外，同时婴儿很容易被逗笑，甚至出声的笑。此时他(她)的发音也会增多，可有较多的自发发音，能清晰地发出一些元音。家长要在婴儿情绪愉快时多与婴儿说笑，逗引他(她)发音。可用不同的语调与婴儿说话，如亲切和蔼的声音、命令式的声音、激动的喊叫等，训练婴儿分辨不同的语调，做出不同的反应。除了母亲外，家庭其他成员也要多和婴儿说笑，使他(她)感受多种的声音、语调，促进他(她)对语言的感知能力。

生活与交往

强化婴儿的笑。3个月的婴儿对成人的逗引会抱以甜蜜的微笑,这是最早的社会性微笑,最泛化的,也是婴儿与人交流,得到亲人喜爱的一种手段。要经常的逗引婴儿笑,对他的笑给予应答和鼓励,使他保持愉快的情绪,使他这种交流的手段得到强化。

学认爸爸妈妈,培养亲子感情。3个月的宝宝能学会认识爸爸妈妈吗?研究证明是可能的。2~3个月婴儿开始注意图形模式的内部结构。这时他们非常喜欢看正常人的面孔,而不喜欢那些五官被颠倒放的脸谱。3个月的婴儿经过出生以来接触人的面孔的经验,形成了开始模糊而后逐渐清晰的面孔表象。他们日常生活中,视线沿着母亲或照顾他们的人的面孔各部位进行扫描而在脑中留下印记。他们熟悉了人的面孔,更加喜欢人们接近、俯视他们,报以微笑和快乐的动作。3~4个月到5~6个月,随着对面孔辨认的细致程度的增强,伴随对成人的语声、气味、环境等的熟悉程度的增加,婴儿对经常接近他们的成人显示出偏爱,在不同人之间有所选择,并对陌生人显示警觉和回避反应。

很多妈妈体会到,这一月龄的宝宝已经有了"偏爱"。妈妈抱着不哭,特别到晚上,别人抱了就哭。对妈妈笑得多,有时一着急能偶然发出"妈妈"的声音,宝宝无意识发声,妈妈听了很高兴。这时应该及时亲亲宝宝并说"妈妈!我是你妈妈",加以强化。父母抱宝宝时,要和他眼睛对着眼睛互相注视,要用温柔慈祥的声调和宝宝说话,如"宝宝!我是你妈妈啊!叫妈妈!"也可以将宝宝抱起来,用手指着爸爸,让他看着爸爸,并说"看!爸爸来了!"因为这时婴儿的视觉焦距调节能力仍然较差,所以父母的脸和宝宝距离近些,约20厘米,使宝宝看得清楚。4个月以后,他们的视觉能力增强,和成人相近了,稍远也能看得清楚了。经过反复强化这种学习,增强婴儿的辨认能力,而且在欢快的情绪中培养亲子的感情,传递着父母和婴儿之间的真挚的爱。

促进婴儿身心健康的良方——笑。6个月前最理想的教育就是调动情绪活动，首先是笑。笑是一种快乐的情绪反应，对婴儿身心发育有特殊的含义。

笑有利于体格生长——婴儿总是笑眯眯，说明婴儿的需要大部分能得到满足，他们的发展很顺利，身心处于健康状态。良好的情绪可以促进体格发育。反面经验已经证明，长期精神压抑可以抑制生长激素分泌，使生长缓慢，身材矮小。

笑促进早期婴儿认知的发展——快乐情绪使婴儿处于放松状态，倾向于接受外界事物和与人接近，将注意指向对象，也容易产生对事物的兴趣，为认知事物打开了一扇方便之门，有利于认知能力的发展。笑是与人交往的桥梁——婴儿对成人笑，受到成人的喜爱，让成人不由自主的和宝宝逗着玩，这给宝宝提供了学习社会交往能力的机会，为以后容易和人相处、待人友好、良好个性发展打下基础。

婴儿的笑是一种天生的本能，出生1个月以内的婴儿睡着或觉醒时会出现微笑的面容。1~1个半月开始，婴儿微笑性质发生了变化，从自发性微笑转变为社会性微笑，即当成人逗引时会笑，开始社会性微笑次数较少，以后逐渐增多。3个月的婴儿对成人的逗引，经常会报以甜蜜的微笑。

如果从出生后开始经常和宝宝面对面，用愉快的表情和口气和他说笑逗乐，可使社会性微笑提前出现，促进婴儿身心健康发展。

4个月

智能发育特征

4个月龄的婴儿俯卧时能用前臂支撑抬头和胸部，直抱时头能保持平衡，逐渐能从仰卧位翻身到侧卧位或俯卧位，能从成人手里拿玩具,会注视自己的手,能抓住玩具和把玩具放入口中。

视觉机能比较完善了,能逐渐集中于较远的对象。开始出现主动的视觉集中，并开始形成视觉条件反射，如看到奶瓶会伸手去要。听到声音能愉快转头,能注意镜子中的自己,对逼近物体有明显躲避反应。研究证明,该年龄段婴儿已具有正确的颜色知觉了。开始积极地“倾听”音乐。比较喜欢听“愉快”的和“听起来比较美”的音乐。听音乐时总伴有身体的反复运动，运动和音乐还不能同步,还不协调。

自言自语,咿呀不停,对成人的话有反应。

向母亲伸手要抱,在成人逗引时能笑出声音。

运　动

翻身(仰卧–俯卧)。4个月婴儿能在仰卧玩耍过程中,有机会不知不觉地俯卧过来,有时还不断地挣扎着要翻身,这时可以把孩子最喜欢的玩具放在他身旁,当他想把身体旁边的玩具拿到手时,就会翻过身来。开始时婴儿翻过身后一只手臂常常压在身体下面,家长可给一定的帮助,慢慢地训练婴儿自己将手放好,灵巧的翻身,自由的选择姿势。家长有意识地帮助宝宝向左右两个方向翻。通过翻身,变换姿势,使宝宝变更方向认识世界。

拉坐。经过了俯卧抬头、翻身等动作的进步,婴儿颈部、前臂及腰部等肌肉力量逐渐增强。宝宝要求改变姿势的主动性越来越明显,此时可试着将婴儿拉坐起。

方法是:婴儿在仰卧位,家长抓住宝宝的两只小手,让他自己用力配合,家长仅稍稍用力帮助,将婴儿拉到座位。这种活动每日可做几次。家长用力逐渐减少,训练小儿仅握住家长的手指能主动坐起来,这样可以锻炼小儿肌力。

练习翻身和拉坐可通过做婴儿体操(第二套)进行。

认　知

注视、倾听变机敏。此年龄段的婴儿已经会调节视焦距，能看远或近的物体。视觉细胞发育已经具备了分辨红、绿和蓝三种纯正颜色的能力。听觉也更加灵敏，头的转动更加自如，有助于捕捉更多的视听刺激。大脑的视听潜能通过训练可以得到充分发挥。

视听训练方法：

看人脸听人声。除经常面对面注视和说话外，可以变换方向或距离，吸引宝宝注视和倾听。注意他对熟人和生人有什么不同反应。

变换玩具花样。从大到小，使宝宝能注视较小的物体，如红色衣扣和小绿豆等，用不同的玩具吸引宝宝的视听兴趣。

经常到户外活动，丰富宝宝视听刺激。使宝宝多多接触大自然，看看初升的太阳，傍晚的月亮，看看红色的花、绿色的树木和青草，看车辆行驶，小狗奔跑，树丛中鸟儿飞翔，使他学习视觉追踪。边看边说，红花多好看，小汽车开过去了，等等。

看图片和画报。从画片或画报上补充实物的视听刺激不足，选择图画和书上的画要大一些的，色彩鲜艳，形象真实，有美感，一边看画，一边用最简单的词语讲图画的名称。

听婴幼儿录音带。选择优美的音乐给宝宝听，或听有自然界各种声音、各种动物叫声的录音带，也可听读汉字学发音的录音带，让孩子感受各种声音，特别是优美的音乐旋律对孩子的智力发育、美的情趣培养均十分有益。注意不要听节奏太快、声音过强的音乐，防止对孩子的听力造成损伤。

练习手抓握，促进手眼协调。手的动作发展从无意识到有意识，从手眼不协调到协调。初生的新生儿，手的动作是无意识的，到2~3 个月逐渐发展为有意识的活动，如看到一个可爱的玩具，小手就活动起来，伸向玩具，好像要取的样子。开始手眼不协调，不能准确取到玩具，4~5 个月就会取到玩具了，说明手眼协调了。

4个月的婴儿对周围的事物开始产生兴趣，对有响的玩具，如花铃铛，一抓握即响的小动物玩具，更加有兴趣。在宝宝觉醒时，用上述 1~2 种玩具逗引他抓取，经常练习，可使宝宝手眼协调能力发展，能更快更加准确地抓握到玩具（见图 5-7）。随着会抓玩具，经常将抓住的玩具用嘴啃或用舌头舔，这是宝宝在用嘴和舌进行探索呢！家长不必紧张地将玩具从他口中取走。只要事前把玩具清洗干净，可以让宝宝拿进口内探索一下，以利于他感知能力的发展。

图 5-7　我终于抓到了！

看滚球，追视手电光，使视觉灵敏。抱婴儿坐在桌边，观看皮球从桌子一端滚向另一端。婴儿注视滚动的球，头也随着视线转动。在傍晚天渐渐黑时，抱婴儿坐在膝盖上，大人打开手电筒轻轻晃动，使手电筒照在墙壁移动，大人指着手电筒光说："看！看！亮光在哪儿？在哪儿？亮光跑到那儿了！"

语　言

强化宝宝某些发音。如宝宝偶然发出"妈妈"声音，就要亲吻他，搂抱他，说："妈妈！我就是你的妈妈呀！"鼓励他重复发出这些有意义的名词语声。

婴儿在咿呀作语阶段的重要意义在于开始发生第一批词汇的最初"智能"。它还会给婴儿带来趣味和快乐，在与父母语音交流中发展社会交往能力。语音发展为言语获得作了说和听的最初准备。

咿呀作语。言语在婴儿智力开发中有特殊的作用，但言语是要经过训练才会听懂和表达,所以言语训练特别重要。言语训练从孩子出生后就可以开始,在 4 个月时更应该加强。因为 4~8 个月年龄段是咿呀作语阶段,这时期发音明显增多,在发元音基础上会发 b、p、d、n、g 和 k 等辅音,和 da-da、ba-ba 和 na-na 等重复音节,偶然出现 ma-ma 和 pa-pa 等声音,好像他们在叫“爸爸”、“妈妈”呢!

那么如何进行言语训练呢?除日常生活中多对婴儿说话外,可以将教说话和教婴儿认识环境活动结合起来。

生活与交往

自己扶奶瓶。婴儿手的动作开始发育了,这时就要在生活中让他体验手的工具作用。在吃奶、喝水时,可让婴儿自己扶着奶瓶,当然他尚不能自己拿住,那也要让他扶一扶,这样既锻炼了婴儿手的活动,又可使婴儿有触觉体验,同时还是婴儿生活自理能力最初的培养。

表情反应。情感是人对客观事物的一种反应,是对人的需要表示出的主要态度,是人的一种心理活动,它的外在表现就是表情。在和婴儿玩耍时要有意识的对他(她)做出不同的面部表情,如笑、怒、淡漠等等,训练婴儿分辨这些面部表情,使他逐渐学会对不同的表情有不同的反应,并学会正确表露自己的感受。

照镜子,观看面容。母亲抱孩子到大镜子前,指着镜子中母亲的影说“这是妈妈”,指着婴儿的影说:“这是宝宝。”孩子会伸手触摸镜子,对它笑,发出声音。经常照镜子的孩子会在镜子前做鬼脸,看到镜子中人也做鬼脸就会开怀大笑。

打哇哇,发音和动作配合。大人用手在自己的嘴上打哇哇,然后握住孩子的小手在他的小嘴上打哇哇。使他手的动作与发出的声音配合,孩子一面做一面笑,亲子同乐。

找朋友,发展交往能力。抱婴儿在户外活动时,让他看到有些小朋友在学习走。先让他在远处观察,渐渐走近。如果宝宝在笑,表示他同意小朋友接近,让他和小朋友握握手。如果宝宝扑到母亲怀中,表示他害怕,不要勉强,只让他在一旁观看,直到他出现笑容时才让他与别人亲近。此外,在户外活动中,让宝宝多和周围成人接触,习惯和更多人交往。

配乐摇摆,培养节律感。在优美音乐伴奏下,家长用双手放在宝宝的双腋下,悬空扶起宝宝,按着音乐节拍使宝宝左右摆动。渐渐减少往左右摆动的力量,观察宝宝能否自己使劲,使身体左右摆动。以后再按音乐节拍做旋转动作,使宝宝学习旋转平衡。

5个月

智能发育特征

5个月龄的婴儿能比较熟练地从仰卧翻到侧卧位,再翻到俯卧位,可以背靠着坐片刻,独坐时身体前倾。仰卧时抬起双脚蹬踢。

手摸、摇晃、敲打东西,趴着抬头挺胸环顾四周。望着镜中人笑,会藏猫猫玩。对那些直接满足机体需要的物品如奶瓶和小勺等能引起他们的注意。会抱住奶瓶。能听懂责备与赞扬的话,能发出喃喃的单音节。

开始认人,能认识妈妈。对周围的人持选择态度。知道认生,不喜欢生人抱,能辨认出妈妈的声音。听见妈妈的声音,表示高兴并发出声音。当父母离开时会转动头和眼寻找。

运　动

靠坐。婴儿能够自由翻身了,这时大人要扶他坐一会儿。这说明运动机能发育已从头部进入到躯干。到5个月时,躯干肌肉已可支持脊柱直立片刻。练习靠坐时,将婴儿放在有扶手的沙发上或小椅子上,让他靠坐着玩儿。或放在床上,身后放一些棉垫练习靠坐,以后慢慢减少他身后靠的东西,使婴儿仅有一点支持即可坐住,或是撤开你的支持独坐片刻(见图 5-8)。注意此时婴儿肌力弱，不能坐很久，以免他们脊柱弯曲变形。为了练习肌力，此阶段可先练习爬的动作。

图 5-8　靠着沙发坐坐多舒服

直立跳跃。新生儿在扶成直立位时，有自动迈步的动作，这是一种先天的原始反射动作。以后这种反射消失，接着婴儿开始有了主动的支撑和活动。练习直立跳跃时，家长取座位，双手扶住婴儿的腋下，使婴儿的双足在家长的腿上一蹿一蹿跳跃，每次一分钟左右，每天可练习 1~2 次。这既是一种肌肉力量的锻炼，又是婴儿欢快情绪的体验，为早期学习站立做准备。

认　知

玩是宝宝的正经事。随着婴儿的成长，玩耍逐渐成为他们的活动的重要内容，父母和他们打交道不仅在于生活料理，而是开始同他们一起玩耍。对婴儿来说他们要在玩耍中学习运作和感知等心理能力，会对客观事物产生认识和感受，不断探索了解外部世界，玩耍本身也是一种运动锻炼。

父母应该知道陪婴儿玩耍有多么重要。事实上父母逗孩子玩，就是在教育他们。向他们提供玩具，就是与他们上学时提供学习用具有同样的意义。父母陪他们玩的内容，也与学童上学的课程同样重要。这个年龄的婴儿最喜欢与父母一起玩，父母的微笑和声音对他们有很大吸引力。有父母在婴儿面前，他们可以做许多他们独自不能做或不敢做的活动。因此，父母要花一定的心思和时间陪孩子玩，选择一些能引起和维持他们兴趣以及适宜他们年龄的游戏。

在与婴儿玩时。要注意以下几点：

保持愉快情绪。玩耍的首要目的是让婴儿体验愉快、欢乐和感觉有兴趣，技能训练和知识获得不是第一位的。父母要记住，组织婴儿参与任何活动，都是为了让他们处于快乐的体验之中。

控制与婴儿玩耍的速度。婴儿的反应要比成人缓慢得多，与他们玩时，应配合婴儿的步调。比如，父母拿出一个玩具，等他费尽力气伸手来拿时，父母已经等得不耐烦，而把玩具塞到他的手里。这样做，实际上忽视了孩子的主动性。较好的做法是给他时间，让他自己伸手去拿，让他成功地完成自己想做的事，这样才能使他提高自己的能力。

玩耍要适合婴儿的性格。对每个婴儿的游戏刺激都要适度，应该使他们感到有兴趣。有的孩子喜欢剧烈活动，而有些孩子喜欢父母安静地面对他们，给他哼一首儿歌、讲故事或看图画。

选择合适的玩具。婴儿需要通过玩具了解世界上更多的事物。玩具可以使他们认识物体的特性，事物之间的联系，意识到他们自己和物体的关系，加深自己行为和与其结果的认识。

准确抓握。经过第四个月的练习，婴儿这时已经能比较准确抓到面前的物体了。但仍然要继续练习抓握动作。成人可抱他在膝上，面对桌子，前面放不同性状、不同大小的东西，让他练习一下子准确抓起来。可把玩具放在不同的距离(一定是经过努力可以够到的位置)，让婴儿凭自己努力去够取玩具。还可将玩具放入一个大筐(盆)内，让婴儿到里面去抓取，需要什么自己取到什么，这样锻炼婴儿手眼协调能力。

学习自己玩。婴儿这时能抓到玩具了，但不能独立地玩玩具，需要成人教他玩。婴儿在自己玩的过程中，看看、摇摇、摸摸、听听，这不仅可以发展视、听、触觉等感知和手的动作，也会发展认知能力。这时玩具特点最好是能发响的玩具。成人要以愉快、亲切的表情选一个玩具给婴儿看，同时给婴儿讲玩具的名称，并教给他如何拍拍或敲打小玩具，使它发出声音，如摇动花铃棒，反复做示范动作引起婴儿兴趣，鼓励他模仿，或把着手教他玩。当婴儿做好某一动作，要适时亲亲或搂抱宝宝，同时以赞扬的语气加以鼓励，以强化婴儿的行为。经过几天或一段时间的训练，就会自己玩了。婴儿自己玩，有助于发展婴儿的感官、注意力及手的动作，而且激发对玩具的兴趣，也为从小培养婴儿独立活动打下基础。

观察环境。婴儿于 4 个月以后睡眠常在夜间进行，白天清醒时间延长，这标志着大脑的生理成熟。这使得婴儿有更多的时间去探索事物，获取信息。这么大的婴儿头能竖立，视野扩大了，他们的视觉敏感度已接近成人的水平，不像以前只能看较近的物体了。他们的手眼协调能力发展，抓握和摆弄物体的能力也增强。此时期的婴儿已成为热切而积极的学习和探索者。成人可以有意识地引导他们观察环境，提供丰富的环境刺激来满足他们的需要，又为婴儿知觉、注意、记忆和学习能力的发展提供更多的素材。

如何引导婴儿观察环境呢？成人可以让婴儿看周围环境，从室内到室外，从人到物进行观察，如母亲教他认识室内接触到的物品、玩具，尽管婴儿还不会说话，也要让他在看的基础上，听到物品的名称、颜色，并让他看家里人的活动。到室外观察，婴儿也是最高兴的。他充满着好奇心，有兴趣地东张西望。活动着的人、汽车、花草、树木、小动物等都可让婴儿观察，成人可用语言及动作来启发引导他观察。

藏猫猫。5~6 个月孩子对“藏猫猫”的游戏很感兴趣。在宝宝吃饱喝足以后，很希望和成人玩。让孩子坐在爸爸或妈妈的膝盖上，用一块手绢蒙住自己的脸问孩子：“妈妈(爸爸)在那里？”当孩子寻找时，突然拉掉手绢露出你的笑脸，并叫一声“喵儿”。此时，孩子就会高兴地笑。然后将手绢蒙住孩子的脸，让他学着将手绢拿开，大人叫一声“喵儿”，全家人都会笑起来。反复这样做，孩子就会反复笑。

婴儿喜欢“藏猫猫”游戏,表明婴儿的智力发展到了一个新的水平。小于5~6个月的婴儿,对外界的东西,只有在他看到时才存在,一旦物体消失,他就认为东西不再存在了,所以他不会去寻找,而将视线转向别的物体上去了。这是因为外界的物体(一种形象)在他的头脑里没有形成“表象”(表象:物体在头脑中的形象,如我说“长城”,你的脑子里就有长城的形象)。婴儿到5~6个月左右,对外界物体在他的头脑里形成形象即表象,可以保留一个短时间。

藏猫猫的游戏让孩子意识到,爸爸或妈妈的脸虽然被手绢挡住了,但仍然存在,他会等待再出现。当真出现时,他显得特别兴奋。如果改变方式,你将脸从手绢的一边探出来,并说:“喵儿”,反复几次后,孩子就会用他的目光等待你常探出脸的那一边,说明他已经记住了。如果你换到手绢的另一边露出脸时,他就会感到惊讶或疑惑,但是,这种表现很快会消失,以后就不再惊讶。表明他真正理解了物体从一方消失后,可以从另一方出现,物体总是存在的。

“藏猫猫”游戏不但可以培养婴儿愉快积极的情绪,也有助于他想像力的发展。

寻找掉下的东西,培养观察能力。学习寻找从视线中突然消失的东西,培养观察能力。用一个滚动能发出声音的玩具从桌子一头慢慢滚动到另一头,让他自然落地而发出声音,看看孩子能否用眼睛随着声音发出的方向寻找。5个月的孩子开始对突然消失的东西产生寻找的欲望,有了看不见的东西并非消失的意识。于是他会伸头去桌旁观察发出声音的地方,是否有他的玩具。平时母亲可以故意把金属勺子、小汽车等掉到地上,发出声音,看看他是否会伸头去寻找。当他看到勺子时,母亲要用夸奖的语气说:“啊,在这儿,宝宝会替妈妈寻找,真棒!”通过表扬,使孩子更加愿意寻找失落的东西,发展这种观察能力。

拉线团,锻炼手眼协调能力。先将会滚的红色或绿色线团用带子系上,让线团从桌子近端滚到远端孩子够不到的位置,家长把带子一拉将线团拉回来。让孩子模仿抓带子一头将线团拉回来,使宝宝认识线团和绳子之间的关系。

一手抓一个,练习双手抓握能力。抱宝宝坐在桌前,在桌面上宝宝的手能够到的地方,放两个核桃或两个小玩具,孩子会伸手先抓取一个,家长可帮助他用另一只手抓住另一个。事前,要清洗玩具,因为孩子抓住东西后,会马上放入嘴内啃咬。

语　言

咿呀学语。婴儿经过了发元音、发辅音的阶段,对语音的感知更加清晰,发音也更加主动,好像已开始咿呀学语。有时他会自动发出一些不清晰的音节, 如啊-吗-吧不等, 家长可有意识的教他(她)发一些音,引导婴儿模仿发出一些声音,甚至可以是咳嗽声,咂嘴声等。这阶段仍主要是与婴儿多说话,一边干一边说,看到什么说什么,特别是对一些经常接触到的事和物要反复说,说的同时指给婴儿看,或拿着婴儿的手去指,让婴儿更多的感受这些语言,并逐渐认识这些事物。

对自己的名字有反应。首先要将孩子的名字固定,最好从一开始就用正名称呼而不用小名。如果家长一会儿称他宝宝,一会儿称他正名,或是其他什么爱称,孩子就不知道大人到底在呼唤谁。

当你想和宝宝玩时,可以在一旁呼唤他的名字,孩子听到呼唤的声音转头看时,可以说一声“在这里,在这里”,和孩子逗着玩。妈妈呼唤多次以后,他就知道是呼唤自己的名字了。以后再呼他的名字,他就能立刻做出反应。经过这样训练的孩子,在第 5 个月能听懂自己的名字,不然,可能要晚 2 个月才能听懂自己的名字。

生活与交往

照镜子游戏。镜子可以作为婴儿时期的一个学习工具。不知家长们是否会有些顾虑?过去,在我国的一些地区,从老一辈传下来的说法,认为给孩子照镜子不好,甚至说婴儿会做噩梦,今天看来这种说法根本是没有道理的。镜子可使婴儿第一次看见自己，尽管他(她)还不能认识自己，他(她)会把镜中的自己当作另一个人来与之微笑，玩耍。镜子中还可使他清楚地看到自己的五官，此时家长可教婴儿认识眼睛、鼻子、嘴巴等。这一年龄段的婴儿不一定能指对，只是家长指着这些器官反复对婴儿说，使他(她)初步的接受这些概念。

自喂饼干。此时的婴儿手已能抓住东西，消化功能比以前增强了，牙龈也开始变硬，所以他们不再只满足奶品，而是要吃一些“硬一点”的东西，可给婴儿一些小饼干(一定要好拿、易溶化的)，让婴儿学会自己将饼干喂到嘴里。这是对婴儿手的动作的锻炼，也是自我生活的锻炼。

认人。孩子认人是个逐渐发展的过程。3 个月婴儿见到成人的面孔，在他的脑中已形成清晰的影像。这时任何人面对他笑和说话时，他都会报以微笑。但在晚上哭的时候，只有母亲抱起才能立即停止哭闹，而别人抱时则不能。这是由于他已经熟悉了母亲的语声和气味，也可以说他开始认识了母亲。到 5~6 个月时，随着对面孔辨认的细致程度增加，他对母亲更加偏爱，而对陌生人显出警觉和回避反应。这就是会认人了，就是说孩子感知、辨别和记忆力提高了。这也是婴儿社会性的重大发展。

此时应训练他和成人交往，认识更多的人。在日常生活中，先教他认识家庭成员及与他的关系和称呼。如认识妈妈、爸爸和奶奶等。结合成人的活动来训练，如奶奶来了，可指给他看，并叫着他的名字：“亮亮，奶奶呢？”，“奶奶抱！”。妈妈给他喂奶时，可以说：“来，找妈妈！”，爸爸出门上班时，成人可以拿着他的小手招招手，说“亮亮，说爸爸再见！”。平时还可以训练他认找“爸爸呢？”……以后可以逐渐扩大范围。外出看见阿姨、小哥哥时，可以指给他看，或拿着小手向他们招一招。经过训练，虽然婴儿尚未能发出称呼，但可使他逐渐辨认自己的家人。

宝宝见生人害怕时，应让孩子逐渐和陌生人接近，不要让他一开始就单独和陌生人在一起。只要父母能从容面对陌生人，孩子便会很快消除顾虑，这是因为孩子对陌生人的好奇心超过了他们的惧怕。

旋转在音乐声中练习身体位置变动和平衡能力。在音乐伴奏下，家长抱起孩子按音乐的旋律跳舞旋转身体，使宝宝转动360度,并向上下移动身体。孩子非常喜欢这种运动,不但不哭,反而会开心地笑。有时会活动四肢表示快乐。

在乐曲声中活动使孩子学习按照音乐节奏活动的能力。

6个月

智能发育特征

6个月龄的婴儿能独坐片刻。大人扶着站立时,两腿会作跳的动作。有爬的愿望。会用双手同时握东西,能摇发响的玩具,抓悬挂的玩具,玩具从一手递给另一手。

会扔、摔东西,捕捉并拍打镜中人。开始能理解成人对他说话的态度,并开始感受愉快或不愉快的感情。要东西,拿不到就哭。用身体动作表示到外边玩。可自由地将奶瓶头放入口中。

能无意发出“爸”、“妈”等音,同时发出比较复杂的声音,如a、e、i、o、u,好像要说话,会发出不同声音,表示不同反应。

对陌生人表现出惊奇、不快,把身体转向亲人。

运　动

靠坐到独坐、翻滚和打转。许多研究证明,早期活动是婴儿认知发展的基础。因此要按婴儿运动发育规律,通过练习促进婴儿运动能力的发展。

靠坐到独坐,锻炼头颈腰背肌肉。每天经常让宝宝练习双手拉着你的两个手指坐起来,用枕头等垫着宝宝的背部使其靠坐,在宝宝能较稳的靠坐后，逐步移走后边的靠垫。把玩具放在够着处，让宝宝坐着玩一会儿。每次时间不宜太长，开始 5~10 分钟，每天练习 3~4 次(见图 5–9)。

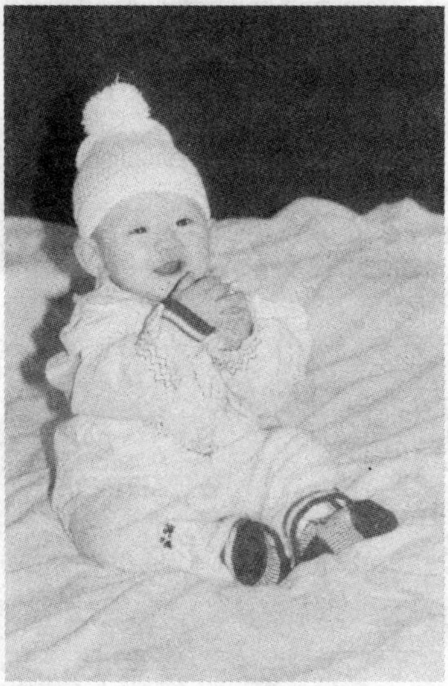

图 5–9　坐得多好!

翻滚、打转，训练全身肌肉运动及感觉和运动协调性。翻滚：在平坦不太软的床上，或地上铺席子或塑料地板块，宝宝先仰卧，用一件新鲜的有声有色的玩具吸引他的注意力，引导他从仰卧变为侧卧、俯卧，再从俯卧转成仰卧。让宝宝翻身打滚，但要注意安全。

打转：让宝宝俯卧床上，大人用玩具在宝宝一侧引诱。这时宝宝会以腹部为支点四肢腾空，上肢想够取玩具，下肢也着急地摇动，身体在床上打转转。

认　知

俗话说："心灵手巧"，也有人把手指比喻心灵的前哨。精细动作是指手的动作，手的拇指食指对捏的动作对人类有特殊的意义。人类许许多多的技巧动作主要靠它来完成。手是制造工具的工具。因此，要多多给婴儿练习手的动作(见图 5–10)。

该年龄段手的动作练习主要内容为积木传手和抓取小东西。

积木传手。通过积木传手，练习手的技巧，学会解决问题。

宝宝坐在床上，妈妈给他一块积木，等他拿住后，再向同一只手递另一块积木。看他是否将原来的一块积木传递到另一只手后，再来拿这一块积木。如果他将手中的积木扔掉，再拿新积木，就要教他先换手后再拿新的。练习几次之后，他会学到了这本领。

图 5-10　再努力，快够到了

抓取小东西。 用手指抓小的东西，可以锻炼指尖细小肌肉的协调动作，这是促进神经系统反应的必要条件。手抓东西的发展是有规律的，先学会全手大把抓以后拇指和其他指对捏捏取，到 9 个月左右会拇指和食指对捏捏取很小的物体。拇指食指对捏动作开始出现的年龄和智力发展关系密切。如果一个婴儿 10 个月还不会用拇指食指对捏抓取细小东西，就可以怀疑他的智力发育障碍。

家长要让宝宝练习用手抓东西，每天数次，抓取物体从大逐渐变小。选择小的物品，要以卫生安全为原则，以免误食口内发生危险。可以选小饼干、小米花等，即使吃进口内也会立即溶化变软。不能用纽扣、硬豆或药片。抓取活动练习持续数月，直到会灵巧捏取很小的东西为止。

最初对物的记忆。 一般婴儿最初对物的记忆是灯。当成人说："灯在哪里？"他会用眼睛看灯。

认识灯的训练方法：母亲抱着孩子在灯前用手开关灯，使灯又亮又灭，一面慢慢说"灯"，初时孩子盯住母亲的脸，渐渐目光落在母亲手上。他觉得灯在闪光，目光渐渐转移到灯上。每天练习 5~6 次，直到你一说"灯"，他就用眼睛盯住灯。母亲可抱孩子在室内不同位置，看看孩子的目光是否仍能找到灯。

有些孩子对灯不感兴趣，可选认任何一种物品，如果他常常爱看一幅猫的图画，就可以把"猫"作为第一个听声认物对象。孩子喜欢认发光的、会跑的、色彩鲜艳的东西，以他的兴趣作为目的物则效果最佳。当孩子学会注视以后，要拿着他的小手去抚摸目的物，从而过渡到听声指物。

语　言

教婴儿听懂更多的话。这时期与孩子说话仍然很重要，要使他懂得语言和很多动作和物品之间的联系。

动作时还要加上语言。在给孩子进食时说“亮亮！吃饭了”，“哎！好好吃呀！”“可好吃啦”等等。在外出散步时，可以说“亮亮！狗来了”，“啊，花开得真好看呀！”妈妈在做家务时，可以将孩子放在身旁，边做边唠叨说：“妈妈要晾衣服了，你在一旁好好等着。”

教物品名称。反复教孩子认识他熟悉并喜爱的各种日常生活用品的名称，如起床时，可以教他认识小被子、衣服；喂奶时，教他认识奶瓶、手绢；坐小车时说“这是小车”等。教婴儿认识物品，结合当时的活动内容反复教，如给婴儿戴帽子外出，成人不仅拿帽子给他看，还告诉他这是“帽帽”，“亮亮的帽子”；吃饼干时认识饼干，吃苹果时对宝宝说“这是苹果”。在玩耍时教各种玩具的名称。

这个时期，孩子虽然不会说话，慢慢地他能听懂很多话，对日后语言发展有重要作用。

教发爸爸、妈妈声。随着婴儿与外界接触的增加，与亲人的交往增加，婴儿的发音反应越来越强烈，好像总要说些什么，此时已不是单独的元音或辅音，而是发出一些音节。家长要有意识地教他一些音节的发音，如 ba-ba，ma-ba，da-da 等。婴儿可很清晰地模仿发出这些音，但没有任何意义。此时家长在他(她)发音时要给予应答和鼓励，使他(她)建立此音与实际意义的联系，为他(她)有意识的叫爸爸、妈妈打好基础。

在家长多次的重复某一语词(多是名称)并与实际东西联系起来时，婴儿会逐渐理解这一语词的意义，并建立起对这一信号的反应。比如，经常叫婴儿的名字，他(她)会对自己的名字很熟悉，当你喊他时，他(她)会马上抬起头或转过头来看。再比如，经常给他看灯，告诉他(她)“灯”，并指给他看，以后他(她)会一听到“灯”这个词的信号，就会马上去找，这就开始建立了语言信号的反应。

婴儿语言发展有一定规律,到 4~8 个月时为连续音节阶段。这时期发音明显增多,并发出连续音节。如果父母仔细观察,发现这时婴儿除发出元音外,增加了辅音成分如 b、p、d、k 等,还有 ba-ba,da-da-da 等重复连续音节。此时期孩子会偶然发出 ma-ma, pa-pa 声,常被成人误认为在呼叫爸爸、妈妈呢!实际上是无意识的发音。

唱儿歌做动作,有利理解语言。让宝宝面对面坐在成人膝盖上,大人与宝宝手拉手一面念儿歌"拉大锯"(拉大锯,扯大锯,姥姥家,唱大戏,爸爸去,妈妈去,小宝宝也要去。),一面前后摇动,作拉锯样。念到"也要去"时让宝宝身体向后倾倒。以后每念到"也要去"时,大人不动,看宝宝是否将身体向后倾倒。

其他儿歌也可以配合动作,动作只在某一句上做同样动作,但不能每句都做动作。6 个月的宝宝只能学会一个儿歌作一个动作。

生活与交往

当孩子用哭声求助时。当孩子用哭声求助时,伸出你的手,孩子会倍感温馨。但手如何伸,的确又是一门艺术。孩子的个性和能力也许就会由此悄然而变。

也许是在孩子 6 个月的某一天,母亲发现儿子趴在床上,努力去抓前面的玩具,但是他不会爬,感觉很吃力。这时孩子看见了母亲,他开始哭,想求得母亲的帮助。此时如果母亲直接把玩具拿给他,下一次孩子一定还会这样求助,而放弃为拿到玩具做的努力。这样一来,孩子不仅失去了连续爬行的好机会,而且也失去了独立性的培养,事事只得依赖他人帮助,遇到不如意的事容易啼哭。而如果母亲这时过去用手掌轻轻顶着孩子的小脚丫往前推一下,不仅同样满足了孩子的要求,而且可以使他的身体和心理都得到锻炼,他会为拿玩具不断努力学习爬行,逐渐习惯通过自己的努力达到目的,体会到自己本领的不断增强,从而培养自信心。能干、自立、自信的孩子,往往是在不断锻炼中成长起来的。

对孩子的哭声报以冷漠的态度是不可取的。孩子还很小,有很多困难是他们不能克服的。在他感到饥饿、疼痛、孤立、惧怕的时候,父母应该给予充分的关怀和爱护,让他感到温暖、安全和幸福。但是切切不要忘记,这不是关心孩子的最终目的。为人父母的责任是把孩子养育成人,若我们在举手投足之间稍加思索,便有可能使孩子受益一生。

认人。婴儿经过了对人的泛化认识后,逐渐有了分化的认识,开始出现怯生的表现,这是婴儿的进步。此时要多给婴儿接触人的机会,观察他(她)对熟人、生人的不同反应,教会他(她)对熟人用微笑或发音来打招呼,对生人逐渐适应。多与人友好交往,逐渐增加熟悉的人数,减轻他(她)怯生反应的强度。

捉迷藏。使孩子快乐和反应敏捷,增进亲子感情。妈妈取座位,让宝宝面对面坐在她的腿上,妈妈一手扶着宝宝的髋部,一手扶着他的腋下保持平衡。爸爸在妈妈背后,让宝宝一只手抓住爸爸的手指,另一只手抓住妈妈的胳膊,爸爸先拉一下被宝宝抓住的手,当宝宝朝这边看时,爸爸却从妈妈背后另一边突然伸出头来亲热地叫"亮亮",当宝宝转头找到爸爸时,会笑出声来。

点头摇头,学会用动作表示自己的意思。经常用点头动作表示"对啦",用摇头表示"不对或不好"。当大人做动作时要加上口头语言"对"或"不对",宝宝就会渐渐学会模仿大人的表示方式。当宝宝要吃东西时,大人给宝宝拿好吃的,教宝宝点头,并说"对,对"。然后给宝宝拿另一种东西是宝宝不喜欢的,教他摇头并说:"不对,不对"。经过多次训练之后,宝宝就会主动用"点头"表示"对","摇头"表示"不对"。

7~8 个月

智能发育特征

7~8 个月龄的婴儿坐得较稳、会爬。开始用上肢和腹部匍匐而行,爬时上下肢不协调,以后学会用手臂和膝盖向前协调爬行。能拉物站起,手的动作更加灵活,大拇指和其他四指能分开对捏,开始有目的地玩玩具。

对周围环境兴趣提高。能注视周围更多的人和物体,会把注意力集中到他感兴趣的事物和玩具,并采取相应的活动。喜欢在街上看汽车,看天空的小鸟。会找藏起来的东西,所拿的小匙落地后知道寻找。有初步模仿能力。

能发出简单音节如“打打”、“妈妈”和“爸爸”等,开始懂得语意,认识物体,如灯、书和笔等。

已经开始认人,能区别熟人和生人。部分婴儿能模仿成人摇手表示再见。能辨别成人的不同态度、脸色和声音,并做出不同的反应。

运　动

坐。这么大月龄的婴儿会独坐,这给婴儿的生活带来了巨大的变化。座位与卧位相比,婴儿的视觉和听觉都会发生根本的变化。坐着时视野开阔,有利于认识周围事物。坐着看东西,他的视角和视线与所注视的物体处在相对平行的位置上, 不像仰卧时只能面向房顶,婴儿注视的物体只能处于斜位方向。所以座位对于形成对物体的主体形象有很大好处。婴儿的双眼视线处于大体对称的位置上时,有利于双眼的辐合和协调,对视知觉的发展更为有利。座位对听觉发展的作用也与此类似。婴儿坐直位时,双耳与外界物体也大体处于对称位置。声音进入双耳的协调操作对音调的知觉有利。此外,座位时头部的自由转动有助于婴儿确定声音的方位。座位的另一个重要作用是把婴儿的双手更好地解放出来, 对双手的协调操作和手指的精细动作的发展均极为重要。

坐对婴儿的智能发展有这么大的好处,因此,在婴儿醒着时,如果愿意坐,尽量让他坐着玩。

爬行。爬行是运动发展过程中的一个重要阶段,是一种极好的全身运动。爬行能使全身各部位都参与活动,锻炼肌力,为站立和行走做准备。当宝宝爬行时,他需要昂首挺胸,上下肢支撑身体,动作要协调才能保持平衡。由于姿势的经常变换,还能促进小脑平衡功能的发展。爬行促进宝宝眼、手和脚协调运动,从而促进大脑发育。

从心理发展来说,由于爬行使身体可随意变动位置,促进婴儿的运动知觉、深度知觉和方位知觉的发展。8个月孩子充满了好奇心,爬行是宝宝向外界更加主动的探索,克服“距离”的障碍,去接近他感兴趣的人和事物的既自然又有力的方法。随着活动范围的扩大,增加认识事物的机会,有助于发展他思维和解决问题的能力。爬行后和母亲有了距离间隔,为了和母亲交流,就要利用表情、声音和姿态等方式寻求情感信息,因此提高了社会交往能力。有些父母担心宝宝到处爬行会出危险或很脏,总喜欢宝宝安静地坐着。殊不知在婴儿期缺乏充分爬行,到了学龄期,就会显得反应迟钝,动作笨拙,游戏能力不如同伴,动作发展也不及会爬行的孩子。

综上所述,爬行有很多好处,因此,家长应给孩子创造一个爬行的良好安全小天地,鼓励和发展婴儿的爬行活动。在床上爬行时,床不要过软,并注意安全。最好在地上铺好垫子练习爬行,这样就没有摔跤危险。开始爬行时,多往后倒退。这时可以在孩子前面放个他喜欢的玩具,并在前面呼唤他的名字,引导他向前爬。也可以将手顶住婴儿的双足,给他一定的阻力,有助于他向前爬行。起初婴儿爬时,不但没有前进,反而会倒退。开始向前爬时,孩子的腹部不离开床面,匍匐前进,以后会手膝爬行。动作也会由不协调到协调(见图5–11)。

图 5-11 快爬,就要抓到了

认 知

拿起放下。婴儿能准确抓握,又能将玩具倒手了。为了让他(她)玩的东西更多,可训练婴儿拿起一个玩具,放下一个。这一般有个过程,开始婴儿不会有意识地撒手放下东西,可能只是随便的张手将玩具扔掉。这时家长可给予示范拿起、放下的动作,并反复强调"放下",教婴儿模仿,训练婴儿把东西放在不同的位置上,如放在桌上、放在某某人手上、放进小筐里等等。

寻找游戏。婴儿会坐、会爬后,活动的范围增加了,好奇心和探索能力也增强了,此时可与婴儿玩寻找东西的游戏。可先将有趣的玩具让他(她)玩一会儿,然后当着他(她)的面将玩具藏在你的身后或遮盖起来,再引诱婴儿寻找,找到后要赞扬他(她),鼓励他(她)再玩儿。这不仅使他(她)对物体有了整体的认识,初步理解物体的永恒性,而且在玩的过程中培养了他(她)的好奇、乐于探索的心理品质及学习与人合作与交往。

捏取。继续给婴儿一些小物品,让婴儿练习捏取。此时他(她)会用拇指与其他指对在一起去捏,开始可能较笨拙,每日给他(她)几次练习的机会,慢慢地他(她)就会用拇指与食指相对准确地将小物品捏起。这个阶段一定要注意,不要让婴儿捏到一些硬物,特别要防止婴儿误投入口中造成危险。

寻找玩具发展智力。4 个月以前的孩子是“眼不见,心不想”。一个玩具在前面,他会注视这个玩具,如果用布把玩具盖起来,他看不见,就不会去寻找,而将目光投向别处。4~7 个月时,婴儿目光会随玩具移动,当玩具落地,他不会去寻找。如果物体只有部分被隐藏,他会找到它。8~10 个月的婴儿,在玩具掉到地上时,他会去寻找。说明这一阶段的婴儿有了“客体永久性”概念,即当物体在婴儿视野消失后,他能知道这个物体不是不存在,而是藏在某个地方。正是有了这种概念, 婴儿才会去寻找藏在枕头下或盖在布下的玩具,这是婴儿智力发展的第一阶段。

7~8 个月的婴儿会坐、能爬,活动的范围增加了。他的好奇心和探索能力也增强了,这时可与婴儿玩寻找东西的游戏。可先将有趣的玩具让他玩一会儿,然后当着他的面,将玩具用布蒙起来或用纸盖住,再引诱婴儿去寻找,找到后要赞扬他,鼓励他再玩。婴儿会非常有兴趣重复玩这种游戏。因为他的直觉思维已开始萌芽,他知道通过自己的动作寻找,可将玩具寻找到,从而体验到有趣、好玩的感受。通过这种游戏发展他的思维能力。

欣赏大自然。到了这个月份就已经可以带他到离开住处稍远的地方如去街心公园或附近公园接触大自然了。到公园中看看树木、花草,各种昆虫、蝴蝶、蜻蜓、蚂蚁、金鱼等,以及猫、狗、鸡、鸭和鸟类等,它们都能吸引婴儿,他们会很有兴趣地去观看。也还可以让婴儿看看下雨和刮风等自然情景, 如雨点不断地滴在地上和树叶上,风摇动树叶发出沙沙的声音等。一般有色彩的、动态的自然景色,均能引起婴儿的注意,为婴儿所喜爱。家长带婴儿观赏自然时, 要充分利用婴儿的这种特点, 选择婴儿感兴趣的对象让婴儿看。

父母抱着孩子或推着童车, 带着与婴儿共同欣赏大自然的舒畅心情,一起慢悠悠地散步,把这当作经常的活动。在这种良好的自然环境中,既可增进婴儿的健康,又可提高婴儿的认知能力。

让宝宝自己玩。7~8 个月到 1 周岁的婴儿，运动能力增强，逐渐能移动自己的身体，表示要自己独立活动的愿望。他充满好奇心，喜欢探索周围的环境，简直是见什么抓什么，抓到东西就放到口内咬，不喜欢成人对他的摆布和限制。这时，宝宝自己会玩一会儿。为了培养宝宝的独立能力，成人应给他创造尽情探索的机会。

首先要给他准备一小块地方，周围环境是安全的。准备一个“百宝箱”，将如小球、沙包、不倒翁、小人、木制的各种小动物、积木、摩擦起动的小汽车以及小饭碗、小勺、小盘、小瓶子、小桶和小篮子等玩具都可放在里面。让宝宝自己在那儿玩，他会专心致志地玩他感兴趣的东西，不厌其烦地把它们一样一样拿出来，又一样一样放进去，或者悄悄地将一个小东西放进另一个小容器中，或者把一件东西反复地打开、合上。有时他可能故意滚动一只球，然后再去找，又重新拾起来。有时，宝宝玩得开心，对你大笑。遇到困难时，会发出求助的声音，这说明他正在有目的地玩。家长应在精神上予以支持，向他提供所需的帮助，促使他通过自己玩的过程，发展大脑潜能。

指拨玩具，练习手指动作。让宝宝坐着，你用手把住宝宝的食指，教他拨弄玩具，如小转盘子、小按键、算盘珠子等，使玩具转动，或发出声音，引起他拨弄的兴趣。也可自己做一个练习抠洞的硬纸盒，纸盒上面贴上有趣的图画，在上面开一个个小洞，让宝宝用手指扣洞玩。

语　言

认物和找物，理解语言，认识物品。将玩具 3~4 种放在宝宝够得着的地方。成人说：“给我娃娃”，“给我小车”等，让宝宝找玩具递给成人。如果宝宝还未听明白，或者不知道玩具的名称，成人可以把玩具拿给他，告知他名称，再让他拿给成人。以后游戏可以扩展为取物品、取食物等，使宝宝认物范围不断扩大。

拿起放下，建立语言和动作的联系。此阶段的婴儿能准确抓握,又能将玩具倒手了。为了让他玩的东西更多,可训练婴儿放下一个玩具,再拿起一个玩具。这样做一般有个过程,开始婴儿不会有意识地撒手放下东西,可能是无意识地张开手把玩具扔掉。这时,家长做"拿起"和"放下"的示范动作,并反复强调"放下",教婴儿模仿。训练婴儿把东西放在桌子上或放在妈妈的手上或放进小筐里等。

练习发连续音节,将音与人和物联系起来。成人每天同宝宝聊天,发出"爸爸、妈妈、娃娃和拍拍"等音节,让宝宝看着你的口型模仿,发音同时指相应的人和物,或同时做出动作。如玩娃娃时,说:"拍拍娃娃睡觉。""拿拿",伸手取东西。"咳咳"时,咳嗽几声。有的孩子当听到"怎么咳嗽呀!"时,他会发出咳嗽声。

碰碰头,促进语言和动作联系。面对你的宝宝,扶着他的腋下,用自己的额部轻轻地触及宝宝的额部,并亲切愉快地呼唤他的名字说:"碰碰头"。重复几次后,当你说"碰碰头"时,他就会主动把头凑过来,并露出愉快的笑容。

生活与交往

用杯子喝水。婴儿吸吮是天生的本领,随着他的发育成长,牙齿也开始萌出。此时要逐渐减少用奶瓶吸吮的机会,训练他用杯子喝水。为什么在长牙以后要少用奶瓶吃奶呢?最近的研究发现,乳牙的龋齿发生率很高,3 岁儿童中约有半数有龋齿。有龋齿的婴儿常因牙痛影响进食,进而引起全身营养失调。其发生的原因多种多样,用奶瓶喂养特别是在睡前用奶瓶喂奶或糖水是原因之一。因为婴儿在吸吮时,婴儿的舌头前伸超过下前牙,奶瓶中的液体或奶冲刷受舌头保护的下前牙以外的所有牙齿,当液体中含有易发酵的碳水化合物,被口腔内的微生物发酵,产生有机酸使牙齿脱釉质发生龋齿。其中,上门牙最先受到侵犯,称为"喂养龋"。孩子长大了,仍用奶瓶,还可能改变婴儿的口型,同时影响牙齿的发育。

因此,在长牙后,要练习用杯子喝水或喝奶,以利于保护牙齿和口腔形状的正常发育。方法是采用一个透明的杯子，装水后可以看到液面。先由成人扶着给婴儿喝水，同时教婴儿双手扶杯，成人协助，逐渐过渡到婴儿自己扶杯子喝水和喝奶。

“再见”、“欢迎”学交往。这阶段的孩子还不会说话，但已经开始理解语言，要帮助他逐渐建立语言和动作的联系。这时要说、做平行，教宝宝学习和大人交往。爸爸要上班了，对宝宝说：“再见”，同时，握住他的小手臂摆手表示再见。奶奶回家了，说：“欢迎”，同时握住宝宝的两只小手拍拍。爷爷给宝宝拿来香蕉，要说：“谢谢”，同时，握住宝宝的两手使其合在一起，上下摇动表示感谢爷爷。总之，在任何场合和机会，反复教婴儿做这些经常交往的动作。慢慢地，婴儿会听懂妈妈的话，只要妈妈说：“再见”，他会自动摆手；说“欢迎”，他会拍手。说“谢谢”，他会做出相应的动作。每次做对时，要亲亲宝宝加以赞扬，以巩固这种语言与动作的联系。

指鼻子，认识五官。成人抱宝宝在镜子前，拿着他的小手指他的鼻子说：“鼻子”，然后再拿他的小手，指成人的鼻子，让宝宝模仿。如果他指对了，就亲他一下说：“对！宝宝真聪明！”学会指鼻子后，再指眼和嘴，一样样学，不要一次学几种。

懂得“不”。婴儿喜欢把东西放进口内吸吮，到这一年龄应该制止，不然会养成不卫生和不安全的习惯。成人要一面说“不”，一面摇头摆手做出不许的表情。如果宝宝听懂了不继续干，就应当马上说：“好宝宝，真听话！”如果继续做，就要一面制止活动，一面板着面孔说“不好”。如果婴儿抓不该抓的东西，要给予“不”的警告。有时宝宝在伸手取物之前，常常要看看大人的表情，这时大人会摇头、噘嘴，或有不高兴表示，宝宝就会懂得不，停止取物。有时宝宝实在憋不住，仍想继续干，这时大人应当更加严肃说：“不”，给予制止。如果此时宝宝不听，就要强行把他手上的东西拿走，不能怕宝宝哭闹，让他养成不服从的“毛病”。有过一次宝宝哭闹大人让步的先例，以后宝宝会用哭闹要挟，养成不良习惯。如果宝宝偶然打了成人的脸，成人立即笑了，还让他打，就会埋下打人的祸根。因为成人的笑脸对婴儿是一种鼓励，婴儿在成人的鼓励下会形成打人的习惯。以后不管见谁都打，长大后就会惹事生非。

应当在婴儿时期，严加制止打人。当他打人时就说：“不能打”，给他看不高兴的脸色。错误行为得不到强化，以后就会逐渐消失。当婴儿伸出手想要人抱时，如果父母做出不抱为好的决定后，不管他怎样哭也不要去抱。要耐心地等待婴儿自身边哭边稳定自己的情绪。总之，要从小培养他哪些可以做，哪些不可以做的习惯，让婴儿从小就学会约束自己的行为。

7~12 月益智玩具和书刊。这一年龄段的婴儿活动能力增强。运动能力发展很快，座位从靠着坐进步到坐稳，从会翻滚到爬行、到能站立、到独立行走。手的精细运动发展起来了。从大把抓握东西到拇食指对捏抓起小物品，会用食指抠穴洞，并懂得成人一些言语，开始学习叫“爸爸，妈妈”。此时，玩具的选择要适合他们的特点，发展他们的认知、活动和语言能力。

玩具。(1)选择原则：同上个月。

(2)选择类型：

①必备玩具。指拨玩具，小人和小动物，响的不倒翁，各种形象的动物，有图积木，软硬球。

②参考玩具。敲响玩具，拖拉玩具，小推车，大蜡笔，滚筒，玩具小娃娃等。

③家中可充当玩具的实物。塑料碗、匙、各种小型餐具、厨房用品、各种瓜果、蔬菜如茄子、小西红柿，黄瓜，各种清洁的小布料物品等。

(3)玩教方法。

①将玩具放在平面上或硬板床上，让婴儿翻滚、爬行或扶行去取。

②让婴儿坐着，由大人把住婴儿的食指，教他摆弄玩具，使玩具转动，在他不觉察时将玩具放在其后，引导他寻找。

③教给孩子认识家用实物的名称，动物名称，模仿动物的动作、叫声，指认玩具娃娃的五官等。

图画书刊。图画书刊种类比 0~6 个月时多，并可教孩子指认图

画，简单讲解适合婴儿看的画报，并可开始学认汉字。汉字写得要大、规范，每次学认 3~5 个字，每个字看数秒钟。

9~10 个月

智能发育特征

9~10 个月龄的婴儿坐得稳，爬行好，会扶着站立，扶着栏杆迈步。手的活动更加灵巧，会用拇食指捏取小东西。

看镜子里的自我形象，认识自己的存在。会探索周围环境，观察物体的不同形状和构造。会将手指放进小孔中，把玩具放进容器，能从抽屉中或箱中取玩具。

懂得一些词义，建立了一些言语和动作的联系，懂得“不”字的含义。

交往能力增强，会拍手表示“欢迎”，摆手表示“再见”。

运　动

扶站-独站。你的宝宝长到此时会越来越不安分，他(她)已不愿总是一个姿势或总在一个小范围活动。这时可给婴儿准备一些活动场所，如带栏杆的小床、活动圈，或是沙发前、床前空出一块地方，让婴儿扶着或靠着练习站立。开始他(她)可能像个不倒翁，摇摇摆摆，家长可在其两侧用些力扶着他(她)站好，并鼓励他(她)练习独自站立片刻。或者，开始时训练婴儿稍靠着物体站立，以后逐渐撤去作为依靠的物体，让婴儿练习独自站立，哪怕只是片刻。但注意一定要保护好，以免摔倒而影响下一次的练习。

扶着坐下。在婴儿处于扶站姿势时，可有意识地把一些玩具放在他的下面，鼓励婴儿坐下去拿，这需要婴儿手与身体的稳定配合动作。开始婴儿可能是一下子摔坐下去，要注意保护好，逐渐的训练婴儿自己慢慢地坐下去取东西。

自由活动。给宝宝准备一块安全自由活动的地方,最好在地上靠床边或沙发边铺好垫子。先让宝宝仰卧,用玩具逗引。由仰卧变为俯卧,再由俯卧坐起,将玩具移开一段距离,使宝宝爬过去取玩具。以后锻炼使宝宝抓住床边站立起来。总之,在婴儿觉醒时鼓励婴儿自己活动,不要经常抱着,限制婴儿活动的机会。

拉起蹲下。成人站在宝宝的对面,握住宝宝的双手,拉起宝宝使他站立,再放下宝宝让他蹲下,来回运动。边做边说:"起立","蹲下"。

扶站和迈步。让宝宝扶着沙发或横排椅子站起,然后用小车或滚球,诱导他迈步去够取玩具。

蹲下捡玩具。让婴儿扶栏蹲下捡物,再次站立起来。进而要求宝宝单手扶栏站立,再蹲下捡物,再站立。有时玩具移动而需要迈步才能捡起。成人可先放一些不动的玩具,让宝宝蹲下捡到,获得成功和快乐,再放一些滚动玩具,使他扶着迈步去取。

9~10 个月到 1 岁的婴儿有一种天然的兴趣反复做这些动作,在活动中获得无穷的乐趣。

可做婴儿操配合动作锻炼。

认 知

为了训练婴儿的双手小肌肉控制能力和协调配合能力,使手的动作更加灵巧,需要有意识让宝宝玩以下游戏:

投物进容器。在婴儿能有意识地将手中的玩具放下的基础上,训练婴儿将手中的一些小物品投入到一个大容器中,比如将彩球投入到小盆或小桶中,将木块放进小盆子里。也可选择一些带孔的玩具,让婴儿将一些小东西从孔洞中投入,将小米花放进小瓶子里等。

双手配合玩。该年龄段的婴儿模仿能力增强,可学习双手配合玩各种玩具,如拿两个小玩具相对击,两个小桶对套起来。学习开瓶子盖和盖瓶子盖，家长可多次示范，让婴儿模仿。当他学会把两个玩具对在一起时，他会非常高兴，并经常重复这样动作。

好奇心。好奇心是婴儿智力发展的动力。这个阶段的婴儿对新异或新奇的东西很感兴趣。当新异的事物出现时，他会做出重复的动作去认识它，如用手摸摸，用嘴啃啃。对已经存在的，时间比较长的东西产生习惯反应，不再去注意它。即使很漂亮的玩具，已经玩过多次，就不爱玩了。你给他，他就会扔掉。相反，他对一根小塑料绳很感兴趣，反复玩弄，拉一拉，咬一咬，玩得很起劲。由于宝宝喜欢新异的东西，好奇心驱使着他，什么都想摸摸、动动。看别人吃饭，要抢勺，抓碗；看见别人写字，也要拿笔；凡是他够得到的东西就会去拿和扔掉。遇到这种情况，不要去阻止他。因为宝宝就是通过这些活动去认识更多的事物，逐渐了解到“动作”和“结果”的联系，从而发展宝宝的认知能力。

成人如何去对待宝宝的这种“好奇心”呢？首先，要保护和鼓励这种好奇心。遇到上述情况时，不要这也“不能动”，那也“不能拿”，使宝宝的好奇心被一连串的“别动”所压抑住。正确的做法是，凡是没有危险的东西，都可以让宝宝摸摸，玩玩，也允许他把抽屉里的东西扔到地上。我们可以准备一抽屉的生活上常用的小东西，让他自由地玩或扔，以满足他的好奇心和探索愿望，有利于培养婴儿的初步思维活动。但对有危险的动作或东西，用语言和表情加以制止，告诉他不要动，甚至让他自己体会一下，如热水很烫手，轻轻摸一摸，以后就不敢再动有危险的东西了。

意识到自我存在。婴儿意识到自我存在，可通过照镜子的反应表现出来。

达尔文在 1877 年曾经观察过自己的孩子在镜子前的反应。他发现当位于镜子前的婴儿听到自己的名字时，他会转身去看镜子中的自己。当他靠近镜中的自己时，会发出“啊”的声音。达尔文认为这是婴儿表现出的最初的自我认识，大约发生在婴儿 9 个月的时候。

研究结果把 4~12 个月婴儿在照镜子时的反应分为 4 个阶段，

即：

“妈妈”阶段。发生在4个月左右。妈妈抱婴儿照镜子时，婴儿对自己的镜像兴趣不大，但对妈妈的镜像有反应，对它发出微笑，注意观看，同时咿咿呀呀叫个不停。

“游戏伙伴”阶段。4~6个月左右。婴儿对自己的镜像表示兴趣，他把镜内自己的形象当作可与他进行游戏的伙伴来看待。这些反应说明，以上阶段的婴儿还没有自我存在的意识。

“镜像伴随我行动而行动”阶段。大约在7~12个月左右。当婴儿照镜子时，他把自己的镜像同自己联系起来，如通过张嘴，他看见镜像也在张嘴，于是他把镜像认同为自己，认识到镜像中的动作是自己发出的。还能把自己的镜像和其他婴儿的镜像区别开来。

“主体我”阶段。婴儿1岁以后会毫不含糊地区别自己的镜像和其他婴儿的镜像。

孩子的家长们！可以观察一下，你的宝宝在什么时候开始意识到自我存在？

有明显记忆。人类个体的记忆在胎儿时期已经产生，在孕期8个月起给胎儿听音乐，出生后通过吸吮方法证明，对所听的音乐有记忆力。

出生以后，婴儿的记忆力逐渐发展。1个月内能认识奶瓶，喂奶前看见奶瓶就兴奋和激动。据研究，2个月婴儿已有明显的记忆力。

9个月婴儿出现延迟性模仿。让9个月婴儿按压一个键使小玩具发出响声，在24小时后再给他这种玩具，他仍然记得按压这个键使小玩具发出响声。9个月以后，逐渐使延迟模仿能力更加稳定。1岁左右能再认相隔十天、十几天甚至几十天的事情。对于自己的父母，如果离开后，经常提起，给看照片，即使相隔半年到一年也能认识。

婴儿的记忆能力和特点是早期教育的前提和基础。根据婴儿的这些特点，家长可有意识地教婴儿一些知识和动作，如认字、唱歌、跳舞及一些基本的生活常识等。但必须提醒大家一点，无论教什么东西，都必须在孩子情绪饱满的时候进行，要重视“寓教于乐”，把学习当成一种游戏，引起孩子的兴趣，让孩子在不知不觉中学到知识，不能让孩子感到是一种负担。

最初的思维能力。抱一个 10 月左右的婴儿坐在桌前，桌上放着一个婴儿很有兴趣的玩具，让玩具放得较远，以致婴儿的手够不到。好在桌子上铺有台布，他偶尔能牵动玩具下面的台布，布会牵动玩具朝向婴儿方向。几次后，婴儿开始把布拉过来，最终够到了他喜爱的玩具。这个例子说明了什么？首先，婴儿想要玩具，但是够不到，这就提出了问题。后来，他通过拉布，将玩具拿到了，问题也就解决了。上面解决问题的过程，就是思维的萌芽。问题的解决是人类思维活动最一般的形式。这种思维和直接行动有关，称为直观行动思维。

了解这点后，父母应从这年龄段开始，在和孩子一起玩的时候，注意对孩子思维能力的培养。日本儿童专家提出“障碍训练法”，要求家长在和婴儿一起游戏时候，给孩子设置小小的障碍，促进孩子动脑筋克服障碍。如 6~7 个月时，在婴儿面前用布或被单蒙住发声的玩具，让婴儿去寻找。当婴儿去掉玩具上的布而看到玩具时，他会非常高兴。稍大时，把玩具放在离开孩子较远的地方，用线把玩具系上，另一头放在孩子的手边，让孩子用线把玩具拉过来。也可在玩具和婴儿之间放一个障碍物，如被子或椅垫等，使孩子看到玩具，又不易够取到。成人再鼓励孩子去取，看看孩子用什么办法能够取到。总之，家长可以想出很多办法，启发孩子的直观行动思维能力的发展。当然，婴儿年龄还小，大脑发育不成熟，我们要注意循序渐进，寓教于游戏之中。

学玩乐器，理解事物间的联系。教宝宝打击乐器玩，如小木鱼或小鼓，开始敲不准确，逐渐能敲出声音。也可以学吹小喇叭。孩子通过自己的手或嘴，知道用力大，声音就大；用力小，声音就小。并能用手拨弄和探索玩具的构造(见图 5–12)。

翻书页看画册，促进动手和认识能力。在宝宝情绪好的时候，给他简单的画报看，如动物、人物、家具等画面。妈妈把孩子抱在膝盖上，指着画面说：“这是狗，那是猫”，以引起孩子的看画兴趣。当

图 5-12　学学敲敲做做

孩子能自己翻书时，可让他自己去翻，如果有几张连在一起，也不要紧。可以教他一口气翻完一本画册。当他翻书页停下来时，可指给他看书上的画。这时他也会学妈妈的样子指着小动物，有时还会模仿动物的叫声。

语　言

加紧学习听和说。9~10 个月为婴儿学话萌芽阶段，这时语言能力的增长最快，是最善于模仿的时期，也是加紧进行语言训练的好时机。

宝宝开口说出第一批词来得缓慢，而他们对词的理解进展迅速。他可能学会几十个词义，且只能说出 1~2 个词。如果你的宝宝将满 1 周岁时只能说出 1~2 个词，也不要认为他说话晚。

其实，他在听，在学着去理解。

满周岁前 3 个月是帮助宝宝学会听和说的宝贵时间。要提供宝宝最丰富的语言环境，也就是说要不断对宝宝说话，说话时要注意以下几点：

● 要面对面和宝宝说话。说话要清晰，节奏较慢，最好说普通话。宝宝和成人一对一地不间断地说话，可能使宝宝早些说话。

●要与宝宝说那些看得见的东西。如果你说的东西在眼前或你说的动作正在做,这样容易使他建立语言和事物的联系。

●要说那些宝宝感兴趣的东西。感兴趣的事物名称容易使他记住。

●说某种东西时,要用手指给他看。对所说东西指指或动动,当宝宝指着他想要的东西,要帮助和鼓励他,边指边把想要东西的名称说出来。

●要试图理解宝宝的话。如果宝宝感到你在认真听他讲话,他讲话如果你能理解(有时靠猜),就会激发他讲话的积极性,他会乐意把“自己的话”向你倾诉。不要急于去纠正宝宝的话,要他愿意说,敢说。

●当宝宝说出 1~2 个词时,要抱抱或亲亲宝宝,表示赞扬,使他感到成功的乐趣。

●要使宝宝经常保持愉快的情绪。愉快时,就会咿咿呀呀学语。宝宝语言正是在咿咿呀呀学语中发展起来的。在其他条件等同的情况下,愉快的孩子比不愉快的孩子学话要快些、好些。

认图、认物,命名要正确。为了使婴儿建立准确的词语概念,教宝宝认识各种玩具,如在玩具堆里挑出电话或小鸭子等。但是仅仅指认和说出自己生活中的物品是有限的。这时,可通过教婴儿认图来认识事物,从而增加认识事物的品种。作为认图教材上的图像,要形象真实、准确、色彩鲜艳、图画单一清晰。每天让婴儿只指认几种动物和物品,每天 1~2 次,每次时间不宜太长。让婴儿留下印象,反复练习,逐渐积累。也可以用多个小动物模型玩具和实物与图像对着辨认。婴儿认识几种图片后,家长翻开几张图片,教婴儿从中指出或取出家长所指的图片,譬如说:老虎在那里?让孩子在几张动物图片中,找出老虎来。在家长准确词语指导下选出图片,是教婴儿认识事物的一种好方法,并为准确说出这些事物的名称打下基础。要注意的是,家长一定要教婴儿准确的名称,如认识手表时,要教他“这是手表”,不要对着手表说:“几点钟了”。不要让婴儿误认手表的名称是“几点了”。当然,你可以在教会他认识手表的名称后,再让他看看手表现在是“几点钟了?”,教会名称后,再教手表的用途。教其他东西时也是如此,首先教他认识东西的名称,再教东西的用途或特征等,避免婴儿将东西的名称和用途混淆。

竖起食指回答问题。教宝宝竖起食指表示“1”,成人问:“你几岁啦?”,教他竖起食指表示“1”。成人接着说:“宝宝1岁了”。家人可作为一种游戏经常问他“几岁了?”当他伸出食指表示1时,大家都会高兴地笑起来,宝宝也会很得意,喜欢重复做这个动作。

模仿动物叫,发展语言能力,练习发音。选定几张动物图片,教宝宝认识图片上的动物名称。然后告诉他不同动物的叫声,如小猫叫“喵喵”,小狗叫“汪汪”,小鸭叫“嘎嘎”等。每当宝宝拣出图片时,让他学动物的叫声。平时不看图片时,也可问宝宝公鸡怎么叫?青蛙怎么叫?等。

生活与交往

学习用小勺吃饭。吃饭时宝宝很喜欢用小勺玩,因势利导,教宝宝自己用小勺吃东西。开始时,可以手把手地教他用小勺取些饭菜送进口内,宝宝都喜欢这样做,不要怕会弄脏衣服或桌子。鼓励宝宝自己用勺吃一些东西,同时成人用另一个勺子帮助他吃饭,随后,再让他自己吃一些。按这样的方式培养下去,一般至1岁后,孩子便能自己吃饭了。如果完全依靠成人喂饭,有的孩子到2岁时,还张嘴等着喂,不会自己动手。

大小便坐盆。婴儿这时能坐得很稳了,可以开始训练大小便坐盆。

将婴儿的便具放在一个易辨认的较固定的位置,定时带婴儿去坐盆。注意不要让婴儿坐盆的时间太长,如这次坐盆没有解出大小便,可过些时候再坐盆。慢慢使他建立起这种行为模式。有了便意时,能主动表示,然后帮助他坐盆。应避免坐盆时喂食,也不要将便盆放在黑暗处。冬天便盆不要太凉,避免给婴儿的不良刺激。

穿衣主动配合。成人每天要给婴儿穿衣、脱衣和洗澡等,在婴儿有了一定活动能力并懂得一些语言的基础上，培养他的配合能力。开始时，可以用游戏形式，如穿袖子时说："宝宝把小手从洞里伸出来"，穿裤子时说："让小脚丫从山洞中钻出来"等等。教他穿上衣时主动伸手，穿裤子、袜子和鞋时，做到主动伸出脚来。洗澡时也能配合，高高兴兴乐意洗澡。

会察言观色。3~4 个月婴儿已会辨别妈妈的不同"脸色"。如果你对他微笑，他会高兴地用微笑回报你，如果你故意表情淡漠或表示生气的样子，他会收起笑容，目光从你的脸部移开，不愿意再注视你了。会察言观色是指婴儿懂得了非语言的信息交流。研究表明，在信息的总效果中，音调产生的效果占 38%，面部表情产生的效果占 55%，可见这两种非语言信息在人际交往中多么重要。

心理学家的追踪研究表明，婴儿到 10 个月左右会看母亲的脸色，懂得笑容等于"认可"，怒容等于"责备"。所以，从 9~10 个月开始，父母可以利用这种非语言的方式教育孩子。譬如，在孩子遇到困难时，父母亲切的微笑，会给他带来很大的鼓励。当孩子做不应做的事情时，父母生气的表情，加上阻止的语气，能使孩子停止活动。

至于对孩子的态度，应以鼓励为主。但对于婴儿不好的行为，如打别人的脸，或摆弄有危险的物品，应严加制止。家中成人应采取一致的态度。使婴儿从小懂得哪些可以做，哪些不可以做，培养良好的习惯。

玩娃娃，学习关心他人。给宝宝一个玩具娃娃和一块小毛巾，告诉他："娃娃困了，要睡觉"。让他把小毛巾当被子，盖在娃娃的身上，再拍拍。过一会儿，给宝宝小饭碗和小勺，告诉他："宝宝该起床吃饭了。"让他给娃娃抱起来坐着，用小勺喂娃娃"吃饭"。

学指挥，训练节奏感。选择一首节奏鲜明的乐曲，让宝宝坐在你的腿上，背靠着你，从他背后握住他的前臂说："指挥。"然后合着音乐的节奏打拍子，随着音乐的强弱，变化手臂动作的幅度大小。当乐曲停止时，动作同时停止。反复多次后，当他听到音乐时，你说指挥，他就会有节奏地挥动手臂。

11~12 个月

智能发育特征

11~12 个月龄的婴儿能扶着栏杆站立起来，扶着栏杆迈步，许多婴儿会独站。成人抓住他一只手走路。

手能翻书或摆弄玩具及实物，并能用手握笔涂涂点点。会用手势表示需要，用手将盖子盖上或打开。仔细观察所见的人、动物和车辆，模仿大人做家务，随音乐或歌谣做动作。

听懂较多的话，会指认室内很多的东西，会听成人的话拿东西，如拿娃娃，会指认身体的五官。口内说些莫名其妙的话，有些婴儿会有意识叫爸爸妈妈等。

能熟练用摆手表示“再见”，拍手表示“欢迎”。穿衣和脱衣时会主动配合。自我意识萌芽，有时不同意妈妈意见，说“不”。

运　动

学站和走。独立行走是婴儿发育的一个重要里程碑。他能站立和行走后，对周围环境的探索能力和活动范围大大增加。能独立行走的时间，在婴儿之间的差别可以很大，从 11 个月到 1 岁半，都为正常范围。

为了促进婴儿独行能力的成熟，可给他一个安全的活动空间。开始时，安排一些可扶或可靠的家具，让他练习扶行。家长在不同位置呼唤他，或用有趣的玩具逗引他，鼓励他扶着向前行走。也可让婴儿推着椅子练习走，或在婴儿身上系一条带子保护练习走，或拿一根小棍子，让宝宝牵着小棍子的一头，成人牵着另一头慢慢走。独站的练习可先让宝宝靠墙独站或在扶站时逐渐离开支撑物，独站片刻。

独立行走的练习最好在宝宝能够独自站立、蹲下、站起来，并能保持身体平衡时开始。独行的练习，可在草地上、铺垫的地板上或硬床上进行。两头都要有人保护，不要因为开始时不安全，给婴儿造成恶性刺激，而要在愉快的气氛中鼓励婴儿积极的练习独行。家长问学步车能否帮助孩子学走路？实际上某些学步车名不副实，因为孩子放在学步车内，虽然不会摔跤，但不利于婴儿的全身肌肉协调平衡能力的发展。据研究，坐学步车是日后孩子产生感觉统合失调的因素之一。学步车只是家长需要腾出手来做某件事时，为了使宝宝安全，短暂使用。

认 知

认识五官。婴儿出生后，虽然已能看到很多周围的人，但他只是把人作为一个整体的轮廓来认识，5~6 个月时，能从人脸中分别出熟人的脸和生人的脸。随着月龄增加，对人脸的观察更加细致了。

这时可教婴儿认识五官的名称，先认识自己和别人的眼睛。可先让他指玩具娃娃或别人的眼睛，然后在镜子前，看镜子中自己的眼睛，用手指指自身的眼睛。不断重复，学会一样后，再指认鼻子、嘴巴、耳朵等。如问宝宝“嘴在哪里？”他会张口；问“耳朵在哪里？”他会用手扯耳朵；问“舌头在哪里？”他会伸出自己的舌头。通过上述方式，逐渐认识自己的五官。

在玩玩具中学习。从 7~8 个月开始，应鼓励婴儿自己玩。近 1 岁时的婴儿，模仿行为日益发展，又能听懂一些日常语言，这时可以教婴儿玩玩具，在玩中学习。

同一种玩具有不同玩法，如一个小皮球，可以教孩子如何丢球、抛球、滚球、投球和拍球等。婴儿稍大后，还可以教他数球、分辨球形、认颜色和踢球等。有一种“小套筒”的玩具是婴儿爱玩又有意义的玩具。套筒从大到小有很多层，而每一层的颜色都不相同。我们教 11~12 个月的婴儿打开套筒，再把它们一个个套起来；或将套筒叠起来；或将小的放进大的套筒内；还可教婴儿认哪个大哪个小,数数和辨认颜色等。

玩具可以作为婴儿认知学习的入门，它有益于婴儿思维的发展。我们也可考虑使用替代物,如把小椅子排起来当成“火车”,来玩坐火车的游戏。这类玩法能促进婴儿联想和想像能力的发生和发展。

找到不在眼前的物品。近1岁的婴儿记忆力有很大的发展。婴儿能用行动表现出初步回忆能力,喜欢做藏东西的游戏。

成人拿出一个小玩具如一个塑料小白兔，准备两个完全相同的盒子。先当着宝宝的面将小白兔放进一个盒子中,然后将两个盒子在宝宝的面前调换位置。问宝宝:“小白兔藏在哪里？把它找出来！”看看宝宝能否直接找到小白兔,如果找到了,要搂抱宝宝,亲亲宝宝,说:“真棒。”还可以当着宝宝的面,把玩具藏在枕头下,让他去找,他能找出来。1岁左右的孩子甚至能找出不在眼前的已知物体,如不给孩子看到的情况下,将小白兔放在枕头下,他也能找出来。有时能帮助成人找到想要找的东西。

培养注意能力。注意是婴儿认识世界的第一道大门。注意是感知觉、记忆、学习和思维等不可缺乏的先决条件。研究证明,婴儿时期的注意力水平同以后的认识能力有很大关系。一般来说,婴儿注意力好,则学习效果好,能力提高也快。

注意分无意注意和有意注意。无意注意是婴儿视、听、嗅觉和触觉等被动地被外界刺激物所吸引。有意注意是婴儿的感觉器官主动地指向外界物体。婴儿从出生之日起,就有了注意能力,但新生儿和婴儿早期,为无意注意。随着婴儿经验的积累,他们的意愿、需要和偏好,则能诱导有意注意。

如何培养婴儿注意力呢？下面几点将有所帮助：

婴儿要处在觉醒状态。生理上得到满足,使婴儿感到很舒服,这时他们变得很机敏,也就是说大脑皮层处在优势兴奋状态,好像一盏聚光灯一样使他们的心理活动清晰,容易集中注意力。

选择适合婴儿年龄的刺激物。在生后头几个月,以无意注意为主。但研究证明，即使 1~ 3 个月婴儿也有了选择性注意能力，主要表现在视觉方面，偏好人脸模型，偏好曲线多于直线，喜欢看结构对称的刺激物多于不对称物，喜欢看活动着的物体等。因此，父母的面容，画面单一的动物像、脸谱，大小适中，颜色鲜艳的玩具，容易吸引婴儿的视觉注意。此外，母亲的高频语调，中等强度、优美的并有鲜明节奏的音乐，也可引起婴儿的听觉注意。

在 6 个月以后，随着运动能力的发展，婴儿逐渐学会坐、爬行、扶物站立和走，他们用手抓握和摆弄物体的能力也发展起来，这使婴儿的注意选择性不仅表现在视觉方面，而且，注意选择性还表现在够物、抓握、操作和运动方面。注意对象大大扩展了，这时可让宝宝选择他喜爱的玩具。在婴儿专注玩时，不要打断他。在给他讲图画时，用手指点，引起他的注意。在认图识字时，不要播放电视或收音机，尽可能营造一个安静有序的环境，有利于培养婴儿的注意力。

六面画盒，培养观察和语言理解能力。用长 45 厘米的纸箱，在六个面上贴上不同的图画。让宝宝扶着纸箱站立，成人问他："小猫在哪里？"宝宝会扶着纸箱来回转动，直到找到小猫为止。如果找不到，成人便告诉他爬过去寻找。

画"画"，学习握笔试画。用一张白纸铺在桌上，成人用彩笔在纸上画一道或一个圈，然后将笔递给宝宝，成人握住宝宝的手一起画，然后放手让宝宝自己画。当宝宝在纸上扎点时，成人说："这是星星。"当宝宝画出道道时，说："这是面条"。大家一起笑，鼓励宝宝再画。

认"红色"，学习辨认颜色。在不同颜色的玩具中，取出一件红色的玩具，如红色小球，反复告诉他这是红色小球。然后把小球混在不同颜色的玩具中，让宝宝从中拣出红色小球。宝宝会了以后，就认红色的小盖或红色的小布块。认识以后，将红色的东西全部混到玩具中，让宝宝将红色的东西都拣出来。在平时，在任何时候，只要见到红色的东西如红色汽车、红色气球时，都可让宝宝认。学了红色以后，再让宝宝认绿色和蓝色。

语 言

宝宝的语言游戏。有的宝宝会说出 1~2 词后，就很想像大人一样能说很多话。他们常常会装着会说话的样子，模仿大人的腔调，说出一连串莫名其妙的话。可以说他在做独特的言语游戏。这种莫名其妙的话，常常和谐悦耳，抑扬顿挫，非常富有感情。他有时自言自语，并不打算让别人听。有时，他一边玩玩具，一边口里唠叨。他常常用一个真正的词开头，然后便轻松地、流利地、富有节奏地说出一大堆他自己发明的“词”、“短语”和句子，同时还打出很多手势。实际上，这是在模仿你对他说话的语调和方式。这种练习说话的自娱游戏通常会持续很长时间，甚至到 2~3 岁。此时，你最好不要去打断他，要向他投去赞许的目光，并寻找加入他说话的机会，教他说出真正的词汇来，可以充当解说员的角色，当他们正在玩一个玩具时，你可以用简单的语言，说出他所玩东西的名称，告诉他正在做什么样的动作。和他一起玩耍时，尝试让他按你的要求去玩，以发展他对语言的理解能力。

要多给婴儿一些模仿说话的机会。每天要给他朗读 1~2 个优美的童话故事、儿歌或诗歌，也可放些儿歌或讲故事的录音给他听。此外，当你和他接触时，如帮助穿衣、吃饭等事时，不能静默，一定要与他说话，词语必须简要。如你说到新词时，一定要用宝宝能理解的手势，去强调新词的含义，并像做游戏一样不厌其烦重复这些新词。

对宝宝来说，书是一种能打开合上、又能说话的玩具。每天要挤出一定时间和你的宝宝一起看图画书。一面看一面讲书中的故事。给他看的书的字体应当大一些，画像要大，图画要清楚、色彩要鲜艳，每一页的内容不要太多，语言要简短生动，多次出现，便于模仿。这样，他会对学说话越来越感兴趣。

讲儿歌。说儿歌是发展婴儿语言能力的好办法。可选择几首简单有趣的儿歌，经常给宝宝念。儿歌的每句最后一个字要既押韵又容易发音，如儿歌："小娃娃，甜嘴巴，喊妈妈，喊爸爸，喊得奶奶笑掉牙。"念时故意加重每句最后一个字的语气，并将前面的字拉长，如念成"小娃–娃"，强调最后那个押韵的字"娃"。紧接着要宝宝跟着说："娃"，然后你再念一遍"小娃娃"，故意不出第二个"娃"字，等着他说出。如此反复进行，使他逐渐跟着你，把最后一个押韵的字说出来。

最好说儿歌时，带着丰富的表情，一边说一边做动作，如当说到"小白兔，白又白，两只耳朵竖起来"，大人用两只手放在头顶两边摆动，逗引宝宝发笑；当说到"爱吃萝卜爱吃菜，蹦蹦跳跳真可爱"时，扶着宝宝让宝宝跳跳。

学习儿歌，最好学会一首再学另一首，不要同时教几首，这样有利于宝宝记忆。

听故事，发展语言理解能力。成人每天要给宝宝讲故事。讲的图书应以画为主，每页上只有 2~3 句简单的话。开始可以反复讲同一本书，让宝宝听熟。有时，可以一面讲，一面问："谁来了？"，"带来什么？"，"他们要去那里？"等，宝宝会指图回答，说明他听懂了。如果不能回答，成人就再讲给他听。逐渐引导宝宝理解故事的内容，激发宝宝的兴趣。

生活与交往

与人分享。我国大多数家庭，一对夫妇只有一个孩子，家庭每个成员都非常疼爱自己的孩子，经常将最好的东西给孩子吃，孩子要的东西都设法予以满足，这对年龄小的婴儿很自然也是应该的。但随着年龄的增长，到 1 岁时，如再不加以注意，孩子会错误地认为，有什么东西，先要给他，或只有他一个人才能享用。一旦养成这种习惯，今后就比较难以纠正。对此，家庭每个成员尤其做父母的必须认真对待，因为良好的行为要从小塑造。

那么应该怎么做呢？1 岁左右的孩子已经有一定的语言理解能力，开始产生一定的自我控制能力。有条件培养他与人分享的行为模式。如吃苹果了，教他将苹果分给爷爷、奶奶、爸爸和妈妈，孩子会乐意去做，边做边说："大的给爷爷，小的留给自己"。家庭中，每次吃东西时，尤其吃一些平时不易得到的食品，或孩子爱吃的东西，都要教育孩子和大家分享。如果孩子做到了，要给予表扬。为此，这个年龄的孩子也有可能养成"与人分享"的好习惯。

最初的交友。婴儿和同伴交往有着与成人交往所无法替代的特殊作用和重要性。婴儿和同伴交往可以更快提高其交往技能，促进认知能力的发展。最初，婴儿从父母那儿学习和人交往的初步能力，如见到同伴时，发出声音、向同伴微笑、高兴地拍手、友好地抚摸、关切地注意等。由于对方也是婴儿，他们的反应不像成人那样明显和有目的。婴儿必须提高自己的社交技能，才能引起对方的应答，使交往顺利进行。与亲子交往比较，婴儿和同伴之间的交往，双方年龄相近，身心发展水平类似，社交地位平等。要求婴儿间的社交行为必须是积极和友好的。因为婴儿与同伴交往的情景和场合多种多样，遇到的矛盾和冲突各不相同，婴儿不仅有更多机会学习，练习社交行为，而且还有更多机会调整自己的社交行为，去掉不友好的行为，使之向更加友好和积极的方向发展，以获得同伴的肯定和接受。通过与同伴一起玩耍，可以互相模仿，学会玩具的多种玩法，扩展对物体和事物的认识，有利于发展认知、操作和解决问题的能力。

既然和同伴交往如此重要，那么婴儿应从什么时候开始交友为好呢？研究证明，婴儿早期交往的发展有一个固定的程序。在6~10个月时，婴儿之间见面，常常互相不理睬，或只有极其短暂的接触，如看一看，笑一笑或抓抓同伴。他们间的交往大多集中在玩具和物品上，而不注意对方有什么反应。将近1岁时出现简单交往，婴儿常常用微笑和大笑、发声和说话、给或拿玩具、身体接触(如抚摸、轻拍同伴身体，推和拉等)，或走到同伴身旁，玩与同伴相同或类似的玩具等方式交往，做这些的目的在于引起同伴的注意，与同伴取得联系，并对同伴的行为做出反应，这就是最初交友的开始。这一阶段家长应创造条件让他有机会接触其他同龄或稍大的孩子，学习交友。婴儿时期的交友经验必将对孩子入托甚至入学后良好伙伴关系的建立有重要影响。

禁止做不该做的事。这一年龄段的婴儿，有时会向成人提出一些不合理的要求或想做一些不应该做的事，如进厨房和玩尖刀等。当要求得不到满足时，就会大哭大闹。遇到这种情况，首先要耐心劝阻，说明危险。如果仍然不听，我们要设法转移他的注意力，如拿宝宝平时喜欢的玩具逗引他，或带他去看画报等，多数孩子用这种“转移法”都会有效。也有少数孩子仍然坚持无理要求，继续哭闹，则应采取“冷处理”的方式：谁也不理他，让他去哭一阵。等他发泄完毕后，再和他讲理。

大哭大闹常常是 1 岁左右孩子逼迫成人“就范”的主要方式。如果孩子一哭，就无条件地满足他的任何要求，就会使他认为只要自己一发脾气，一切都会如愿以偿。以后遇到类似的情况，他更会变本加厉，愈闹愈凶。孩子就会养成任性和不讲理的坏习惯，以后难以纠正。为此，成人要坚决拒绝孩子的不合理要求，一点不能迁就。孩子的无理要求被拒绝后要哭闹，对他的健康不会有多大的影响，我们不必为此担心。随后，孩子懂得“哭闹”不能达到目的后，就不会再哭闹了。我们要让孩子从小懂得：不能想做什么就做什么，不该做的就不能做，要坚决禁止。也就是让他们从小就懂得“每个人都要约束自己的行为”，不能“为所欲为”。

13~15 个月

智能发育特征

13~15 月龄的宝宝能独立走稳，扶手上下楼梯。

萌发好奇心，对感兴趣的东西都想接触一下。能用积木叠塔，叠小套筒，用棒状物插入小孔。握笔在纸上乱涂。

听懂成人日常言语，说出几个有意义的词。会有意识叫爸爸妈妈及称呼周围熟识的人,能认识常见的实物,知道自己的名字,用几个单字表达自己的意愿。

会用勺装上食物放入口中,要坐盆或裤子湿了会表示。开始对小伙伴感兴趣,会把玩具给人或与人争夺玩具。

产生独立心理,什么事情都想自己做。见陌生人开始出现含羞表情,喜欢显示自己成功而自豪,做错事会感到内疚或不安。

运　动

独立行走。这个阶段是婴儿学会走路进展迅速的时期,开始他(她)可能仅是蹒跚的行走几步,他会很愿意的经常走起来。家长要多给婴儿一些锻炼的机会,可逐渐拉长距离练习。可与婴儿一起玩扔球、捡球、找东西的游戏,训练婴儿独自在地上玩,独自蹲下捡东西,独自站起,并稳定地独自行走。可让婴儿拉着小拖车类的玩具练习走路,并使婴儿有机会学习拉着玩具侧着走和倒退走几步。

扶手上下楼梯。在婴儿能够独立行走后,可拉着他的手练习迈楼梯,开始婴儿可能抬脚费力、身体不平衡,家长可用较多的助力帮他(她)迈上楼梯,以后逐渐减少家长的助力,锻炼婴儿用自己的力量迈上楼梯,下楼梯也是如此。此期婴儿还掌握不好身体的平衡,只是拉着他(她)体会高和低的感觉。

认　知

动手游戏。婴儿长到1岁已开始有了主动性,可以自己动手进行一些操作。

这时可以和婴儿玩多种动手游戏,如叠积木、叠小套桶等,可先给婴儿做示范,告诉他(她)“我们来搭一个高楼”,然后让婴儿模仿做,以后教他(她)自己搭着玩儿,从搭两块积木开始,逐渐增加。此年龄的婴儿一般可搭起3~4块积木。玩的时候可教婴儿将铅笔插入笔筒内,开始用大口的笔筒,逐渐教他学会插入小口的笔筒,或者插入仅可插一支笔的笔座。还可教婴儿玩插插片，把小的东西装入小口径的容器中等，主要是训练婴儿手的灵活性和准确性。

自发涂画。继续鼓励婴儿自己拿笔涂画，此时可先教婴儿学会拿笔，主要是指教他会掌握住笔，笔尖向下画，同时教他学画，使婴儿能够自己主动的画出笔画。这个年龄段的婴儿主要是随便乱画，不要生硬地制止他，而是鼓励他模仿着画出一些笔画，告诉他这些像什么。此时并不要求婴儿画出什么，主要是培养婴儿运用笔的能力，培养他们的“创作欲望”(见图 5-13)。

图 5-13 写写画画

语 言

命名物体。这时婴儿已开口说话了，家长首先是要经常给婴儿看些画片，幼儿图书等，教他正确认识各种物体的名称及简单的用途。要经常带婴儿出去玩玩，使婴儿认识外界更多的东西，在教婴儿认识的过程中多引导和鼓励他自己说出这些物体的名称，主动地称呼周围的人，即正确的命名物体。对各种东西家长都要问：“这是什么?”启发小儿说出名称，婴儿说不出时要清楚的告诉他，反复强化，使婴儿能够说出更多物体的名称。

表达。语言是人们交往的工具，交往首先是自我表达，要教小儿能用正确的词语表达自己的要求。开始婴儿可能多用手势、动作表示自己的意愿,比如拉着大人的手去干某些事情,这时家长要坚持教婴儿用语言来表达,如“要、拿、喝等”。这时婴儿多是说一个单字,但这个单字往往是代表一句话,而且可能是多种意义的表达。如“拿”可能是“把东西拿给自己”,也可能是“拿给你”等,家长要善于理解婴儿的语言,正确满足他(她)的要求,并教会婴儿用更明确的词语来表达。

生活与交往

学用勺子及拿杯子。家长要给婴儿自己做些事情的机会,即教他学着做事。首先是从吃饭开始,教婴儿学会自己拿着勺子从碗中取饭往嘴里送,开始婴儿可能用勺很不准确,会洒得很多,但仍要给他(她)机会尝试,可单独给他(她)一个碗和勺,里面放较少的食物供婴儿练习,家长仍可保证喂饱婴儿。用杯子喝水也是如此,开始杯中可少放些水,教婴儿自己端着往嘴里送,家长可适当地给予帮助,以后逐渐由婴儿自己完成。家长不要因为怕食物洒得满地,或怕弄脏了衣服等而不允许婴儿学习,这样会挫伤婴儿的积极性。因为做这些事情不仅是婴儿最初生活自理能力的学习,而且也是对婴儿主动性和独立性的培养。

一起玩。随着婴儿活动范围的增大,他(她)的交往机会会越来越多,要有意识地让婴儿和一些小伙伴及家长一起玩,也可教他(她)将娃娃当作伙伴玩。此时婴儿虽然不能你来我往地合作玩,但要使他(她)建立最初的伙伴概念,培养婴儿与别人一起玩的愉快情绪。

1~3 岁益智玩具。1~2 岁小儿会走路以后,拉车、球类玩具是必备的,也要准备一些小动物等供小儿放在车上玩。此时小儿的活动范围加大了,模仿生活的能力加强了,可玩的玩具更多了,如小汽车、小筐、小铲、小桶等,还有一些整套的过家家玩具、仿制的水果、蔬菜、小电话等等,可教小儿做一些相互合作、模仿生活的游戏。

2~3 岁小儿开始学习一些基本概念,如大小、形状等,手较前更加灵活，此时可给小儿准备一些简单拼插积木、打桩床、简单的图形镶嵌软塑、有各种形状孔洞的智盒、串珠、简易拼图、可穿脱衣服、鞋子的娃娃、交通、水利系列玩具等。可帮助小儿学习识别颜色、形状等概念，扩大知识范围。还可给小儿准备小三轮车，锻炼小儿的协调动作能力。

对于什么样的玩具是好玩具，一定要从孩子的角度来判断。有位教育家提出，如果玩玩具的活动有 90%是孩子的，10%是玩具本身的，就是好玩具。反之，只有 10%的活动属于孩子，而 90%是属于玩具的，就不是好玩具。比如电动玩具，开始小儿会觉得很新鲜，但很快他(她)就会厌倦了，因为小儿除了按电钮外就没有别的事可做了，所以引不起小儿长时间的兴趣。有些玩具看起来很简单，价格也比较低，但可使小儿反复探索，不断玩出新花样。比如一种由 6 种不同颜色、不同大小的塑料制成的小套桶或套蛋，从 5~6 个月小儿会抓握开始就能玩，最初是注视它的大小及不同的颜色，并练习抓握，以后可自己一个一个的打开，或者将小的放在大的里面，可拿着两个对敲或对套在一起。到大一些时，小儿还可以用它来认识颜色、识数字或叠高，还可以让两个小儿比赛看谁套得快等等。在玩这个玩具的过程中，既锻炼了小儿手的灵活性，又是认知和概念学习的过程，这确实是一种智力玩具，可以称得上是好玩具。

家长也可按小儿的兴趣自己制作一些玩具。有的时候小儿对生活中的一些物品、用具比较感兴趣，比如一些小盒、小瓶等，在保证安全的前提下，家长也可对此稍作加工后给孩子玩，或让小儿自己创造性地玩。从小儿玩的过程中我们就能体会到：玩具给小儿带来的快乐并不与其价格成正比。家长在选择玩具时一定要注意选择对培养和开发小儿智力有益的玩具。

玩玩具时还应注意：一次不要给小儿太多的玩具，因婴幼儿期小儿身心发展水平还很低，容易集中注意玩具 1~2 件玩具，如一次给的太多小儿容易分心，不能培养其比较持久的兴趣和注意力。

16~18 个月

智能发育特征

16~18 个月龄的宝宝走得很稳，能蹲下捡东西，接着站起来再走，很少摔跤，可抬脚踢球，扶栏上几步楼梯，开始学跑。会抛球。能模仿画出线条，可将小物放入小瓶并从小瓶取出。会翻书看书。

会说许多能听懂的单音或词。能执行简单的命令。说出自己的名字、某些要求和一些实物。

认识常见的实物和图片。认识五官。

会脱去简单的衣物，白天不尿裤子，喜欢和小伙伴玩。

在镜中真正认识自己的存在。开始产生对黑暗和动物的恐惧感。

运　动

扶栏上下楼梯。原来是婴儿拉着家长的手迈上楼梯，现在可以鼓励他自己扶着栏杆迈上楼梯。开始时要注意保护，先从 2~3 阶楼梯开始练习，家长可在上边用玩具或食物逗引，并给婴儿鼓劲，使婴儿逐渐增强力量，自己扶着栏杆迈上多阶楼梯。待能较稳定地扶栏上楼梯后，可教婴儿学习下楼梯，开始是扶着婴儿练习，使他(她)掌握深浅，以后教他练习自己扶着栏杆迈下楼梯。下楼梯一般不好掌握，且较危险，家长要慎重教婴儿练习。

行走自如。此时期婴儿的活动场所主要是地上了，可与婴儿在地上玩多种游戏。此阶段球是婴儿最好的玩具，可与婴儿相互扔球、接球、滚球、踢球等，这样可锻炼婴儿在独立行走中学会自如地做各种动作。还可以让婴儿推着婴儿车玩，教他(她)学会推车前进、后退、转弯等，使婴儿行走更加熟练、稳定。

认 知

生活模仿游戏。婴儿渐渐长大些了，玩的花样也多起来，这时家长可与婴儿玩一些生活模仿游戏，如“让娃娃睡觉了”，“我们来做饭”等等。在玩的时候，家长要边玩边讲，教小儿学会理解事物之间的关系，并教会他(她)和大人合作玩，玩完后和大人一起把玩具收拾好，这样即锻炼了婴儿的动手能力，又培养了婴儿的社会适应能力，并从小养成良好的习惯。

看书、翻书。书是我们生活中的好老师，在重视人才培养的今天，有很多书可供孩子们来学习，从小就可养成婴儿看书的好习惯。要多给婴儿看图画书，用婴儿能理解的语言讲一些简单的道理，此时他(她)不一定都能听懂，但可以培养他注意听，并反复向他提问，加强婴儿的记忆力。看书中让婴儿学会自己翻书，教他灵巧的、一页一页地翻书，让他(她)找自己喜欢看的图画。

语 言

懂语言命令。此年龄婴儿已能听懂许多语言了，这时家长要有意识地多用语言的指示调动他的活动。如让宝宝“把杯子拿来”、“给爸爸拿拖鞋”、“我们到外面去”等等，使婴儿建立这种按指示做事的概念。同时也要注意一些否定性语言的学习和使用，要让小儿真正懂得“有-没、要-不要、是-不是”等概念，并学会用语言正确的表达。

接背儿歌。为了促进婴儿言语的发育，可以经常给婴儿念一些儿歌，儿歌里既有一些可供婴儿理解的句子，又可以押韵的形式教婴儿学习发音，特别是有些儿歌配有一些图画，更可引起婴儿的兴趣。在多次念某一首儿歌后，婴儿会留下很深的记忆，此时他(她)虽然还不能背出完整的儿歌，但他(她)会记住其中一些重要的字音，当你念到这些音时，他(她)会和上你的音念，这时家长可有意识地不念完整,启发婴儿接着背,如大马路,宽又……警察叔叔站……等。这既教婴儿学习了语言,又锻炼和检验了婴儿的记忆能力。

生活与交往

戴帽、脱袜。婴儿又长大了一些,他(她)开始学会自我服务了,可先锻炼他(她)自己戴帽子,开始可能戴不好,家长可让他在镜子里看自己服务的效果,逐渐教他自己戴正帽子。上床时教他自己脱袜子,也可把鞋带解开后教他(她)自己脱鞋。从小他(她)这种自我服务的愿望是很强的,因为这是他(她)学习本领的过程,注意一定不要挫伤他的积极性,养成懒惰的坏毛病。

生活规律。过了婴儿阶段,小儿的饮食和睡眠均较前有很大改变,他(她)可以吃一些加工细致的普通食物,每日睡眠时间和次数也明显减少。这时可按小儿的生活节奏安排好他(她)一天的作息时间,培养小儿晨起高兴洗脸;按时吃饭、睡觉;睡前洗脚、洗脸等好习惯,使小儿生活形成规律。

19~21 个月

智能发育特征

19~21 个月龄的宝宝除会向前走稳外,还能稳定地倒退走和侧方向走。游戏时会蹲下。跑步时,可控制速度及绕开障碍物跑。

会把圆、方、三角形放入形状相同的盒孔内。

能自然地把 2~3 个字连贯地说,如“上街”、“没有了”,会背一句儿歌,会背数从 1~5 或 1~10,能指认两个数字。要吃、玩或要大小便时会说出,会用勺子把碗中食物吃干净,能拉你去找需要的东西。

运　动

跑。小儿在刚学会走路时即踉踉跄跄，步伐显得比一般走路要快，但那并不是跑，而是身体尚不能很好地控制。在他(她)能够较好地控制住身体，能平稳走路后即开始学跑。起初他可能动作较僵硬，速度可能慢一些，经常鼓励小儿练习，逐渐地使小儿能较稳定地、协调地跑，速度可逐渐加快。还可教小儿学习转弯，绕障碍物跑等。

倒退走。小儿能倒退走也是运动稳定、协调的表现，可经常与小儿一起玩拖拉玩具或做一些游戏，让小儿练习持续地倒退走。

认　知

培养一般能力。此时期的小儿已经开始有了初步的思维活动，对事物的认识已开始向整体、多方面发展，所以在日常生活中及游戏中要注意培养小儿的认识能力。教小儿去观察一些不同的事物，在观察中教会他一些概念，如物体的大与小、位置的上与下等等，使小儿对这些有一定的分辨能力。这时期小儿的记忆能力有了很大发展，家长在日常活动中可让小儿有意识地记一些东西，家长在不同的时候给予提问，培养和锻炼小儿的记忆力。

笔、纸活动。为了锻炼小儿手的活动，除了一般的玩具外，纸、笔也可成为小儿的活动工具，在让小儿学画中教会他(她)正确的握笔姿势，教他(她)模仿在纸上画出一定的笔道。当然这时小儿控制笔的能力还较差，画图的意识也不成熟，尚不能画出一定的图形，但我们可教小儿画各种笔画，培养小儿的模仿能力及控制手的能力。此时还可和小儿一道玩折纸的游戏，不要折的太复杂，一般只折出横红、竖线、斜线即可。家长可多次示范，让小儿来模仿，以锻炼小儿的动手能力。

语 言

双字词。小儿在经过了较长一段单字词语后很快向双字词语发展。这个双字词不是指两字的重复,如“抱抱”、“拜拜”等,而是一些既有名词,又有动词,能较完整表达一定意思的词,如“妈妈抱”、“拿来”等等,要多教小儿学会这类的词句,多鼓励小儿自己表达,使他(她)能够较准确地使用一些词语。

懂得自我。婴儿第一年没有自我的意识,不认识自己身体的存在,不能把主体和客体分开。1 岁以后随着小儿独立行走及言语的发展,才能逐渐将自己作为一个整体与其他客体分开。此时可教小儿准确地说出自己的名字,包括姓,并教会小儿正确的使用“我”这个词,能知道那些东西是“我”的,那些事情是“我”做的,使小儿建立起初级的自我意识。

生活与交往

图 5–14　自己拿出来

熟练用勺及杯。吃、喝是人最基本的生活能力,也是小儿最早掌握的自我服务活动,家长要使小儿有机会尽快掌握这一生存的本领。经过前一段时间的学习,他(她)已能比较熟练地用勺及杯子了,吃一些简单的饭菜时尽量让他(她)自己吃,或至少让他(她)自己用勺吃掉一半,然后家长再将其喂饱。喝水时给小儿选择好合适的杯子,每天定时给他(她)放好凉开水,让他(她)自己喝完水并将杯子放好;也可以让他(她)把纸盒里的食品取出来(见图 5-14)。

主动交往。小儿既能走路,又会用语言表达了,这时他(她)会对周围的事物更好奇,而怯生的程度已大大减轻,他(她)会对一些新的面孔发生兴趣,此时可鼓励和创造机会让他(她)学习主动和别人交往,特别是与他(她)年龄相仿的小儿交往。他(她)们可能会相互接触,或交换玩具,就是这些简单的活动,他(她)会得到很多乐趣。家长不要强迫小儿用某种方式与别人交往,而是让他(她)用自己的方式去接近别人,这种简单的交往会给他(她)带来很多好处。

22~24 个月

智能发育特征

22~24 个月龄的宝宝跑得稳,很少摔跤。能独立扶着或不扶栏杆上楼梯,开始学跳。

能打开门闩,会折纸,逐页看书。模仿画竖线或圆,可搭起 7~8 层积木。喜欢说话,能说出三个字的简单句。能回答简单的提问,还会和人对答话。能背一些儿歌。注意成人对自己的评价,喜欢赞扬。能按照成人的指示来调节自己的行为。喜欢模仿成人做简单家务,自己穿简单衣物。会说大小便,晚上不尿床。有初步是非观念,如懂得打人不好,脏东西不能动等。

运　动

双脚跳。小儿经过了走、跑的阶段后该学跳了,可用玩青蛙跳跳、小兔蹦蹦等游戏来鼓励小儿练习双脚跳起。开始小儿可能双足不能同时抬起,家长可经常给小儿做示范,特别是有意让他(她)跳起够一些东西,逐渐训练小儿双足同时抬起跳离地面。

独自上楼梯。你的宝宝长到这时本领更大了,他(她)已经可以很自由活动了，只是有时动作还不够灵巧，身体的平衡性还差一些。为了使他的本领更增强,这时可训练小儿独自上楼梯。开始小儿可能有些胆怯,家长要鼓励他,让他看到自己的能力,或者有意地往小儿手中放些东西，使他无意中不能扶，经过几次这样的锻炼,小儿就有了信心与把握,可以稳定地独自上楼梯了。在初期训练时可从少数几阶楼梯开始,以后逐渐增多,这也是小儿锻炼身体的好机会。

认　知

手的操作。手是小儿的重要认识器官,动手操作是小儿的主要学习方法,这时还是要每日有一定的时间与小儿玩动手游戏,搭积木,插插片均可。有时家长要给小儿做些示范,由小儿来模仿,并启发他(她)有创造性地玩。此阶段他(她)可以小心翼翼地搭起多块积木不让它倒下;他(她)可以把很多拼插玩具插在一起,甚至说他(她)插的是某样东西,比如火车、大象等等。对小儿创造性的行为家长一定要多给鼓励,并帮助丰富他(她)的想像力。为了锻炼小儿手的灵巧性,还可和小儿一起玩穿珠子的游戏,最好是一些带孔的小木珠,教小儿用带子把它一个一个串起来,只是切记,玩的时候,一定要告诫和看紧小儿,防止他(她)将珠子误塞入鼻腔或口腔内。

识别颜色。小儿虽然很小就能分辨颜色,但他(她)并不认识它,随着语言能力的发展,他(她)知道了颜色的名称,这时可教小儿真正的识别颜色。开始要与实物结合,在玩玩具时注意教他(她)认识不同颜色的玩具,如这是红皮球、这是小黄狗等等。使小儿逐渐建立这些颜色的概念,能够把它抽象出来,即不管看到什么物体都能正确说出它的颜色。当然,对这个年龄的小儿,只要求他(她)能识别红、黄、绿等几种鲜艳的颜色即可。

语 言

简单句。学会了用单字、双字词，再把多个字词连在一起就是句子了。此时可教小儿用一些简单的句子来表达，如“我上街。”“妈妈上班。”“我要吃饭”等。开始小儿可能只是用单或双字词来接你的话，家长可有意地、清楚地说些简单句教小儿模仿，使他(她)逐渐学会运用完整的简单句来表达。

看书、理解简单故事。教小儿学语言的一个好方法是看书。这个年龄段可以看些有简单情节的图书，家长利用图书给小儿讲些简单的故事。这里可有事物关系、生活常识、简单道理等，使小儿的语言理解能力更增强，并教小儿自己叙述图书中表达的意思。

生活与交往

生活自理。为了从小培养小儿独立生活的能力，从此时就可以锻炼小儿自己做简单的事，如自己吃饭、喝水，在主动配合穿衣、穿鞋袜的基础上，可试着教小儿学习穿脱简单的衣服，如解开扣子，由小儿自己脱下外衣，自己脱袜子等。不要嫌小儿笨，做不好，一切由家长代劳，而是要创造机会让小儿自己尝试着做，做不好时家长再给予帮助。

是与非。在日常生活和与人交往中教小儿一些简单的是非观念，如“打人不好”，“脏东西不能动”等，使小儿初步懂得一些正确与不正确的事情。注意一定用小儿能理解的方式教他(她)分辨，并用行动来表明家长的态度。对正确的事要给予鼓励，对不正确的事要制止，或转移注意力，切记不要简单粗暴，防止不自觉地对小儿不正确的事起到强化作用。

25~30 个月

智能发育特征

25~30 个月龄的宝宝能稳定地上下楼梯，会双足离地跳，用足尖走，在窄道上行走，能单足站稳，学骑三轮车。会穿珠子和将积木组合成火车、塔和门楼等。看物辨别上下、里外，知道大小等。

能背数到 10，唱 1~2 首儿歌。拿图书要求你给他讲。能用动作和语言表示眼前所没有的东西。

非常重视自己的东西。禁止做的事知道不去做，有一定控制能力。表现出自尊心、同情心和怕羞，不顺心时发脾气。喜欢同 1~2 个好朋友玩，但易发生冲突。自己会穿松紧带裤子，会扣上和解开纽扣。

运　动

独自下楼梯。在小儿能够比较稳定地独自上楼梯后，可训练小儿独自下楼梯。因下楼梯较难把握，可先让小儿从较矮的楼梯开始试，使他(她)体会下一阶梯的感觉，学会保持身体平稳，这样从几阶矮楼梯开始，逐渐独自迈下一楼梯。此时小儿上、下楼梯可能都是一足迈上，另一足跟着迈上同一阶梯，即一步一踏。

骑小三轮车。为了培养小儿手足配合的协调能力，从此年龄开始可教小儿学习骑小三轮车。开始可扶着小儿教他(她)双足用力蹬，如力量不够可稍加力推他(她)前行，使他感到通过自己的努力可前进的喜悦，以后逐渐培养小儿独自骑三轮车玩。这样不仅使小儿全身的肌肉得到锻炼，同时也培养了小儿眼、手及全身动作的协调。

两足交替走上楼梯。在小儿身体比较灵活后，可教小儿两足交替地走上楼梯，即一足迈上一个台阶，另一足再迈上另一台阶，这需要小儿有一定的肌肉力量，所以要给小儿一些机会，鼓励他自己锻炼，先从很少几阶楼梯开始，以后逐渐增加运动量。

从台阶上跳下。在小儿能较稳定地双足跳离地面基础上，可教小儿从一台阶上往下跳，开始一定从很矮的台阶开始，在小儿有了一定胆量，并能够跳下站得稳定后，再逐渐增加台阶的高度，使小儿能够从一节楼梯上跳下。当然，我们只是和小儿玩时创造一些机会，使小儿有所锻炼，不要总和小儿做这一活动，防止小儿不知深浅地尝试。

认　知

模仿画画。在这个年龄，小儿手的控制能力已经有了很大进步，并且能辨别一些简单的图形了，这时可以教小儿画一些简单的图形，比如模仿画垂直线、水平线、圆等。小儿画的图形不一定很规整，但要培养小儿模仿画的意识和能力。可反复多次的教小儿画，并将这些图形形象化，如可以说“我们来画些栏杆、画个大马路、画个大皮球”等等，以培养小儿画画的兴趣。

识别简单图形。随着小儿年龄的增长，他(她)们已具备了一定的分辨能力，此时可教小儿识别一些简单的图形，如圆形、方形、三角形等，对这些图形小儿可能很早就看出了它们的不同，但却不能认识它。首先可教小儿识别这些形状，即家长说出每个图形的名称后，由小儿来挑选，“给我找一个圆形”，“找一个三角形”等，以后逐渐地教小儿自己命名这些图形，即家长指着某一图形问小儿“这是什么形”。对这些形状家长也可在日常生活中结合实物来教小儿辨别，或用一些镶嵌及投空的玩具来学习。此时小儿只能掌握一些简单的图形，对一些较复杂的图形还不能很好掌握，家长注意不要一下子要求太高。

分辨大小。小儿到了这一年龄开始逐步掌握一些对应的概念了，首先教小儿学会分辨大小，可用一些实物，特别是日常生活中小儿经常接触的物品来教小儿，比如吃苹果可用不同苹果的比较教小儿认识哪个是大的,哪个是小的。以后教小儿能够分辨不同大小的图形,如大圆、小圆,大汽车、小汽车等等,逐渐使小儿建立起大与小这一对相反的概念。

手的灵活操作。这个年龄阶段,玩玩具仍是小儿主要的学习活动,只是这时小儿的手更加灵活,并有了一些有目的的操作。为了培养小儿的操作能力，可有意识地让小儿将一些小豆豆装进小口径的瓶中,或者教小儿学会用细绳穿进珠孔内,培养小儿精细动作的能力。在玩积木、拼插玩具时,教小儿更加灵活及有目的地拼、搭成某一物,如拼插成一个大车、搭个高房子等等,培养小儿用自己的手去创造的能力。

语　言

背儿歌。儿歌是教小儿学习语言、学习认识事物及道理的好方法。为了小儿的成长,成人把很多东西编写成好听、易懂、易学的儿歌供孩子们学习,所以现在儿童读物很多。小儿在 2 岁以后,不仅能认识一些图画,而且能够使用一些语言了,此时教小儿背一些健康、活泼的儿歌对小儿语言的掌握及认识事物均大有好处。每天可用一些时间来教小儿背儿歌,反复强化,一首首掌握,真正学会一首后再背一首。有的家长喜欢教小儿背诵唐诗,这当然也很好,但唐诗多不易理解,小儿只是机械地背。如教小儿一些实际、易懂的儿歌,像“大公鸡”、“小手绢”等儿歌。小儿就不仅是在机械地记忆词句,同时也学习了认识事物。

用形容词。小儿在学会了用双字词后语言的进步会非常快,接着可说出多个字的词句,小儿模仿语言的范围更加大了,此时可教小儿用一些形容词来表达。比如说“这是一个大红球”,“这个玩具真好”,可在语调上强调这些形容词,供小儿模仿,以使小儿的语言更加丰富。

说出物体的用途。随着小儿语言的进步,他(她)可以命名许多物体了，在他(她)正确的掌握了这些名称后，可教小儿学会说出这些物品的用途，如教小儿杯子是干什么用的、梳子是干什么用的，等等。教小儿学会用正确的语言来表达一些物体的用途，注意一定要按正确的名称来说出它的用途，不要将用途和名称混淆。

叙述简单事件。小儿语言进步较快后要多给小儿一些语言表达的机会，有些事要让小儿主动来表达，特别是已经发生过的事，甚至是 1~2 天前的事，教小儿用语言来简单叙述，这同时也加强了小儿的记忆力。

在小儿能准确表达时，教小儿学会用一些关键的词，使小儿尽快学会用语言进行交流。

生活与交往

诉说大小便。小儿在能够用语言表达事物后，要教小儿用语言来表示大小便，白天不仅能表达，而且能够自己及时去蹲便盆或上厕所，在中午和晚上睡前要让小儿养成先上厕所的习惯，这样小儿就会更早地控制夜间不尿床。

帮别人一起做事。小儿在有了一定本领后很愿意帮着大人做一些事，这时家长千万不要嫌乱而打击孩子的积极性，要有意识地教小儿和大人一起做些事，比如把玩具或小椅子等东西帮助大人一起收好等。目的是从小培养孩子养成良好的习惯，学会热心为自己和他人服务。

学会穿鞋。小儿在生活方面，首先学会了脱衣服、脱袜子、脱鞋，以后才学会了穿衣、穿鞋的配合，由于穿衣比较复杂，可先教小儿学习自己穿鞋，主要是那些不系带的鞋。先教小儿拿起鞋子，将脚伸进去，然后努力将鞋跟提起，开始家长可与小儿一起用力将鞋穿好，以后多鼓励小儿自己去做，使小儿学会自己穿鞋。

和同伴合作玩。小儿虽然很小就会和别的小朋友一起玩，但那只不过是平行的，各玩各的，在这个年龄段即可教小儿学习与同伴合作玩，比如两个人一起搭一个东西，或把我的东西放在你的盒里等等，培养小儿这种相互合作的意识。

31~36 个月

智能发育特征

31~36 月龄的宝宝能双足交替的上、下楼梯，会用足尖着地走一段路，能单足站立几秒钟，能跳远约 30~50 厘米，并能试着学跳高。能模仿画出简单图形如圆形、十字等，能分辨长短，懂得前后方位，会点数到 3。

会说自己的姓名，会说较完整的句子即有主谓语及宾语和补语，会用一些形容词，能说出自己的性别，懂得你我他并会正确应用。

会自己洗手、擦手，自己解衣服扣和系简单的扣子，喜欢和小朋友一起玩，可有自己喜欢的小朋友，做事懂得要按顺序，可排队等待，可玩集体游戏。

运　动

会控制重心。小儿在有了跑跳的能力后，活动更加稳定，这时可教小儿一些活动动作，锻炼他(她)很好地控制身体，比如教小儿用足尖走路或单足站立，观察小儿是否此时仍能够保持身体平衡。做这些动作要用游戏的方法进行，单纯让孩子模仿时他(她)会没兴趣，可以对他(她)说“看！我们来学个小燕飞(抬起足跟、伸出双臂向前行)”或者说“我们学大公鸡抬起一只脚(单足站立)”等。

跳远。小儿在能双足跳离地面，又能从台阶上跳下后，可教小儿在原地往前跳，鼓励小儿用力向前跳，和他(她)比赛看谁跳的远。尽管此时小儿可能跳不了很远，但这只是让小儿学会有意识地向前跳，这也是锻炼小儿掌握身体的平衡。

两足交替走下楼梯。在小儿上楼梯比较灵活后，可教小儿两足交替地走下楼梯，即一足下一台阶，另一足再下一台阶。这种学习要较慢地进行，视小儿身体的情况，而且是坡度不太大的楼梯，以免发生危险。

跳高。在小儿能够有意识地向前跳后，也可教小儿向上跳，即跳出一定高度。这种练习可在一些小门槛或拴上一个小绳子来练习，但绳子一定要拴得松或用橡皮筋。一般这么大的小儿可跳出 5~10 公分的高度。

认 知

掌握长短的概念。长和短也是一对简单的对比概念，这一概念也可在实际生活中用一些实物来教小儿掌握。比如玩具中的两根小棒、家中的两根小棍、或者是两支笔都可教小儿学会分辨长短，以后即可教小儿分辨画出的线条的长短以及衣服的长短等等。

学画画。小儿以前画画可能只是模仿画一些线段，逐渐的小儿开始画出一点有形的画，这时可充分发挥孩子的想像力，问他自己画的是什么？或者大人画出一些简单的图画，由小儿说出这像什么。也可由大人画出一些图画，有意识地少画一点东西，由小儿自己来补充。比如画一个人脸，缺少眼睛；画一个小猫头缺胡子等，让小儿来观察，锻炼小儿识别图形的能力，培养小儿的观察力，并教小儿如何添加这些图。

懂得基本方位。在日常生活中经常会碰到一些方位的用途，此时可有意识地教小儿掌握一些基本的方位概念，如上、下、里、外等。在和小儿玩的过程中，有意识地叫小儿把某一玩具放在××上面或××下面，把某样东西放在××里面或拿到××的外面，使小儿初步理解这些位置的意义。

学数数。数字概念的掌握受年龄限制较大，只有到了一定的阶段才能达到数量的守恒，否则不易教小儿掌握，当然这也有个体差异问题，有的小儿掌握的早一些，有的小儿则晚一些。小儿在会说话后很快就能背出1、2、3……10，但这不是对数字概念的理解，而在接近3岁时，小儿才开始学习识数。首先教小儿1的概念，即经常拿出一样东西给小儿，告诉他(她)这是1个，并和多个进行比较。以后教小儿点数1、2、3，即手口一致的点着某样东西来数，使小儿真正理解这几个数字的意义。

语　言

说出自己和别人的姓名。姓名作为一个人的代号使之相互区别开，小儿在认识了很多人以后也要学会用姓名来区分。首先，小儿已经知道了自我，那么就要学会用自己的代号来表示，即学会说出自己的姓名，此时是教小儿说出完整的姓和名(不是小名)，而且要教他学会说出周围一些熟悉的人的姓名，以后他会逐渐的懂得用姓名来称呼同伴。

懂得你、我、他。小儿在用这些代词方面首先懂得了我，知道我代表自己后教小儿区别我、你，并能够正确使用。主要是在和小儿谈话时多用一些你、我的代词，使他(她)明白这些代词的意义，比如说“这是你的衣服”、“这是我的杯子”等，以后让小儿自己来正确地转换应用。此时也可教第三人称他，但小儿并不一定能运用得很准确，要经常与小儿说，使其逐渐懂得“他”的使用。

说出性别。性别是人的重要类别特征，为了使小儿较早明确自己的性别角色，要教小儿识别性别。先从自己和家人来识别，能够正确地说出是男、是女，这样就可建立同性的概念，以后会有意识地观察同性的各种外形及行为特征，对今后的社会行为有益。

说较复杂的句子。小儿的词句丰富了，表达需要更清楚，这时就要教小儿说一些较复杂的句子，比如：“今天我妈妈上班了。”，“我爸爸天黑才回来。”等等。这就需要和小儿更多的交谈，给他(她)更多的表达机会，使他(她)的语言发展更迅速。

生活与交往

学会系扣。在给小儿穿上衣服后教他(她)学习系扣，开始先学习系按扣，使小儿知道两个相对正即可扣在一起，以后教小儿系有扣眼的扣子，家长一定不要怕麻烦，要给小儿学习这一本领的机会。

用语言交往。在和成人及别的小朋友一起玩时，教小儿多用语言交往，比如彼此称呼，见人问好，走时再见等等。这既是一个锻炼运用语言的机会，也是教会小儿文明礼貌，学会交际本领的方法。

自己洗手。为了养成良好的卫生习惯，从小就要培养小儿饭前、便后洗手的习惯，这时要教小儿自己把手洗干净、自己擦干，要从这些生活小事上培养他的自理能力。

懂得有顺序。小儿逐渐长大了，接触的面也增多了，各种活动的机会也多了，这时要培养小儿一定的社会知识，顺序做事就是其中的一种。在家里玩时，要教小儿“我先做什么，你再做什么”，或者是在玩游艺活动时，告诉他谁在前边玩，谁在后边玩等等，使小儿初步地建立起先后的顺序概念，懂得做事要有顺序。

第六篇

早期教育中关注的问题

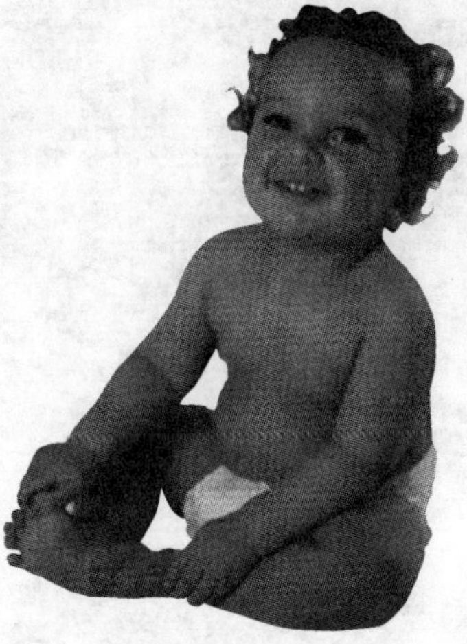

儿童有权拥有最佳的人生开端

2001年9月召开了联合国大会儿童特别会议。联合国秘书长安南提出会议讨论的三个目标。其中,最强调第一个目标是“每个儿童有权拥有最佳人生开端”。说明这个问题是全世界各国关注的问题。我国是社会主义国家,儿童问题更得到了党和政府的关怀与关注。但是,每个儿童是在家庭中成长的,要使每个父母都懂得儿童有权拥有最佳的人生开端的含意,才能使这个目标落到实处。

人生开端是指孩子出生到3岁。在这个年龄段,大脑的信息传递通道迅速发育,支配孩子一生的思维和行为方式正处在形成阶段。当孩子学习说话、感知、行走和思考时,他们用以区分好坏,判断公平与否的价值观也在形成。毫无疑问,这是孩子一生中最容易受外界影响的阶段,是每个人自身发展的最佳时期,也是人生的奠基时期。

最佳的人生开端应该是有充分合理的营养,良好的健康状况,生活在一个丰富的感知刺激的环境和充满温暖爱心的家庭和社会氛围之中。使人类的幼苗犹如在肥沃的土壤和充足的阳光雨露中茁壮成长,使他们成长为推动社会前进的最重要最优秀的人力资源。

但是每个孩子出生来到世界上,他除了用哭声呼唤外,自己还没有能力争取最佳的人生开端的权利。这就需要每个家长,无论是普通劳动者还是社会精英,都要付出你的无私的爱心、宝贵的时间和辛劳,给予你的孩子最佳人生开端的权利。这是每个父母的神圣天职,同时需要学习履行这个神圣天职的科学养育孩子的知识。

多元智能概念对早期教育的启示

智力也称智能(intelligence)。智能是一种综合心理功能。迄今仍然没有一个统一的为广大心理学家公认的定义，尽管许多学者都在不懈地研究这个问题。

近代哈佛大学霍华德·加德纳教授提出多元智能理论。他认为智能包括以下 7 种能力：

1. 音乐智能；
2. 运动智能；
3. 数学逻辑智能；
4. 语言智能；
5. 空间智能；
6. 人际关系智能；
7. 自我认识智能。

每一种智能都以大脑的生理机制为依据，有其生物学基础。如音乐智能定位在右脑某一特定的区域，该区域损伤，音乐智能消失。人际关系智能定位于额叶，这部位损伤后，人们会认为他已经变成为另外一个人。有一种早年痴呆症，表现为后脑部受到损伤后，患者的空间辨认、逻辑推理、语言和运算能力大大减弱，但这种病人经常保持良好的风度和举止，并会为他们的错事频频道歉。

每个人身上表现为不同智能的组合，因此创造出人类能力的多样性。如一个优秀的小提琴家，除了音乐能力，还需要身体运动的高难度技巧，对他来说，还需要人际关系智能以便和听众沟通，可能还需要自我认识智能。

儿童大脑的发育正处在成熟过程中，具有很强的可塑性，脑功能的动态定位特性和智力多元性，决定智力是全脑功能状态的体现。因此，对儿童早期教育的理念，并不是单纯知识的灌输，而是提供或创造一种丰富适应的环境，促进儿童整个脑以全面的方式成熟起来,为儿童以后发展打好基础。

音乐使人聪明

音乐对孩子的智能发展有积极的影响。神经解剖学研究已初步揭示了左右脑在人类智力活动中的相互关系和不同分工。如左脑主要主管数学、语言或符号等抽象思维,而右脑主管音乐、图形等形象思维。因此,音乐刺激可能对右脑神经细胞的生长有促进作用。应增强神经细胞的活动性,充分发挥大脑右侧的功能。研究还表明,在几乎所有的智力活动中,左右脑并不是在独立工作,而总是协同发挥作用的。这样协同作用是由联络左右两半球的骈胝体(位于大脑两半球的底部)来完成的。音乐刺激右脑功能的同时,也促进了两半球联络的功能,因此也增进了左脑的功能,从而提高了整体的智力活动水平。

美国加州大学学者最近开展了一项实验,证明聆听音乐可以使人的空间理解力增强。他们说“听莫扎特音乐,的确能使人聪明”。有一项研究指出,在发育阶段的孩子,如能接触适当的音乐训练,产生对音乐的兴趣,对于空间数理的能力也会相应提高。最近一项调查显示,印度的顶尖数学家和科学家多半出生于南印度,有人相信这是印度传统音乐造就的。很多有杰出贡献的科学家喜欢音乐,如爱因斯坦酷爱音乐,自己也会演奏小提琴。

音乐是人类共通的语言,就连对刚出生的孩子也有作用。音乐是由遗传获得的语言。实验显示,给小婴儿播放莫扎特的小步舞曲,他会安静地聆听。可是当把乐曲随意打乱,播放各个片断时,他会显得不耐烦。如果从小接受音乐教育,可以增进大脑皮质的发展模式,促进高层脑部运作的功能。

音乐有利于孩子智力发展

5~6 个月胎儿已经有感受音乐的能力，出生后，哭闹的宝宝，当播放胎教乐曲就会安静下来，说明他们已经有记忆能力。新生婴儿在平卧位时，会将头转向音乐发出的方向，2 个月婴儿能安静地躺着欣赏音乐，2~3 个月时会区分音高，3~4 个月能区分音色，6~7 个月能区分简单的曲调。以上说明婴幼儿从小接受音乐训练是有生理基础的。音乐不但能使婴儿心情愉快，很多研究显示，音乐还促进宝宝大脑发育，使他们变得更聪明。

研究发现，8~9 个月的音乐训练，能明显提高 3 岁儿童的时空推理能力。这种能力能帮助小孩认识模型、拼图及迷津游戏。

34 个幼儿园的儿童接受 8 个月课堂钢琴训练，比未接受课堂钢琴训练儿童的时空推理测验分提高 46%。

26 名大学生听莫扎特奏鸣曲连续 4 天，另外 26 名大学生听赫里普·格拉斯的音乐，结果前者的时空测验分比后者增加 62%。这就是所谓莫扎特效应。神经细胞联系以 40Hz 的同步振荡作为公共载波子。莫扎特音乐和神经细胞 40Hz 同步振荡可能有共鸣作用。

上述结果也在动物实验上得到进一步验证，有人把 110 只大鼠分成 4 组，每组 20 或 30 只。一组从宫内到生后 60 天听莫扎特奏鸣曲，一组听格拉斯音乐，一组听白色噪音，另一组养在沉静环境中。动物行为测定结果发现，第一组大鼠在完成空间迷津能力上明显快于其他 3 组，错误也较少，这有力证明了听莫扎特奏鸣曲的功效。

研究还发现，婴儿对莫扎特音乐的节奏、旋律及和谐的特性有无意识反应。这些特性使孩子以后更容易了解时间、空间和序列技能等关系，这些能力对精通科学、数学以及提高问题的解决能力很重要。研究也揭示了对音高的良好区分，有利于区分音素，这可能和朗读和语言能力的提高有关。

音乐可以提高右脑创造能力和加强直觉思维，改善注意力和记忆力。有科学家认为，通过音乐锻炼大脑提高认知能力，如像一个人锻炼跑步，跑步不仅可提高跑步能力，也提高踢足球或打篮球的能力一样。

因此，音乐是挖掘婴幼儿潜能的重要手段之一，有音乐伴随将使人生充满智慧和活力。

发展婴幼儿音乐能力的方法

和小婴儿说话用儿语，高声调，有节奏，拉长音调，像唱歌一样的语言对宝宝说话。给婴儿经常唱歌，唱些民歌，儿歌，或你喜欢唱的内容健康，有节奏感、优美、欢快的歌曲，晚上宝宝睡前唱催眠曲。当唱歌时按节奏摆动宝宝的上下肢，到6~7月后，当你唱歌时他就会自己挥动手臂了。

播放古典音乐特别是含有莫扎特创作的乐曲，在游戏或进餐时播放，并用音乐揭示日常生活如午睡或晚上就寝时间。但播放音乐的音量要适中，持续时间不要过长。父母可以细心留意婴儿的反应，如面部表情及身体语言，避免对婴儿造成过分刺激，过度刺激好比对花过度浇水。

在播放音乐时可以同步进行亲子活动

婴儿期(0~1岁)

1. 抱宝宝在怀内，随节奏翩翩起舞。

2. 抱着宝宝站镜前，随音乐节拍轻轻摇晃宝宝的身体，当音乐改变时，变动活动方式。

3. 模仿并鼓励宝宝尝试随着音乐做舞蹈动作或哼唱。

4. 为子女洗澡或更换衣服时，也可作为共享音乐的时光，随着音乐节奏拍按摩宝宝肌肤，活动一下宝宝的小腿和上肢。

幼儿期(1~3岁)

1. 播放音乐时，可以扶着孩子双上臂假装做指挥，随着音乐高低快慢强弱做出相应的指挥动作。

2. 让孩子随音乐自由伴舞，自选各种动作，随音乐有节奏的舞动，父母一边欣赏，一边赞美。

3. 鼓励孩子在听音乐同时，不自觉地随着旋律歌唱。

4. 让孩子玩一些安全的玩具乐器，加强他们动手拨动或敲打乐器的能力。

我们相信父母会创造更多方式发展婴幼儿音乐能力。

关于小儿识字

婴幼儿期就会识字，这已不是什么新鲜事了。有很多家长都在孩子很小的时候就开始教小儿认字，即使不是有意识教小儿认字的家长也会发现，在教小儿看图片的过程中，他(她)会认识字。的确，孩子很小就可以大量识字，这是有一定的生理和心理依据的。

● 小儿的图形辨别能力很强，而我们的汉字就像是一些图形，小儿学习汉字是把它当作图形来认识和记忆的，可以说对图形的辨别力是小儿识字的基础。

● 小儿识字的过程是大脑皮层中复杂的神经联系形成的过程。生后头半年，小儿的神经系统发育比较迅速，功能逐渐增强，这是识字的物质保证。

● 随着语言能力的发展，小儿第二信号系统开始形成，这是识字的根本条件。

早期识字对小儿的发育有一些积极作用，它可以促进语言的发育，促进观察力的形成和发展，可使主动注意力出现得更早，并锻炼注意的持久性，它对小儿的记忆力也有增强的作用。识字是早期阅读的基础，早识字可使小儿更早地学到一些知识。

教小儿识字不能把它作为一种学习任务来完成，而是要把它当作一种游戏活动，要有一些技巧，要符合小儿的发育规律及适应小儿的兴趣。小儿识字的范围可以是一些日常生活中经常碰到的东西,这同时可促进他(她)对这些事物的认识,也可以是一些抽象名词,不一定只认笔画少的字,因为从很多人的实践及小儿识字的原理看,小儿更喜欢笔画多的字,对字与字之间的差别越大才越容易辨别。教小儿识字家长一定不要期望值太高,或硬性规定学习任务,这样会破坏小儿的兴趣。识字可在生活中随时进行,能认几个就认几个。

具体方法可以是:给小儿看一些图片,图片下有较大的字,看图的同时指给他(她)认这个字,或者玩一些带字的积木,可一边识字一边挑积木玩,这样小儿的兴趣保持的时间会长一些。还有,家长可自制一些识字卡片,字要大,字体要端正,红颜色的字更好,每天拿几张给小儿看,每次看的时间很短,一天看几次,不要使小儿厌烦,直至小儿记住了这几张再换另外几张。判断小儿是否认得这些字,不同时期小儿的反应不同,小婴儿对他熟悉的字从表情的变化中可看出,大一些的婴儿可自己动手把熟悉的字挑出来,会说话的小儿就可念出这些字。对小儿已经认过的字,可在报纸上、街头广告上、电视屏幕上让他寻找,这样可提高小儿的识字兴趣。

早期识字对小儿有一定的好处,当然我们也不是都要求教小儿识字,一定要看家长的情况及小儿的发育及兴趣。如要教小儿识字,方法一定要正确,若方法不对头则会使小儿产生厌恶情绪,对今后的学习不利,这一点家长一定要注意。

培养婴儿的好习惯

随着人们对独生子女的重视及对早期教育的投入,现又出现了一些单纯偏重某一方面的现象,特别是偏重智力培养而忽视品德教育的情况较多,这对小儿的发育也是不利的。

对于早期教育来说,我们要求从小就要注意小儿的德、智、体、美全面发展的问题。当然,对3岁以前的小儿我们认为可按体、智、德、美的排列来给予教育和发展。这里我们将体放在第一位,因为这是小儿发展的基础，是主干，是支柱，没有体质的发展做保证，其他都谈不到。而智育和德育就像是两翼，要同时发展，如仅偏重某一方面，就会造成偏颇，难免今后会走歪路。

德育教育对于小婴儿来说应该怎样进行呢？由于此时小儿的语言及思维尚未很好发展，不可能采用一般说教的教育方法，但并不等于此时就不需要德育教育，而是要从培养小儿的良好的行为习惯着手。

良好的行为习惯包括卫生习惯、与人交往的习惯、劳动的习惯、助人的习惯、思考的习惯等等。这些，家长要在养育儿童的过程中贯穿。比如，小儿 6 个月以后就会与人打招呼，学说话后也是首先学会称呼，这时家长就要注意培养小儿这种见人打招呼的习惯。开始是教他(她)这种行为，反复强化，使之形成一种固定的行为模式。再如，小儿在具备了一定的行走、抓物等能力后，他(她)就很喜欢自己做些事情，这时家长可有意识地让他(她)做些事情，在他(她)做成后给予一定的鼓励，这样日积月累，小儿就会养成为己、为他(她)人做事的习惯。还有看书的习惯，集中注意的习惯等等也都是从小可以培养的。

当然，家长一定要注意，有时只是随意的行动，可能会使小儿养成不好的习惯。比如，有时家长经常与小儿打着玩儿，妈妈抱着打爸爸玩，或被什么东西碰了就去打这个东西，多次如此表现，孩子就可能养成打人的习惯，到幼儿园后就会表现出来。所以，家长在平时的育儿活动中，要有培养孩子好习惯的意识，要注意自己的行动，潜移默化地给孩子一些好的影响，好的行为塑造。

在培养小儿良好行为习惯时，还要注意调动小儿的主动性、积极性，要尊重小儿，多给予情绪、情感上的支持，对一些问题态度要明确，对稍大一点的孩子要简单地讲一些道理。不要一切都包办，什么都替小儿做，也不要过度加以限制，使小儿无所适从。

总之，小儿从小养成的习惯，对今后的生活是有很大影响的。良好的习惯，长大明白道理后会更巩固、更完善，而不良的习惯在今后再校正，则需要花费一定的精力，甚至造成一定的痛苦。所以希望家长要有意识地使小儿形成良好的行为习惯,为他(她)今后的生活打下良好的基础。

正确对待小儿的任性

“我的孩子脾气很大”、“我的孩子很任性”,这恐怕是家长忧虑较多的一个问题。其实,小儿的任性与家长很有关系。小儿到1~2岁时开始有了一些独立和自理的能力,因此就有了自己的要求。2岁前的小儿虽自我表达能力较差,但已经知道自己想干什么,一旦达不到目的或遇到他不满意的事情就会发“脾气”,就用跺脚、打滚、哭闹等方式表示抗议。对这种情况家长要弄清原因,有针对性地加以处理。对于小儿的一些正当要求,如要求自己吃饭等,家长可设法帮助孩子进行练习。对不正当的要求也不与他(她)讨论“你这样做对吗?”,因为这时小儿还没有发展到认识错误的水平,家长可用转移注意力的方法安定他(她)的情绪,或者采取不理睬的冷处理态度。如果小儿一哭闹家长就满足他(她)的要求,他(她)就会认为这是达到目的的好方法,所以他(她)会重复这些行为。总之,家长对孩子不正当的要求不制止,经常无原则地依从、迁就,无意中就培养了小儿任性的坏习惯。

对2岁以上较任性的小儿,家长及时的给予教育是可以纠正的。对小儿正确的要求,家长要给予满足;对无理的要求则要明确的回绝。家长要一贯坚持同一态度,不能以家长自己的情绪为转移,如自己不高兴时,无论孩子的要求是否合理都不同意,而高兴时又一切听之任之。家庭成员之间的态度也要一致,否则会使孩子不明白什么是对,什么是错。

家长是孩子的第一任老师,家长的行为、态度对小儿的是非观念,良好性格的形成有重大的影响。家长要以自己的榜样作用及正确的态度使小儿明事理,能控制自己,这样才能使孩子为今后适应社会、保持良好的人际关系打好基础。

户外活动

很多父母怕幼嫩的宝宝到户外去。其实宝宝在满1个月后，就可到户外活动。在天气不是特别冷或不刮风的时候，都可以到户外。

户外活动可增强体质，户外阳光中的紫外线能使人体产生维生素D，预防小儿佝偻病。紫外线还有杀菌消毒作用和促进人体血液循环的功能。新鲜空气中含有充分的氧气，为身体特别是大脑不可缺少的物质。小儿脑生长发育迅速，氧气消耗量相对大于成人，因此更加需要呼吸新鲜空气。寒冷的空气可增强人体体温调节的能力和提高对寒冷刺激的耐受力，是预防感冒的好方法。

户外活动有利于智能发育。让宝宝看看树木花草，听听各种声音。肌肤受到微风的刺激，有机会和更多人接触，对宝宝感知能力的发展是有好处的。

户外活动方法。开始时可以打开阳台的窗，作为户外活动的过渡，持续时间从数分钟开始逐渐增多，最好达到每天总量2小时以上。在户外时，抱着或放在小车内。如果宝宝醒着，可以竖抱起来，用手指着户外的树说，这是绿色的树，那是红色的花。看到年长的人说，这是奶奶，那是爷爷，使宝宝感知外面的奇妙世界。也可抱着宝宝散步的同时，和宝宝面对面交流感情，使亲子共享轻松愉快的时光。

儿童的发展差异。在正常情况下，智力发展有一般规律，婴儿大体上在同一时期得到类似水平的发展。然而，智力发展也有一定的个体差异，不同孩子之间的发展有快有慢，有早有晚，不是齐头并进，而是参差不齐的。如有的孩子说话早，10个月已会叫爸爸妈妈了，有的到14个月才会发第一个词。有的孩子11个月会走了，有的到快1岁半才会走。这均属于正常范围。运动和语言的发展速度和水平也不平衡，有的说话较早，而会走较晚；有的则相反。婴儿能力的发展除了受环境和教育因素影响外，是以神经系统发展到相应程度为前提的。如果婴儿的神经系统尚未发育到某种水平，必然达不到或完不成某项功能。因此，做父母的，不要把自己孩子的某一项功能和别的孩子攀比，特别和那些发展较早的孩子比，也就是说，不必为你的孩子在说话或运动方面比别的孩子晚一些、稍微落后一些而焦虑。只要孩子发育在正常发展范围内，就不必为此而担心。你的孩子在这方面落后于别的孩子，也可能在别的方面超过他人，我们不能过于强求所有孩子有相同的发展速度和水平。

好家庭是一所好学校

小学、中学、大学，走出这所学校又进入那所学校，人们总希望进入一所好学校、名学校。然而你是否曾经想过，好家庭也是一所好学校。这所学校没有围墙和教室，没有铃声、作业和考试，然而有着任何好学校、名学校所不能比拟的辽阔、丰富和深远。好家庭是一只理想的摇篮，一个永久的家园。

爸爸、妈妈们！你们可曾想到你们是这所学校的教师。每位家长都希望成为好老师。如何做好老师呢？我归纳日本被誉为育儿之神的内藤寿七郎的看法如下：

婴儿也有人格，必须受到尊重。 因为生下来的新生儿已经有视觉、听觉、味觉和触觉等能力，只有尊重婴儿，理解婴儿才能开启他的心灵。

用笑脸培养婴儿的心灵。 家中精心布置，到处是色彩鲜艳的图片和玩具，还经常播放悦耳的音乐，这些均有利于婴儿能力的发展，但所有这一切都莫过于母亲那张安祥的笑脸接触婴儿更加有效。

婴儿期间的教育最重要的是倾注父母的爱。 在能够顺其自然，随心传爱的母亲养育下的婴儿，肯定会懂得爱别人，而且富有广阔的胸怀，并强壮地成长。

培养有干劲的孩子。婴儿在做了什么事后，常常喜欢人们的承认。如果他做了好事后，母亲表现出认同的表情、态度和言语。如果婴儿做了不希望的事，则暂时予以不理睬。婴儿心里就会萌生喜悦和对人的信赖感。从而增强他的勇气，使他富有积极性地成长。

培养理想的情绪。和母猴分离饲养小婴猴常常会在情绪和社会性行为方面出现异常，变得极端蛮横。小婴儿也是如此，需要和父母肌肤接触或搂抱。

孩子是反映父母心灵的一面镜子。悠然自得的母亲，其婴儿也会显得悠然自得，神经质的父母亲其婴儿也会变得神经质。因此，自然地、豁达地培养孩子十分关键……请每一位爸爸妈妈和家长们想想，如何做好你们的第一任老师。

处理好几代人的关系

我国当前社会里，绝大多数年轻的母亲正在就业，很少有时间完整地陪伴他们的孩子度过婴儿时期。而孩子的祖父母多数正处于退休赋闲之中。由于我国的传统，有不少家庭是三代同堂，客观上构成了祖父母主要或配合照顾婴儿的情况。这种家庭如果处理好关系，可以发挥祖父母和父母的各自优势，从而更加有利于婴儿的早期发展。

祖父母有丰富的育儿经验，而且由于血缘关系，他们从心底里热爱自己的第三代，他们对孩子的热爱不亚于父母。但爷爷和奶奶毕竟是老人，行动上趋向于迟缓，他们安静少动的倾向与孩子好动的天性相矛盾。有的爷爷和奶奶思想趋于保守，在教养方法上与现代年轻父母有所不同。如在教育方法上趋向于宽容不严格，常常替代孩子做了本应孩子自己完成的事，给予过度的保护行为，包办代替过多，容易使孩子产生依赖性，生活自理能力差。但爷爷奶奶有足够时间与孩子在情绪上进行交流，孩子在情绪上比较稳定，较少有焦虑、痛苦或害怕等不良情绪。年轻父母则育儿经验不足，但他们的精力都充沛,有利于发展婴儿的运动机能。当代年轻父母容易接受新思想,更重视培养孩子自己动手和独立的能力。但由于他们的事业繁忙,生活空闲时间不多,对孩子遇到的情绪问题容易忽视或处理过于简单,使孩子容易产生情绪波动。

如果父母和祖父母能了解各自的优缺点,在育儿过程中如有不同意见,可以事先切磋,讨论形成一致的教育方法。为培养下一代,发挥各自的长处,克服自己的不足,同心协力。这样和睦的大家庭,与只有父母的小家庭比较,能更好地培育出既健康又聪明、情绪稳定和行为良好的孩子。

用爱启动孩子健康的人生

一般来说,母亲是婴儿的主要抚养者,有的家庭父亲担任这个重要的角色或祖父母代替父母承担婴儿的抚养责任。无论由谁来抚养,他们对婴儿倾注的爱心再多也不会过分。这种亲人的爱对婴儿的成长关系十分密切,它直接启动孩子的健康人生。那么这种爱是如何体现的呢?

首先父母或其他亲人,对丰富婴儿的情绪和情感及其积极地和健康地发展有着重大的影响。母亲为婴儿提供了最多的抚摸、亲吻、拥抱,微笑、点头以及对婴儿的柔声说话、逗引孩子发笑,关注婴儿的反应和需要并给予满足。这些均能激发和培养婴儿的积极情绪和情感,促进婴儿发展成为一个有爱心的充满同情心的人。

父母和婴儿的密切联系,是婴儿知识和认知能力发展的首要基础。正是在父母大量的频繁的接触、交往和指导下,婴儿从无到有,从不会到会地学到了大量的日常知识;学习了各种物体包括其名称、功能和用法;学习了各种玩具的操作和各种玩法。通过和婴儿玩耍,通过变化玩具或物体的位置及显示方式,吸引婴儿的注意力,引导婴儿感知、观察,发现物体的变化,锻炼和培养婴儿的注意力和记忆能力,养成其对事物、周围环境及变化的好奇和探究兴趣。这些对婴儿认识发展和知识获得无疑都是非常重要和不可缺少的。

父母对婴儿语言发展的作用也非常重要。父母能为婴儿提供最多的语言刺激，经常通过对物体、活动、行为的评论来影响婴儿语言的发展。父母和婴儿之间交流的机会最多，最丰富和最有力地指导和促进婴儿语言的发展。由于语言是思维的基础，是人际交往不可少的工具，因此父母对婴儿语言发展的作用将持续终生。

父母也是婴儿社会性行为和社会交流发展的最初奠基人。父母与婴儿交流或交往最多，在交往中对婴儿的行为提供最多的言语教导和具体示范，同时给予最多的观察和模仿行为的榜样，提供最多的反馈、评价，为婴儿创造最多的练习和实践的机会，并给孩子具体帮助、鼓励、纠正和指导，使他们的孩子学得了大量的社会行为规范，形成许多如与人分享、谦让、团结、友爱相处、关心帮助他人等良好的社会行为。

婴幼儿时期是大脑、智力和社会适应能力发展最快的时期，婴儿需要在充满爱的环境中长大。如果这个时期婴儿得不到应有的亲子爱，将会使婴儿造成某些心理发育方面的缺陷。一旦造成，以后将难以弥补。这些问题经常可在一些孤儿、被遗弃的或忽视亲子关系家庭中的儿童身上见到。天下父母们，必须牢记这样一条真理："只有用爱心才能启动孩子健康的人生。"

夫妻"搭档"育子女

父母在养育宝宝的作用上各有所长，对孩子身心健康成长都是不可少的。母亲是婴儿生存和发展的第一重要的人，但研究证明，父亲与婴儿间的交往和母亲与婴儿间的交往都有不同的独特性，"父婴交往"在婴儿心理发展上具有母亲不可替代的作用。

母亲通过喂奶和宝宝肌肤接触最多，对宝宝的抚摸、亲吻和搂抱也最多，向婴儿微笑、点头、逗引也最多，对宝宝的情绪情感的丰富和积极地、健康地发展均有着重大的影响。母亲也是宝宝最好的依恋对象。母亲比他人提供婴儿更多的语言刺激，给予丰富的表达内容，提供更多的交流机会。妈妈在抚育宝宝过程中不断和宝宝说话、哼哼歌，是宝宝语言环境的主要来源。妈妈与宝宝游戏常常比较文静。如玩视觉注意的游戏像“藏猫猫”，如手的动作游戏像抓握、敲打和摆动玩具等，大大有利于婴儿认知能力的发展。

父亲在婴儿的运动、平衡和空间知觉能力方面起更大作用。爸爸常常把婴儿举得很高，来回悠、往下扔(请注意安全)，逗得他们咯咯大笑。常常通过这种具有兴奋性、刺激性和变化多样的肢体运动的游戏，刺激婴儿，提高他们的兴奋性，使婴儿更加愉快、活跃、活泼、开朗。父亲常常具有独立、自信、坚毅、勇敢、勇于克服困难、富有进取心等特征，将对孩子起到潜移默化的影响。因此，在婴儿成长过程中，父亲对婴儿的积极个性品质的形成和发展更加显得重要。

父亲也是性别角色正常发展的重要源泉。父亲积极参与与婴儿交往，有助于他对男性和女性的作用与态度有一个积极、适当而灵活的理解，甚至认为儿童成年后性别行为和婚姻关系也更多地受早期与父亲关系的影响。通过对一些早年破碎家庭的研究发现，这些家庭中女孩长大后，常常拒绝做妻子和母亲，或在取得满意的两性关系上有困难。

因此，夫妻不但要在抚育儿女的日常生活中互相帮助和体贴，营造一个和睦家庭的环境气氛，还应以自己的榜样去塑造孩子，各自发挥自己的优势，共同培育子女，其影响将持续一生。

第七篇

婴幼儿情绪发育和健康人格的培养

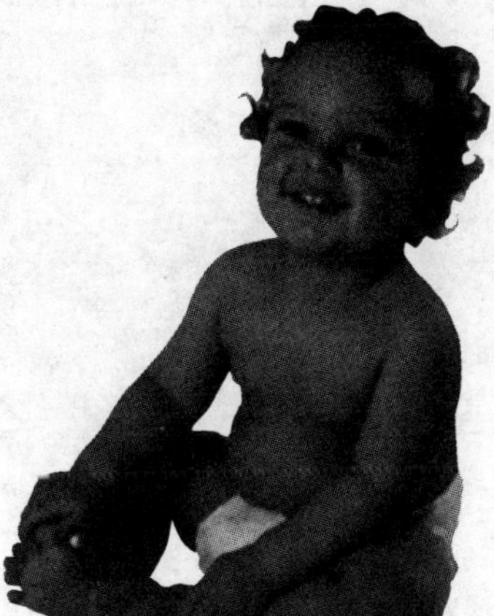

情绪智力在孩子成长中的重要性

孩子的智力是重要的，其实孩子日后顺利成长的更重要决定因素是情绪智力。情绪智力(emotional intelligence)就是认清与克制自己感情的能力,以及理解并回应他人感情的能力。以下的实验说明情绪智力的重要意义。实验者给一群4岁的幼儿每人一粒糖,并告诉他们,如果现在这一粒糖吃了,不会再得到第二粒糖;如果愿意等实验者15分钟回来再发一粒糖之后才吃，就可以有两粒糖吃。实验者说完便离开,有些幼儿还没有等实验者走出去就把糖送进嘴里,有些幼儿为了克制吃糖愿望,变得坐立不安,抓耳挠腮或者唱起歌来,自言自语,甚至捂着眼睛不敢看这一粒糖,终于获得第2粒糖的奖励。值得重视的是,这次实验的表现与4岁智力测验的分数关系不大,且可以成为预测高中毕业成绩的依据。结果是,4岁时较能克制冲动的孩子,不但学习成绩好,进大学前学业智力测验也优于自制力较差者。青春期以后的社会适应能力也较佳,融入同伴能力以及成人互动的稳定性也比较好。这项实验证明调整情绪(使注意力集中,将欲望满足延后)是多么重要。换句话说,如果孩子缺乏情绪能力和成熟度,再高智力也不能得到发挥。

婴幼儿的情感世界

情绪(emotion),广义包括情感(feeling),情绪是指人受到环境刺激，生物需要是否获得满足而产生的暂时性的较激烈的态度和体验。一些基本情绪如愉快、痛苦、厌恶和兴趣等情绪是婴儿生下来就有的,其他的情绪如惊奇、愤怒、恐惧和悲伤等在4~10个月相继出现,这是人类遗传的一种心理功能,是大脑皮层下情绪中枢控制的。但从出生开始在和环境的相互作用中发展和完善起来。而情感是和社会需要相联系的一种较复杂而相对稳定的态度和体验。如道德感、审美观、理智感、爱与恨的体验,是高级的情绪,是受大脑皮层高级中枢调控的。以下为通俗易懂,使用的情绪和情感两者从广义上相同。

新生儿和婴幼儿的不同时期情绪表现有不同的特征。新生儿用哭表示饿了、尿湿了、疼痛或不舒服;睡梦中露出甜蜜的微笑,说明我的一切很好很舒服;尝酸味或苦味,用皱眉、撅嘴或摆头表示厌恶。这些情绪表现是不学自会的,全世界的婴儿都会这些情绪表现。

2~6 个月。如果母亲经常面对面和宝宝说话、微笑,一般婴儿在第二个月学会社会性微笑。开始只是在清晨,睡醒精神好偶然出现,以后变得愈来愈频繁,除经常出现微笑外,还表现全身活跃,口中发出呜!啊!等声音。1~2 个月开始,当由于臀红引起持续疼痛或饥饿时延迟给他喂奶时,会产生愤怒地大哭。3~4 月开始,对身体从高处突然降落会产生惧怕的情绪。7~12 月,与母亲分离会产生悲伤地哭泣,对陌生人接近产生恐惧;6~9 月开始对新异刺激突然出现表现出惊奇。8~12 个月对熟悉环境中陌生人接近有害羞的表现。

1~3 岁。这年龄段的孩子开始会蹒跚学步,这时的幼儿是个探险者,不知道疲倦地摸摸这个,翻翻那个,充满好奇心。13 个月左右的孩子看见悲伤的人表现出难过和不安,他会递个玩具给那个哭泣的人的企图给予安慰。1 岁的幼儿会希望母亲总在自己的视野内,如果不在,他会出现分离焦虑,表现为紧张不安,甚至哭泣。这年龄段的宝宝也懂得妈妈有事可能会离开,但他会相信最终会回来的,孩子在对日常生活模式熟悉后,就开始产生期待。一旦熟悉的日常生活被打乱,他会变得忧虑。例如,妈妈总是在他午睡醒来时来到身边,如果今天更换了奶奶在场,他会感到担心并开始哭泣。任何一个惯例变动时,会造成孩子害怕和担心的反应。2~3 岁的幼儿情绪变动很大,一分钟前还是快乐的,一分钟后可能变得大哭起来。他们经常发脾气,因为此年龄孩子很有主意,想自己做什么或要什么东西,但自己能力有限,不能达到目的,由于还不善于用语言表达，成人不懂得他的意图，就会大发脾气。他的戏剧性的表露使你认识到他有强烈的情感，无论是满意还是不满意都表现无疑。

父母的爱和依恋

把真正的爱奉献给孩子。父母对孩子的爱是一种本能，实际上是婴儿刚刚出生后一段时间，通过观察婴儿，听婴儿哭声，就会油然升起一种“疼爱”的感情，获得一种“我的孩子”的实际感受。我国有很多家庭，由于父母工作的需要，不能自己照看孩子，祖父母常替代父母的角色，对婴儿同样奉献了真正的爱。

在小婴儿阶段如能得到家长真正的爱，将对孩子今后一生发展都有深远的影响。

如何去爱宝宝呢？

6~7 个月前的宝宝。需要抱时去抱抱他。有的父母怕宝宝一抱即会养成好抱的习惯。而克制自己不理宝宝。对婴儿情绪发展的研究表明，如果母亲对宝宝的哭或其他的信号如交流的表情、发声和动作经常忽视，就会使婴儿对抚育人的信任产生怀疑，形成焦虑的人格。这种焦虑型的孩子表现为缺乏同情心和内疚感，不能照顾别人，缺乏感情反应，社会成熟晚，学习能力差。相反，如果抚育人对婴儿的哭或其他信号经常表示关注，并作出反应，那么就能使孩子打下良好的人格发展基础，这类孩子往往富有探索精神，具有独立性强、社会性发展好，智力发展正常的特点。

用安详的笑脸去接触婴儿。日本著名儿科医生内藤寿七郎说：“育儿根本在于眼神”，对婴儿心里的爱是依靠这种“眼神”来传达的。婴儿不懂语言，眼睛和眼睛对视，就如“心和心的对话”。用这样眼神去传达爱心，不管给婴儿倾注多少也不会过分。

因此，在小婴儿期间，只要以温柔的感情怀抱婴儿，以慈祥的目光注视婴儿，这样就可以传达你对宝宝的爱心。

你对宝宝的爱，熔入他(她)的心灵，他(她)会用爱来回报父母、他人和社会。有一位 4 岁 4 个月女孩，有着一对天真明亮的大眼睛，在一个中秋的夜晚，从窗外传来了一阵阵年轻战士的“十五的月亮”嘹亮动听的歌声，她问爸爸，这歌声是什么意思？爸爸说今天是中秋节，解放军叔叔不能和他们的爸爸妈妈团聚，现在他们想家了，所以唱歌。女孩被感动了，她流泪了，并坚持要给叔叔送月饼。在她的坚持下她的纯洁的心愿最终实现了，她甚至敢于在麦克风前面对众多的解放军叔叔说出她的心愿。解放军被她感动，破例收下了她的月饼。我相信，这样的孩子不仅爱父母，爱同伴、爱老师，现在正是如此。将来，在良好的教育下，会爱社会、爱人民、爱祖国。因为，她有伟大的母爱奠定了结实的基础。

依　恋

按照鲍尔拜的观点，依恋是婴儿与特定对象(通常是母亲)之间的感情联结。它发生在婴儿和经常与他接触、关系最密切的成人之间，通常发生在母婴之间。这种依恋可能伴随他的一生。

依恋行为表现为伸手、倾身要人抱的姿势或声音信号、追随等，还表现为紧紧拥抱着某人，拒绝分开等。

依恋安全感是使婴儿确信，在他需要时，依恋对象可以提供他必需的保护，为婴儿提供足够的信赖。依恋安全感使儿童社会交往能力强，成为社会适应性良好的人，使儿童的认知、智慧和创造性得到最大的发展。

但不是每个母亲都能使他的孩子发展成为有依恋安全感的人。那么母亲如何做才能形成安全依恋呢？安斯沃思认为关键是母亲对婴儿发出的信号的敏感性及其敏锐的反应，正确地解释和理解这些信号，并作出及时、恰当的反应时，这意味着婴儿发出的信号产生了效果，从而使婴儿发展对母亲的信赖和预见。如宝宝哭，是饿的哭还是情感需求，需要你抱和希望你和他玩呢？即使新生儿也会用眼神、皱眉等和你交流。作为母亲要细心体验，敏锐地感知和恰到好处为他满足需求。有一位 2 个月宝宝,当我在检查桌上检查他时,他转辗不安,他妈妈说,这是要排尿了,果然把尿后安静了。令人惊奇果然有把尿习惯,甚至 2 个月的宝宝晚上要排尿时会挥动手臂使母亲醒来给他把尿。

依恋的类型

安斯沃思等学者描述了儿童和成人之间的依恋模式。

安全型。儿童在双亲离开时很少表现紧张烦乱,对双亲的归来表示欢迎,并经常邀请父母加入自己的活动。安全型依恋的建立以母婴之间和谐关系为基础的。母亲的敏感性表现在当婴儿需要时及时帮助和安慰他们,鼓励他们独自玩耍和活动,教给他们对陌生人表示友好,让婴儿对母亲离开有心理准备,并且从不欺骗他们。

焦虑型。儿童担心母亲离开,甚至会哭泣,双亲归来后紧紧地依靠,这类儿童需要父母的忧慰才能安心,需要时间来恢复父母离开对他的刺激。他们在陌生环境中哭的最多,玩耍最少;对陌生人难以接近,社会适应上表现消极。这类儿童的母亲对他们的感情不很一贯,有时对孩子很亲近、依恋;有时突然"不告而别"或欺骗孩子,不履行诺言;当孩子因此而十分痛苦和反抗时,又十分粗暴地对待。母亲的反复无常给他们对母亲无信赖感,不能预期在他们需要时母亲能到来。不敢离开母亲,也较少玩耍。这些孩子可能发展为多疑、紧张而脆弱的性格倾向。

回避型。儿童对母亲很少理会,多数时间自己玩,对母亲离开无所谓,当母亲回来时主动回避与母亲交流,抱他时会挣脱或目光不对视母亲。对待陌生人甚至比对母亲的回避还要少一些。这些儿童将来难以形成热情、开朗和乐观的性格,趋于内向,成为情感冷漠的人。这种情况是母亲对婴儿感情需求不敏感造成的,母亲缺乏温情、表情呆板,很少愉快。因为婴儿发出的感情信息常受到冷遇,为了避免缺乏温暖回报的痛苦而采取冷漠的预防措施。

依恋的类型的影响会持续到他们在幼儿园及学校早期的社会

关系，甚至影响人的一生。

依恋模式建立尽管母婴双方带来的先天影响，但依恋基本上是在社会交流中建立的，只要父母主动克服自身育儿的弱点，改变育儿方法，极端的和严重的不安全依恋情况是可以避免的。

气质和个性

个性。个性是一个人特有的行为和反应方式。人的个性包括：能力、习惯和喜好，是人生在生活中通过经验和学习逐渐形成的，是内在的先天气质和外在环境相互作用时产生的。使每个人有自己独特的个性。

气质。是婴儿刚出生，还没有人生经验时，对周围环境的典型的情绪和行为反应模式。气质有其遗传基础。气质是个性的遗传特征。

婴儿气质的研究。托马斯和切斯对 2~3 个月婴儿进行观察并要求父母每天描述婴儿行为，如婴儿对洗澡和更换尿布的反应等。研究者发现，婴儿从生后不久对周围环境的反应有不同的特征，而且这些不同一直持续到儿童时期。这些特征有 9 个方面，归结为 3 个特质：

1. 情绪行为是否容易变得激动或在受刺激和挫折时是否容易兴奋；2. 社交能力方面接近或避开人群倾向；3. 活动能力方面表现为他们在日常游戏中活力和速度。根据父母调查中获得父母与婴儿相处的经验，总结出 3 个类型：

1. 容易型——是容易相处的婴儿。睡眠和饮食很有规律，对新环境充满好奇心，适应变化快，一般情绪积极有节制。

2. 困难型——是难相处的婴儿。逃避陌生环境，对变化适应缓慢，不良情绪反应激烈，饮食、睡眠和排便行为无规律。

3. 迟缓型——表现冷漠的婴儿。行为不活跃，对新环境最初逃避，适应变化慢，他们不像困难型婴儿那样易怒，但其情绪通常比较容易型的婴儿消极。

气质与智力、活动能力或患病无关。

气质是先天遗传的，但可以通过环境和抚育方式加以调节。如果父母抚养得当，一个难相处、易怒的孩子长大以后也许变得文雅、理智和富有人格魅力。而抚养不当，一个容易相处的孩子，长大后也许变得忧虑、孤独和内向。

气质特征和抚养

气质无所谓好坏，不同气质特点有长处也有短处。如活动多的孩子坐不住，干扰他人，但有活力，有探索性，接受信息量多；表现固执的孩子有锲而不舍的长处；反应弱的孩子安静，但容易被忽视照顾。家长认识自己的婴儿气质特点一方面可以排除家长的担忧，如困难型婴儿睡眠、饮食和爱哭闹，不一定是身体有病。注意不够集中，多动，不一定是多动症，而可能是因气质特点决定。另一方面要认识到当儿童气质与周围环境相协调时，产生"调适良好"，处于这种状态的儿童会获得最佳发展；反之，当"调适不当"时，儿童易出现行为问题。如困难型儿童由于睡眠、饮食和排泄不规律，脾气暴躁。使父母感到疲倦、产生压力甚至想放弃。如果父母不耐心、惩罚会使这类孩子更加暴躁、抵触和易怒。因此对待困难型婴儿，当了解到他们的强烈哭闹并不是受到什么伤害，便可采取延迟处理、冷处理、分散注意力等方法。对于睡眠、饮食和排泄不规律时，先要接受这些特点，要持之以恒培养他们吃、睡和排泄习惯。虽然形成规律很慢，但最终是会养成的。对于易退缩、适应慢、情绪消极的迟缓型儿童，施加压力和催促会更加加重退缩和消极情绪，出现适应障碍，而应给予他们充分的时间按照自己的特点适应环境。此外，当婴儿气质和父母风格和愿望一致时，产生"调适良好"，相反，当一个家庭希望有一个安静、易相处的婴儿但实际上却是一个易怒、难相处的婴儿时，这会造成"调适不当"，甚至很糟糕，但父母一定

要认识到，气质是孩子先天特征，无可选择，要考虑如何使自己的感觉和行为更好适应婴儿，逐渐形成婴儿和抚养之间“调适良好”，以便更好适应新成员的气质，能在家中营造出一种融洽的气氛，并在抚养中逐渐去塑造婴儿良好的个性。

婴幼儿健全人格的培养

3 岁以前人格发展是儿童成长的重要组成部分。由于大脑额叶高级情绪中心在 6 个月到 2 岁时快速发育是健全人格塑造最佳时期。此时期的人格形成，其影响将持续终生。

按照我国著名婴儿心理学家孟昭兰的观点，婴儿时期人格的健康发展主要包括以下 4 个方面：

1. 乐观稳定的情绪；
2. 思维和活动的独立自主性；
3. 良好的社会适应能力；
4. 自尊心和自信心。

因为人格的形成主要是后天的环境因素决定的，因此，为了提高儿童全面素质，从婴幼儿期开始就应重视这方面的培养，为儿童健全人格的发展打好基础。

培养孩子乐观和稳定的情绪

婴儿最早是以情绪和人交流的。新生儿生下来用哭声呼唤成人的照顾。当宝宝吃饱了在睡梦中会显露出甜蜜的微笑，说明他很舒适。婴儿从 2~3 个月开始，他的情绪不仅受生理需要调节，也受心理需要的控制。2 个月开始，当成人逗引时会出现应答性微笑。这种微笑发展愈来愈频繁，3 个月时会“啊！呀！”发声。当成人离开时他的微笑停止，会发出某些声音或用眼寻找父母，希望父母和他面对面逗笑玩。如果成人不应答，孩子会哭泣，情绪低落。因此，为要发展愉快和稳定的情绪特征，父母尽可能多地和婴儿接触，与他玩

要，同他说话，给他唱歌，包括那些看起来不太费事，也不太哭闹的孩子。不可因为他们天性安静而让他一个人呆着，被忽略的孩子同样会出现“淡漠人生”。

在父母日夜照顾婴儿，满足他的吃睡和身体舒适的需要中，婴儿逐渐对照顾他的成人产生依恋感情。如果能培养安全依恋型的孩子，容易养成稳定的情绪，因为他对成人有一定的信赖感，不怕母亲离开，所以他是快乐和安静的。如果母亲对孩子的感情不是一贯的，有时对孩子亲近，有时突然“不告而别”或欺骗孩子，不履行诺言；当孩子因此而十分痛苦或反抗时，又十分粗暴地对待，或者对孩子的情感需要采取冷淡的态度，这会形成不安全依恋型。这些孩子会变得易生气、急躁、多疑、焦虑、担心、不肯探索周围事物、不愿接触生人，因此在认知和社会交流技能发展方面均受到局限，这些孩子平时很少有愉快的情绪，表情呆板，因为婴儿发出的感情信息受到冷遇，为了避免缺乏温暖的回报的痛苦而采取冷漠的预防措施。很多福利院的孤儿常常有这种表现。

所以，父母应注意在孩子不同年龄段的不同情绪要求，给予不同内容的感情照顾，帮助孩子适应成人社会中对他来说不可避免的环境要求，这将有助于逐渐培养孩子乐观而稳定的情绪。

培养孩子的自尊心和自信心

家长应培养孩子的自尊心和自信心。孩子如果做事畏首畏尾，犹豫不决，那么将发展成为人格不健全的人。长大以后，也许会成为一个懦弱的人。自信心决定人做事的成败，制约着人接受任务，面向外界的勇气和克服困难的精神。因此，在某种意义上，自尊和自信是人格全面发展的基础特征，从小培养有助于其优良品质的成长。

积极评价是激发孩子潜力的有效手段，是建立良好自尊和自信的源泉。自尊心和自信心从很小时候就开始萌芽，当孩子用各种方式来吸引大家注意和赞美时，要给以适当的应答。每个孩子都有长处和不足，不要只关心自己孩子比别的孩子领先还是落后。更不要用自己孩子的缺点与别的孩子的优点比较，要用发展的眼光看待自己的孩子。

及时表扬孩子的微小进步，不过分指责孩子的失败和错误。孩子最微小的进步也值得表扬，不要把它当作“理所当然”而忽略。多用精神奖励，物质奖励过多，会使孩子不关注自己的进步，而是只被“奖品”吸引。对于孩子的失败和错误，应了解和区分孩子犯错误或失败的动机和原因。面对这些问题，父母应予以谅解和宽容，给予帮助和支持。教给孩子一些正确的方法，鼓励他再来一次。此外，应建立合乎孩子能力的目标。不要把标准定得太高，超过孩子能达到的最大限度。如果不能达到标准，会使孩子产生失败感；也不要把标准定得太低，让孩子很容易完成，从而产生轻率和骄傲的心理。有的孩子感到压力很大，这种压力来源于父母期望过度，使孩子产生过度焦虑，极不愉快，丧失信心，是对孩子感情和人格上极大的伤害。

孩子从小就有人格，在和孩子相处时，应该给予孩子应有的尊重，就像尊重一个重要的朋友一样。不能因为孩子小，就对他粗暴、冷淡或漠不关心。为了树立孩子的自尊心，对他的体育技能或“艺术作品”如体操、唱歌、跳舞和图画等当场赞扬或赞赏。还可以搞一次郊游，做一次特殊的饭菜使孩子感受愉快的爱。儿童也和大人一样，当他们和那些尊重别人并且希望得到别人尊重的人打交道的时候，就会感到舒服和愉快。

培养婴幼儿的社会适应性

在社会任何地方，都有必须遵守的秩序和原则。在家庭和幼儿中也是一样。这种遵守社会团体规则的能力，就是社会适应力。为了适应社会还需要学会与他人合作，自我控制能力以及独立思考，学会谋生所需要的技能等。

8~10 个月的婴儿就要开始培养社会适应能力了。当孩子要吃点心或要人抱时，父母要让他知道什么时候才能得到满足，教会他在此之前只能等待。如果孩子哭闹，而父母不耐烦了，立即答应他的要求，孩子就会学会只要一哭就可以达到目的。如果父母不答应要求，他就一直哭闹到父母答应为止。这样，就不可能培养出他的良好的社会适应性。而且会养成任性的坏习惯。

教会孩子控制不正确的行为，诸如打人、抢别人的玩具或食物等，这是培养孩子社会适应能力最重要内容，孩子必须学会忍耐和等待。和小伙伴玩时，要互相帮助，如交换玩具或有礼貌地借用玩具，然后按时归还。在幼儿园学会和同伴分享食物和玩具。游戏是婴幼儿学习社会适应能力重要方法。每一种游戏都有一定的规则，而许多积极向上的游戏本身就含有社会行为规范的演示和训练，在游戏的顺利开展和进行中，孩子自然而然地接纳了各种行为规范的约束，并迁移到真实的社会生活中。在日常生活中培养孩子适应能力，通过让孩子观察和参与一些父母的日常家务劳动，从而养成良好的生活习惯。建立有序的生活规则，如先洗手后吃东西，先收拾玩具后出去玩等。这些小事都是培养孩子社会适应能力的重要起点。

独立自主性格的培养

性格的形成与完善是一个长期的过程，它贯穿于人的一生，但在2~3岁前，生活环境和教育方式会给性格涂上一层底色，这层最初的色彩甚至影响今后一生的性格色调。所以对小儿良好性格的培养是不容忽视的，特别是为了适应当今的社会发展及克服独生子女的弊病，从小培养小儿独立自主的性格是很重要的。

小儿1岁以后开始有了独立的能力，尝试着自己做些事情，从这时开始就要注意小儿独立能力的培养。在这方面，自我服务是一个良好的开端。这主要是指培养小儿具有一定的生活能力，如教小儿自己用勺吃饭，自己穿、脱衣服，自己学着洗手、洗脸等。虽然此时小儿干不好，家长要加以引导，先教他(她)做容易的事，并给予一些必要的帮助,使他体验到成功的欢乐,意识到自己的力量,从而更激励他(她)主动学习,独立探索。如果家长嫌小儿惹麻烦而一切代劳或过分溺爱、过多照顾,就会挫伤小儿独立性的萌芽,使他们养成一切依赖于别的习惯,这对小儿是害而不是爱。独立生活能力的培养也是促进智力发展的一个方面, 小儿自我服务的活动是发展手的动作、锻炼技能的过程,是培养劳动观念的过程,是培养独立自主性格的过程,这对小儿今后的学业和生活,对适应复杂的社会生活都是十分有益的。

在对待小儿摔跤的问题上也要注意,小儿摔倒后,家长不要大惊小怪,马上把孩子抱起来,在没有危险的情况下应鼓励小儿自己爬起来,即依靠自己的力量而不依赖别人。人生的哲理已经告诉我们,摔倒后再爬起来是吸取教训、重新学习的过程,是一个进步的过程,小儿学走路时更是如此。

随着经济的飞跃发展,社会竞争会越来越激烈,独立进取、善于克服困难、自我信赖及富有创造性是未来社会建设者更需要的性格特征。独生子女家长们更要注意从小培养小儿良好的性格,使他们成为未来社会出色的人才。

早期干预促进儿童健全人格形成

随着社会的发展和医学科学的进步, 威胁我国儿童健康的传染病和营养不良问题已基本得以控制。然而,由于生活节奏的加快和社会竞争的日趋激烈,家庭向独生子女化发展,父母的厚望、学习的压力、升学的竞争及复杂多变的社会环境给儿童带来了不同程度的紧张、刺激和心理压力。全国 4~16 岁儿童心理行为问题发生率高达 13.97%;社会适应问题的检出率为 23.46%。一则公开报道的数字更让人震惊:“近年来, 我国一些中小学生心理疾患的发生率呈直线上升的趋势,仅北京、上海学龄前独生子女心理变态的比率就超过 50%。中小学调查表明,35%的中学生具有心理异常表现,接近30%的小学生心理素质处于不及格水平,而优秀或良好者仅占8.2%。"其主要原因是早期心理和行为干预机制不良,健全人格培养意识不够。无论是家庭养育还是学校教育,重知识传授,轻能力培养;重学习成绩,轻道德品质;重升学率,轻心理健康的情况非常严重。许多人以为儿童的心理障碍与己无关,孰不知这种侥幸心理往往是灾难的根源。据世界卫生组织估计,全球大约有1/5儿童和青少年在成年之前会出现或多或少的情绪或行为问题,主要表现为学习困难、缺乏自信、与同龄人或成人交往困难、吸烟、酗酒、吸毒、过早的性行为、少女怀孕、离家出走、自杀及暴力犯罪等,其中得到适宜处理和治疗的人数还不足1/5。

正是家长、教育者、及普通医生心理卫生知识的缺乏;忽视了早期心理和行为干预,忽视了健全人格的培养酿成了一幕幕痛心而愚蠢的悲剧。

- 金华地区一孩子因承受不了过重的学习压力而杀死生母。
- 重庆11岁小学生何某,游戏中被几名小朋友活埋。
- 北京的王某因学习问题,被母亲毒打至肾衰竭。
- 广州某大学一位新生,因宿舍没有空调,竟然跳楼自杀了。
- 清华大学的"高才生",动物园硫酸烧熊事件。
- 北京"蓝极速网吧",几名中学生纵火烧死数十人惨案。
- 河南青年"黄某"虐待杀死多名儿童。
- 云南大学一名学生残酷杀死四名同学后外逃

……

事实证明,儿童心理卫生问题涉及到家庭、社会的多个环节。因此,纠正普遍存在于人们心中的错误认识,走出儿童心理健康的误区已迫在眉睫,这是关系到国家未来、家庭幸福、个人发展与成才的重大问题。

尽管世界卫生组织已明确规定健康不仅仅是没有疾病,而是躯体、心理和社会适应能力都处于完好状态。但是,由于传统养育观念过分关注躯体健康和文化知识的传授,忽视了能力和人格的培养。因此,重智力、关心躯体健康,忽视社会适应能力发展和健全人格发展的现象极为严重。然而,要达到心理健康和社会适应良好的基础正是人格的健全。

人格健全的人应具有良好的道德品质,有正确的人生观,生活有崇高的目标,能充分发挥智力水平和人体技能;胸襟开阔,不以自我为中心,乐于助人;善于适应环境,在适应环境的过程中发挥改造环境的积极性,使环境更有利于个体、集体和国家;不感情用事,情绪经常愉快,人际关系良好,善于客观、冷静地分析所遇到的事情和问题,具有解决问题或矛盾的毅力和能力。无疑,健全的人格不仅是个人、家庭健康生活所崇尚的目标;也是提高整个国家人口素质的关键。然而,当今独生子女教育,重躯体轻心理;重知识轻能力;重智力开发忽视人格培养的倾向极为严重。因此,培养健全的人格,不但是促进全面健康的基础,对于提高全民族人口的素质增强国力也具有重要的战略意义,特别是在实行独生子女政策的中国尤为重要。

当今许多家长对独生子女的养育往往有溺爱的偏向,全家注意力集中在独生子女身上,对他们百依百顺,使孩子成为"小皇帝"、"小公主",有求必应。这样被溺爱的儿童长大后人格往往有缺陷,表现为独立性差、依赖性强,自我中心、少考虑别人、人际关系不良;情绪不稳定、遇事优柔寡断、缺乏进取性,解决问题或矛盾的毅力和能力差、适应环境困难、常有不安全感、好归罪于人、好钻牛角尖等。若干年后,我国人口的组成,绝大部分将是独生子女,如果都是这样人格不够健全的人,其对我国未来建设和繁荣的影响可想而知。尤其令人担忧的是社会上重营养、重智力开发而忽视人格培养的趋向影响着父母、教师和一些儿童保健工作者。所以,推广以早期干预为基础、以培养健全人格为目标的养育模式已势在必行。

众所周知,人格的发展始于生命早期,"3 岁看大,7 岁看老",婴幼儿期的生长发育、生活习惯、气质特点对成人心理人格都有巨大的影响。健全的人格在儿童期已打下了基础。随着年龄增长,人格逐渐形成和完善,但可塑性也愈来愈小。事实证明,许多青少年精神障碍，特别是一些伤人或杀人事件都与早期心理健康干预不良有关。正如躯体和语言发育一样，心理和人格的发展也存在敏感期和关键期。注意关键期的心理和行为干预可以起到事半功倍的效果，否则将一事无成。如儿童语言的发展，在人生的早期3岁以前，并不需要特殊训练，只要有语言的环境，就能发展得很好；但是，“狼孩”十几岁被发现并开始由最好的语言学家和心理学家进行语言和行为训练，结果令人震惊的是几乎不能形成正常的语言、适当的行为。人类的行为规范和规矩的形成也有自己的敏感期，如早期不养成健全的人格倾向，长大后人格就会畸形发展。我们很清楚，孩子从小缺钙长大后会形成躯体畸形，如鸡胸、O形腿或X形腿；一旦畸形形成即使通过手术，把骨头重新整形都难于改变；心理和人格上的畸形同样一旦形成矫正也十分困难，因此，人格培养要从小抓起，从胎儿做起。根据蒙特梭利对婴幼儿敏感期的观察与研究：

- 语言敏感期(0~6岁)；
- 秩序敏感期(2~4岁)；
- 感官敏感期(0~6岁)；
- 对细微事物感兴趣的敏感期(1.5~4岁)；
- 动作敏感期(0~6岁)；
- 社会规范敏感期(2.5~6岁)；
- 书写敏感期(3.5~4.5岁)；
- 阅读敏感期(4.5~5.5岁)；
- 文化敏感期(6~9岁)。

陈学诗、郑毅等(2002)在全国10个城市进行的历时8年的全国“培养独生子女健全人格”的长期研究。发现目前独生子女教育中，重营养、重知识，忽视能力和人格培养的现象非常严重。研究者在长期临床实践的基础上，提出儿童人格发展的可预测性和变化发展性并存的理论，首次提出“幼儿人格发展趋向可以测评”的概念。并开发了“幼儿人格发展趋向评定量表”。将年龄跨度，在幼儿定为1年(2.5~3.5岁)；学前儿童3年(3.5~6岁)；学龄儿童6年(6~

12 岁）;（后两个量表正在研制中），而不是采用目前国际上人格的评定年龄跨度过大，如 Robert 等编制的儿童人格调查表(Personality Inventory for Children，PIC，MMY–9，第 949 条），适用范围为 3~16 岁。特别是在大量盲目引进国外心理和人格评定量表的今天，本量表在理论和实践上都有明显的创新和发展。更适合我国国情和儿童人格发展，有利于推动儿童心理健康和儿童健全人格的培养。由于人格发展的特殊性，早期发现问题，早期干预，效果明显；一旦异常人格形成，矫治极为困难。该量表符合儿童人格发展特点，可以早期发现异常人格倾向，有利于早期预防和科学矫治异常人格发展趋向，培养儿童健全的人格，对提高我国人口素质有积极的推动作用（详见附件，幼儿人格发展趋向评定量表）。

目前大量研究显示：婴幼儿，特别是独生子女心理卫生存在的一些问题与儿童本身无关，目前我国儿童存在的心理和行为问题并非与生俱来，而是后天养成的。儿童的弱点几乎都可以在教育上找到原因，包括家庭教育和学校教育。因此，我们应该正视教育中的弱点，加以克服以使我国儿童，特别是独生子女能在一个较好的教育环境中健康成长。家长、老师和医务工作者应走出养育和教育孩子的误区，理解儿童心理卫生的重要意义，掌握正确的早期干预和养育方法。科学育儿，使儿童都能心身健康，全面发展。

附件：

幼儿人格发展趋向评定量表

(Personality Tendency Scale for Children, PTSC)

郑毅 陈学诗 执笔，全国培养独生子女健全人格研究组研制

指导语：健全人格是心理健康的基础，而人格的发展始于生命早期，“3 岁看大，7 岁看老”，婴幼儿期的生长发育、生活习惯、气质特点对成人心理和人格都有巨大的影响。本量表正是针对幼儿人格发展特点编制，有利于了解幼儿的人格发展状况，预测其将来发展趋势，对促进儿童心理健康，全面发展具有十分重要的意义。

量表适于 2.5~3.5 岁幼儿。由父母或其他监护人根据孩子近期的表现认真填写，将符合项的数字圈上，每题只能选出一个最符合的答案。

	从不	极少	有时	经常	总是
(1)大小便时主动去厕所或蹲便盆	1	2	3	4	5
(2)吃饭时能自己用筷子或勺子进餐(有泼洒现象也可以)	1	2	3	4	5
(3)到睡觉时间能自己上床睡觉，不需要家长哄或陪着睡	1	2	3	4	5
(4)在家或外出时，都能做到不随地乱扔果皮、纸屑	1	2	3	4	5
(5)睡醒后可以自己起床，穿一些简单的衣裤、鞋袜	1	2	3	4	5
(6)来客人时对客人有礼貌	1	2	3	4	5
(7)饭前便后会主动洗手	1	2	3	4	5
(8)有什么要求能主动用语言或动作表示	1	2	3	4	5
(9)玩有竞争性的游戏时能按要求去做，输了也不乱来	1	2	3	4	5
(10)在家能帮助家长做一些力所能及的家务	1	2	3	4	5
(11)发现家长不高兴时或家长患病时会主动表示关心	1	2	3	4	5
(12)大人明确表示不许做的事情即使想做也可以不去做	1	2	3	4	5
(13)看图画故事、听幼儿童话后能复述给他人听	1	2	3	4	5
(14)有什么要求被家长拒绝后用哭闹、倒地、不吃饭等行为来要挟家长	5	4	3	2	1
(15)去做客时能同他人打招呼	1	2	3	4	5
(16)未经允许就去拿他人的食品或玩具	5	4	3	2	1
(17)有人送食品玩具时能先征求家长同意并表示感谢	1	2	3	4	5
(18)遇到不会做的事情能想方设法学着去做	1	2	3	4	5

(19)在人多的地方能表演唱儿歌,讲故事	1	2	3	4	5
(20)主动同小朋友一起到室外去玩或在家里做游戏	1	2	3	4	5
(21)做一些感兴趣的游戏时,能一个人玩 15 分钟以上	1	2	3	4	5
(22)同家长外出时,能不乱跑	1	2	3	4	5
(23)到不太远的地方去能自己走	1	2	3	4	5
(24)损坏或丢失了别人的东西,在提醒下能承认或道歉	1	2	3	4	5
(25)停止游戏时能把玩过的物品收拾到指定的地方	1	2	3	4	5
(26)到比较陌生的地方时会向四下张望,表示好奇	1	2	3	4	5
(27)新的小朋友介绍给他(她)后会主动同他(她)说话、玩耍或领着到自己的小朋友中去玩	1	2	3	4	5
(28)喜欢同别的小朋友一起玩,说话	1	2	3	4	5
(29)对不明白的事情主动问"为什么"、"怎么样"	1	2	3	4	5
(30)见了生人或到陌生的场所去,一般不退缩,玩一会就适应了	1	2	3	4	5
(31)玩新的玩具时,能自己尝试着怎样玩,不必等到别人告诉怎样玩后才动手去玩	1	2	3	4	5
(32)正在做有趣的事情时,让他停下来,不会过分闹脾气	1	2	3	4	5
(33)孩子提出什么要求后,可以等待一段时间,也不要求全部满足	1	2	3	4	5
(34)受了什么委屈后做一些过分的行为,如打人、破坏东西或没完没了地哭闹	5	4	3	2	1
(35)别的小朋友摔倒了或哭泣时会用自己的方式表示关心、安慰	1	2	3	4	5
(36)做什么事情都肯动脑筋尽量去做好	1	2	3	4	5
(37)喜欢询问一些不知道的地点、事情、人物	1	2	3	4	5
(38)听了故事后喜欢询问下一步的情节	1	2	3	4	5
(39)会自己脱鞋和袜子及容易穿脱的衣物	1	2	3	4	5
(40)想睡觉时,一般能很快入睡	1	2	3	4	5
(41)玩同样的玩具能尝试着用新的方法去玩	1	2	3	4	5
(42)小朋友做游戏时,能主动参加而不是看着或回避	1	2	3	4	5
(43)情绪反应同发生的事情相适应	1	2	3	4	5
(44)能根据他人的表情、动作来判断他人的态度,调整自己的言行	1	2	3	4	5
(45)被人拒绝或批评时,一般能承受,不过分伤心、哭闹	1	2	3	4	5

结果分析

1. 粗测法:累加每题得分,得分越多,表示人格发展趋势越好,得分中等说明人格发展趋势特点不突出,需加强陪养,得分偏低需专业人员进一步诊断和处理。

高分说明:

①探索主动性强:求知欲和好奇心强,并能主动尝试新的活动,探索未知的外部世界;

②合群和适应性好:对人友好,喜欢与他人在一起,并主动进行交往;情绪经常保持愉快,且与环境相协调,并善于以恰当的方式表达情绪;

③情绪稳定性和自我控制能力较强:能忍耐一定的痛苦,克服困难,完成预定的事情,自我控制的意识能力强;低分表示情绪不稳定,常表现出消极情绪,情绪表达不恰当;

④独立性强:幼儿生活能相对自理,不过分依赖他人和环境,有与独立意识相对应的行为。

低分则相反,表示对外界兴趣低,喜欢熟悉的环境和事物,不敢进行新的尝试;对人冷漠,喜独处,与人交往被动;同时忍耐力差,自我控制能力差,做事缺乏坚持性;幼儿生活自理能力差,需依赖他人的照顾,缺乏独立意识或没有养成与年龄相符的独立能力。

2. 专业测评:本研究成果已编制成电脑测试软件,可根据不同的因子分,按儿童的几个与人格发展有关维度进一步详细分析,并结合专业知识给以解释和指导。

注释,此项研究是北京儿童少年心理卫生中心,在国家培养独生子女健全人格重点课题的基础上,组织全国多家重点单位完成的系列研究成果之一。此后,还会有适于不同年龄阶段的有关儿童心理健康和人格发展的测试和指导手册问世。

北京儿童少年心理卫生中心　郑　毅

第八篇
婴幼儿喂养

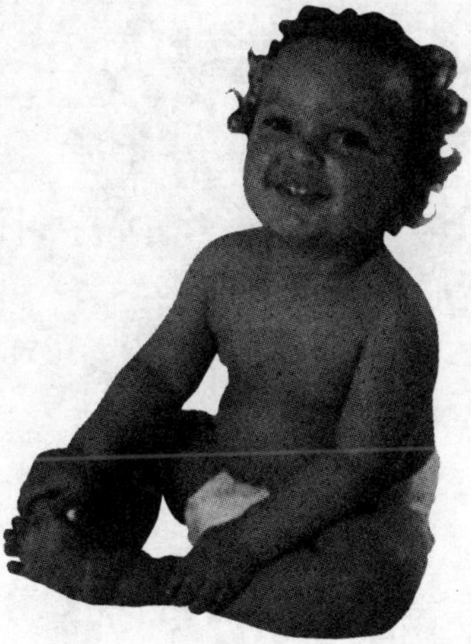

母乳喂养

母乳是婴儿早期最理想的天然营养品。

母乳喂养的优点

1. 母乳喂养最适合婴儿需要。母乳所含的营养素质量最适合婴儿需求、消化、吸收和利用。①母乳中蛋白质的性质优于牛奶，易被婴儿吸收和利用。②脂肪中成分好，易吸收，含有小儿脑发育的重要成分–亚油酸、卵磷脂和鞘磷脂等。③含乳糖可促进乳酸杆菌生长，能预防肠道疾病。④钙磷比例(2:1)适宜，优于牛奶，利于吸收。⑤含微量元素锌、铜、碘较多。人乳铁吸收高于牛奶5倍。故不易发生贫血。⑥母乳维生素A、C和E含量高于牛奶。如果母乳膳食营养丰富均衡，除维生素D和K外，一般多能满足婴儿所需。因此，母乳喂养的新生儿出生后应注射维生素K预防新生儿出血症。

2.母乳喂养不易引起过敏，母乳中蛋白质属人体蛋白质，而牛、羊乳的蛋白质为异体蛋白质，可引起婴儿湿疹等过敏症状。

3. 母乳较牛奶蛋白质含量低，矿物盐总量也低，对肾脏负担较牛奶小。

4. 母乳增强婴儿抗病能力。母乳含大量具有活性的免疫因子，这是其他食物所不具备的。母乳中有多种免疫球蛋白，活的免疫细胞和活性溶菌酶，可保护婴儿肠道和呼吸道黏膜，减少呼吸道和肠道感染。

5. 母乳直接喂哺，不需要消毒，既方便又经济，母乳几乎无菌，温度适宜，随婴儿需要自然调节，哺母乳不易过量，较少产生婴儿肥胖症。

6. 母乳喂养还能促进母婴感情，更易产生母婴依恋情绪，有利婴儿智力发展。

7. 对哺乳母亲的好处，有利母亲产后康复，婴儿吸吮乳房可促进母亲分泌催产素，加强子宫收缩，防止子宫出血。减少乳母乳腺癌症或卵巢癌等发生。

促进母乳分泌方法

吸吮刺激乳汁分泌。母、婴双方具有神经-生理反射功能，婴儿不定时、频繁地吸吮乳头是刺激乳汁分泌的动力，吸吮次数、强度、持续时间与乳量分泌多少密切相关。因此，乳汁是越吸越多，且是边吸边分泌的。哺乳开始 2~3 分钟乳汁分泌较快，吸吮 7~8 分钟后乳汁减少。

出生后越早开始哺乳越好，最好在生后剪断脐带在产床上就开始吸吮母乳，生后 30 分钟左右开始吸吮母乳有利乳汁早分泌。生后头几天最好按需哺乳，每 1~3 小时 1 次，间隔最好不要超过 3 小时，以后每天喂 8~12 次。

喂奶的正确姿势。母亲体位舒适，心情愉快，全身肌肉放松。母婴必须紧密相贴，使婴儿体位和母亲相贴，头和双肩朝向乳房，婴儿的嘴和乳头处于同一水平位置。母亲将拇指和四指分别放在乳房上、下方，托起整个乳房，避免“剪刀式”夹住乳房(除非奶流过急，婴儿有呛溢时)。每次喂奶前先将乳头触及婴儿的嘴唇，刺激婴儿口张大，使其能大口地把乳头和乳晕吸人口内，在婴儿吸吮时挤压乳晕下的乳窦，使乳汁排出，又能有效地刺激乳头上的感觉神经末梢，促进泌乳和排乳反射。吸吮持续时间取决于婴儿的需要，让婴儿吸空一侧乳房后再吸另一侧，下次哺乳时先后次序交替，使两侧乳房均有排空的机会，并挤空剩余的乳汁，这样可促进分泌更多的乳汁。喂母乳期间不能让婴儿吸吮橡皮奶头，必要时用匙喂，以免婴儿产生乳头错觉，拒吸母乳，造成母乳喂养困难。

乳母合理膳食。乳母膳食营养除满足自身需要外，还应满足泌乳的营养素消耗的需要。轻体力劳动妇女哺乳期每天进食粮食

450~500 克,蛋类 50~100 克,肉类 100~150 克,豆制品 100 克,牛奶 250 克,蔬菜 400 克(绿叶菜应占 50%)。烹调方法应多用烧、煮、炖,少用油炸,进餐时多喝汤。每日三餐外,可适当加餐 2~3 次,餐间多饮水,这样可促进乳汁分泌。

乳母精神因素影响乳汁的质量。乳母惊恐、愤怒、悲伤、忧虑、焦急和疲劳等精神因素都能使乳汁分泌大受影响, 甚至可引起婴儿消化紊乱。乳母心情愉快、生活平和、轻松自如,有充足休息和适量的运动,有利乳汁分泌,充足成功地喂哺自己的婴儿。

母乳量是否充足的估计方法

乳母常担心自己的乳汁量不足不能喂饱婴儿, 会影响宝宝的生长发育。可以采用以下方法估计乳汁是否足够:

1. 母亲可从自身乳房变化和婴儿吃奶前后的表现判断奶量是否充足。喂奶前乳房有胀满感,局部表皮静脉清晰可见,喂奶时有下奶感觉,喂奶后乳房变软。婴儿吸吮时,能听到连续吞咽声,有时随着吸吮,奶水会从婴儿口角溢出。说明奶是充足的。婴儿开始吸奶时,常常急速有力地吸吮,3~5 分钟后会吸到大部分乳汁,继而吸吮力变小。吃饱后婴儿会自动松开乳头。新生儿期睡 2~3 小时,随月龄增大,夜间睡眠时间达 5~6 小时,则提示婴儿每次都能吃饱。啼哭不一定是婴儿饥饿的信号,很多原因如太冷、太热、不舒服和要妈妈抱等都可用“哭”来表示。妈妈从哭声可学会区别不同的要求。

2. 观察婴儿尿量多少,如每天 8~10 次以上,每次尿量不少,则表示婴儿每天摄入的乳量不少。

3. 根据体重增长。婴儿出生 10 天后,每天体重增长 18~30 克。1 周约 125 克。6 个月内婴儿每月增长 600 克以上,说明母乳充足,能满足婴儿生长需要。

断母乳喂养

断母乳并非断一切乳制品。断母乳时间最好在 8~12 个月，在乳品缺乏地区可每日晚喂 1 次母乳，直到 1.5~2 岁。

母乳虽为婴儿最理想食物，但随婴儿长大，其量和质都不能满足婴儿需要，一般到 4 个月需要添加辅食加以补充。此外，婴儿渐渐长大，其消化功能也逐渐成熟，乳牙开始萌出，有条件接受半固体和固体食物。因此，尽管母乳量足够，从 4 个月起就应按时添加辅食为断母乳做准备。同时仍应继续喂母乳，以免影响能量和营养素的充分摄取。这个过渡时期要持续数月。随着辅食增加，可逐渐减少母乳喂哺的时间和次数。牛奶或奶粉等可替代 1~2 次母乳。使婴儿慢慢习惯于.进食母乳以外的食物，直到完全不吃母乳。断母乳最好在身体健康时进行，避免在夏天或患病时断母乳。断母乳应该是一个有计划的自然适应过程，尽量不要骤然断母乳，以免使婴儿不能适应而引起营养不良。乳母月经来潮仍可喂哺，再次怀孕或流产不适宜继续哺乳。

人工喂养

乳类品种

1. 牛奶

牛奶中蛋白质以酪蛋白为主，在胃内形成凝块大不易消化，因此常加水稀释，新生儿时 3 份牛奶加 1 份水稀释，满月后可喂全牛奶。婴儿吃牛奶时，应加 5%~8%糖，以补充牛奶中乳糖不足。

2. 乳制品

.①全脂奶粉。是鲜牛奶经加热浓缩干燥制成，按重量 1:8(30 克奶粉加水 240 克)或按体积 1:4(1 勺奶粉加 4 勺水)加开水冲调成乳汁，其成分和牛奶同，因经热处理，乳凝块较细，比鲜牛奶容易消化。

②酸奶。牛奶加乳酸杆菌或稀盐酸、乳酸和柠檬酸制成，其乳凝块细，易消化吸收，但不适宜年幼婴儿日常饮用。

③婴儿配方奶粉。全脂奶粉经改变成分，使之接近人乳成分，并强化营养素配制而成。有些配方奶添加了有利于婴儿生长发育的牛磺酸、核苷酸、二十二碳六烯酸(DHA)等。根据不同年龄儿童需要配制成不同配方奶粉，如有的为早产儿、低出生体重儿、6 个月前小婴儿和 7 个月后大婴儿等。加水调制方法同全脂奶粉。

奶量计算法

婴儿每天牛奶需要量的个体差异较大，且每天每顿也不完全相同。应根据情况增加或减少。需要的奶量可按婴儿月龄和体重计算，每公斤体重需要能量 100~120 千卡，需水 150 毫升，8%糖。每 100 毫升奶供能量 100 千卡，需水量除奶外另给白开水、果汁等。在两次喂奶中间喂给。以一个 4 个月体重 6 公斤的婴儿为例，每日需要的能量：6 公斤×120 千卡=720 千卡，即该婴儿每日需要含 8%糖的奶 720 毫升。如分 5 次喂，每次要喂 144 毫升(720 毫升÷5=144 毫升)。按 1 公斤体重需水量 150 毫升计算，6 公斤× 150 毫升=900 毫升，所以吃牛奶外，尚需补充水量为 180 毫升(900 毫升–720 毫升=180 毫升)。以上计算得出的数字，因个体差异，每个婴儿的实际需要奶量，距此数会有一些上下波动，应以婴儿吃饱为度。但婴儿每日奶量不宜超过 900~1000 毫升。满 4 个月后婴儿可添加辅食。随辅食添加，奶量可相应减少。

人工喂养方法

1. 哺乳次数、间隔和每次哺乳量。每个婴儿吃多少个体差异较大，但体重增长正常，就不用焦急。一般新生儿一昼夜哺乳 7~8 次，日夜哺乳间隔相差不多，约 3 小时左右一次，后半夜稍长。每次哺乳约 70~80 毫升；2 周后每日约 6~7 次，每次 100~120 毫升；2~3 个月每日 6 次，每次 120~150 毫升，间隔延长到 3.5~4 小时，后半夜可睡 5~6 小时；4~5 个月，每日哺乳 5~6 次，每次 150~200 毫升，后半夜可持续睡 6~7 小时，不需要哺乳；5~6 个月起，每日哺喂 4~5 次，每次哺乳 200~250 毫升；此时，添加辅食，奶量不宜再增加；7~8 个月后，每日哺乳减至 3~4 次，并可用杯喝奶，逐渐不用奶瓶。1 岁左右，每日 3 餐，哺乳 2~3 次。

2. 哺乳用具准备和消毒。奶瓶以大口直立式玻璃制品最合适，便于清刷消毒。1~2 个月小婴儿可用小奶瓶(100~120 毫升)，以后，都用大奶瓶(200~ 240 毫升)，备 7~8 个便于每日集中消毒，每次用一个，不清洗消毒不能重复用。奶头也需要 7~8 个。如未开孔，可用烧红针头在橡皮乳头顶端刺 2~3 个孔。孔径大小以倒置奶瓶时，奶瓶内液体连续滴出为宜。奶头孔径太小吸吮费力，太大易引起呛奶。新生儿哺乳用奶头要较柔软而孔径小，新奶头可先煮沸几次使之变软。奶具要洗刷干净，放在大锅内煮沸消毒，奶头等水烧开后再放入。奶瓶、奶头、盆、杯和匙等用具都应置于水面下煮沸 5 分钟。另备竹筷一双也需消毒，用来钳夹已经消毒的奶瓶和奶头，放在有盖杯内，奶瓶倒置于锅内随时备用。总之，人工喂养必须树立消毒观念，防止食具污染。

3. 哺乳方法。喂奶前，先洗手，将牛奶倒入消毒过的奶瓶，装上奶头，用温水温热。将奶瓶倒置使乳汁滴于喂奶者手臂内侧皮肤上测试奶温是否合适。一般以不烫手为合适。将婴儿抱起放在双膝上取半座位，头斜枕于哺乳者左臂上，右手拿奶瓶哺乳，喂奶时奶瓶要始终保持倾斜，使奶头中一直充满乳汁，以免吸奶时吸入奶瓶中空气，引起哺乳后溢乳。每次哺乳时间约 20 分钟为宜，不应超过 30 分钟。喂完后，竖抱婴儿，拍背，让他打嗝排气。

婴儿辅助食品添加(辅食添加)

婴儿期是生长发育高峰期,第一年平均长25厘米。身高的生长速度为儿童期的4~5倍。婴儿食物由母乳或奶粉逐渐过渡到接近成人的饮食,既是一个艰难又是必经的过程。婴儿到4个月如果不能合理的添加辅食,就会影响生长发育。婴儿第一年如果少长了数厘米,以后可能身材矮小,永远达不到最好的身高潜能。此外,营养还关系到智力发育,如缺铁性贫血影响智力发育已经得到证实。因此,当婴儿满4个月时,及时添加辅食尤为重要,这就要求婴儿的父母认识辅食添加的重要性和掌握其方法。

添加辅食目的

1. 补充母乳和牛乳质量的不足。母乳虽为婴儿最合适优良的食物,但仍有不足之处,如和牛乳一样都缺乏维生素D,铁含量也少,维生素A、B、C的母乳中水平也随乳母膳食中的含量而变,容易发生缺乏等。乳汁是流食,随月龄增大,婴儿需要的能量和各类营养素也越来越多,一般乳母每天最多泌乳800~1000ml,不能满足较大婴儿的需要,必须要从5~6个月起添加米、面等半固体和固体食物以补充母乳供应能量的不足。新生儿2~3周起就要加添维生素D制剂和进行户外活动。当2~4个月时胎儿后期储存于肝脏的铁质用完后,就应考虑逐渐添加动物血、蛋黄、鱼泥、豆浆等富铁辅食。

2. 从哺喂流质饮食过渡到固体食物,逐渐使婴儿适应一般混合膳食。婴儿生长发育迅速,消化系统也逐渐成熟,胃容量随之增加,6个月起乳牙开始萌出,口腔有了咬切、咀嚼、吞咽非液体食物的能力,神经肌肉协调不断发育;婴儿对不同颜色、形状、滋味的食物产生兴趣;肠道消化吸收能力很快增强;肾脏排泄能力提高,父母亲喂食时也是亲子相互沟通交流的重要时光，对婴儿智力、情绪等心理发展起很大促进作用。这些条件为婴儿饮食转变打下了基础。自出生到 1 岁婴儿时期不但需要增加食物的量，食物的性质也要改变，从简单的流质向半流质、半固体、固体食物过渡，从单一的乳汁向各种食物混合的年长儿膳食转换。尝试进食固体食物的时间早晚要根据婴儿消化能力、食欲好坏而定，每个婴儿个体差异也很大，不宜机械地硬性规定。在饮食转变的过程中婴儿要适应以下四方面的转换：1)食物性质改变：流质十半固体十固体食物；2)摄食方式改变，从吸吮乳头的动作到口唇、口腔、舌头、牙齿等协同进行咬切、拌动、咀嚼、向后运递及吞咽固体食物；3)餐具的变换：从应用奶瓶奶头喂哺转到用小匙、杯、碗、碟等进食，也可用小手抓取进行自喂；因而对年幼的婴儿来说，添加辅食是一件对身心两方面都是压力负担很大的事。喂食者也会经常遇到困难，故需要喂食的人具有爱心、细心和耐心，不断尝试、观察、了解孩子的需要，予以应答和满足，顺其自然，加以鼓励引导。重视从小培养孩子专心、开心、主动进食的好习惯。

3. 为断母乳做准备。通过添加辅食，在整个断乳期使婴儿能逐渐适应哺食方式的转变，如学会咀嚼吞咽固体食物，喜爱尝试不同类别的新食物，培养积极主动的进食情绪和行为，学会自己参与进食，掌握进食本领等，使断母乳十分顺利，成功地从婴儿膳食过渡到儿童膳食，使婴儿不致因突然的饮食变化而引起消化功能紊乱、代谢失调、食欲下降，以致发生营养不良等情况。

添加辅食的原则

最重要的原则是让婴儿按其消化功能及营养需要逐渐适应，不能操之过急。

1. 从一种到多种。先试喂一种新食物，观察婴儿食后反应，让他适应后再试另一种，必须一种一种试。一种新食物一般需经 7~10 天才能适应。由于每个婴儿对食物的好恶和适应快慢不一样，必须按具体情况,持平和心情耐心坚持尝试,不轻易放弃。每次试喂新食物后密切注意消化情况,如有呕吐、腹泻等,应暂停喂,过些时候再从很小量开始尝试。

2. 从少量到适量。添加新食物,应从少量开始,逐渐增量。如添加蛋黄从 1/4 个开始,3~5 天渐增到 1/3~1/2 个, 再 1~2 周增至 1 个,使婴儿逐渐适应。

3. 从稀到稠。同样一种食物,应先从较稀薄的形式喂起,逐渐加稠,如大米食品,从米汤到稀粥,到稠粥,再至软饭。根据婴儿的发育情况逐渐使之适应。

4. 从细到粗。当婴儿咀嚼吞咽能力较好时,试喂固体食物,应以细软的半固体食物开始, 随着婴儿乳牙萌出, 咬嚼吞咽能力增强,食物逐渐增粗。如喂蔬菜等食物,可先从菜汤喂起,到细菜泥、粗菜泥到煮烂的碎菜、菜丝、菜块,到较大孩子和成人吃同样的菜。婴幼儿即使已有几颗乳牙,咬嚼能力仍差,故而含粗纤维多的食物和咬不碎的食物开始时必须切碎、煮烂才能喂。

5. 尝试新的食物最好在婴儿健康不生病时, 因患病时胃口较差,适应新的食物能力也弱。天气炎热时婴儿消化功能减弱,不宜给婴儿变换食物品种过多,以免不能适应。

6. 婴儿对食物的适应和爱好有很大个体差别,添加辅食时无论食物品种、味道、进食量多少和进食速度快慢和进餐的时间都应按照孩子具体情况灵活掌握,让婴幼儿能自己参与,自由选择以增进其对进食的兴趣和主动性,不宜被动喂食或强迫孩子。

辅食添加方法、顺序和制备

除主食(母乳及牛乳等乳制品)外辅食大致可分四类:①补充淀粉类食品:如米、面等粮食,主要补充能量。年长后渐变为主食;②补充蛋白质:动物蛋白质如鱼、肉、乳、肝、血等及大豆制品供优质蛋白质;③补充维生素及矿物质:蔬菜及水果;④补充能量:油和糖,油以植物油为好。

1. 维生素AD制剂。无论是母乳喂养或人工喂养的婴儿，自出生后2~3周起每日需服维生素D 10μg(400单位)的预防剂量，可连续服用2~3年。如婴儿喂配方奶，此类奶粉多已强化维生素A、D，可酌量减少它们的剂量。对早产儿、双胎、冬春分娩的婴儿，和北方阳光照射极差的地区更为必要。应注意婴儿每日摄人的维生素D总量，包括来自各种维生素D强化食品，避免用量过大而中毒。用瓶装滴剂开封后经常与空气接触，活性下降较迅速，目前大多采用以软胶囊密封的维生素AD制剂，临喂前开封，活性维持较久。阳光充足季节应多晒太阳，使婴儿皮肤内的7-脱氢胆固醇得到紫外线照射，自制维生素D，避免发生佝偻病。

2. 果汁与菜水。维生素C不能在体内大量存储，若不持续供给，易出现缺乏。牛奶及其制品除配方奶已强化外，含维生素C极少。母乳含量虽较高，随乳母摄入量而定，也易不足。故婴儿自满月起需添加果汁和菜水。挤出新鲜柑橘汁、西红柿汁、山楂汁等和绿黄色蔬菜水富维生素C及矿物质，可以喂哺。每日1~2次，每次从10毫升 (约1汤匙)开始，渐渐增至30~60m1，6~7个月后可增加到120~150ml。开始喂食时可用温开水稍稀释，待习惯后可喂原汁。果汁制法：新鲜水果洗净去皮核，或无皮水果清洗消毒后，用挤汁器或粉碎打浆器将果肉打碎挤汁去渣，将汁置奶瓶中喂或用小匙喂、用杯喝。制菜水方法：取洗净嫩菜叶，摘断盛满一饭碗，放入小锅沸水中，加盖滚至5分钟，用匙略挤压菜叶出汁混入汤水中，去渣即成菜水，可喂婴儿。

3. 谷类或淀粉食品。3个月后唾液腺渐发育完全，唾液量显著增加，富有淀粉酶，因而满4个月起即可食米糊或面糊等食物，即使乳量充足，仍应添加淀粉食品以补充能量，并培养婴儿用匙进食半固体食物。初食时，将营养米粉调成糊状，开始较稀，逐渐加稠，每次初喂一茶匙 (约5m1)或一汤匙(10m1)，渐增至3~4汤匙，每日2次，约食米粉20~25g。自5~6个月起，乳牙渐萌出，可改食烂粥或烂面。一般先喂大米制品，因其比小麦制品(面粉)较少引起婴儿过敏。待1岁左右，可食用稠粥烂饭。

6~7 个月起,可让婴儿试食馒头干片、烤面包片或松脆的饼干,可以促进乳牙萌出,并可训练婴儿用手抓取自喂,学习咀嚼吞咽固体食品。米、面不宜去麸皮过多、打磨太细,损失维生素 B 族,影响营养价值。稍大婴儿米面制品中还可不时加入小米粉或大豆粉等,增加维生素、矿物质及蛋白质含量。

6 个月以前小婴儿以乳汁为主食,可在哺乳后添喂少米糊,以不影响母乳量为标准,而 6 个月后谷类辅食可代替 1~ 2 次乳类。此时婴儿食物已渐多样化,如蛋、奶、鱼、肝、菜等食物可以加入粥、面中喂食,保证足够的能量、蛋白质、维生素和矿物质。

4. 动植物富含蛋白质及铁锌等食物。足月新生儿的肝脏贮有多量铁,至 5~6 个月时渐次告竭,需自满 4 个月起授以富含铁质的食品。动物血、蛋黄及鱼类可提供铁锌等微量元素。动物血含铁质较多且为血红素铁,易消化吸收。可将鸡鸭血或猪牛羊血蒸熟切末加入粥、面内喂,或单独切成丝、末煮成羹与米粉、粥、面同食。禽蛋黄含铁及维生素 A、D、B 族及 E,还有卵磷脂,都是婴儿十分需要的营养素,虽因蛋黄含磷较多可妨碍铁吸收,仍可作为铁的来源。初食时煮熟整个蛋,取出蛋黄研成细末取 1/4 个喂起,先单独喂食,如无不良反应,可混入粥、面中同喂,逐渐增至 1 个。鱼肉虽含铁不多,吸收率高,可同时供应优质蛋白质和矿物质、铁、锌等,故不失为小婴儿良好的辅助食物,且鱼肉细嫩易为婴儿食用,有利于消化,可较早选用。

婴儿 7~8 个月时可渐渐喂食全蛋 (蒸蛋羹),鱼肉、鸡鸭肉,肝泥 (鸡鸭肝较猪肝细嫩易消化)、豆腐、豇豆或绿豆泥等食物,母乳喂养儿也应尝试奶粉或牛乳以补充蛋白质的不足。有的婴儿可对鸡蛋清或别的动物蛋白质发生过敏,虽属少见也应预防,故一般蛋黄较蛋白先尝试。待食至 1 个蛋黄后可加少量蛋清试喂,渐加至适量。肝类所含营养素十分丰富,尤以铁及维生素 A、B 族含量超过一般动物蛋白。禽肝或猪肝洗净煮熟切捣成泥,鸡鸭肉或猪牛肉切成的细肉末营养丰富,可于婴儿 7~8 个月开始喂食,从少量至适量(约 1~1.5 汤匙),可混入粥面中进食。为母乳喂养儿作断乳准备,可在 8~9 个月时试喂奶粉或牛乳每天 1~2 次，渐增量，使婴儿习惯于喝奶粉或牛乳，可用杯喂不用奶瓶。

5. 蔬菜与水果。各类蔬菜和水果含有丰富的维生素、矿物质以及膳食纤维，都是婴儿需要的营养素。小婴儿可加喂果汁和菜水。满 4 个月后可加食菜泥，从细到粗，可取有色 (绿、红、黄色)蔬菜，如青菜、菠菜、苋菜、胡萝卜 番茄、南瓜、土豆等洗净去皮切碎，在沸水中滚煮 3~5 分钟取出，用匙捣烂成细泥。初食每日 1/2 茶匙，渐增至每日 1~2 汤匙。先单喂，后可加入米糊、粥或面中同食，习惯几种蔬菜后也可制成混合蔬菜泥。待婴儿乳牙已出，8~9 个月后可喂粗菜泥或碎菜。婴儿大便中可见菜叶残渣属正常，仍可继续喂食，4~5 个月后果汁可向果泥转化。香蕉剥皮用匙压捣成泥，苹果对切开，用匙在剖面刮苹果肉成泥等，初食 1/2 茶匙先尝试，渐增至每日半只到一只水果。水果蔬菜各有不同营养成分，作用不完全相同，不能互相代替，应分别进食足够的量。

6. 植物油及盐、糖。油、糖主要供给能量。一般采用植物油如豆油、花生油、芝麻油等较好，因易消化又富含多种不饱和脂肪酸，尚有维生素 A、E 等脂溶性维生素，且用油脂烹调可增加食物香味。对进食量少较瘦的婴儿可在粥及菜泥中拌入熟的植物油，或蔬菜用油炒熟以增加能量摄入。初食每次加 1g，习惯后可加至每日 5~10g。加糖除增加能量外也可调味，如鲜牛奶中加糖 5%~ 8%。当婴儿摄取淀粉类辅食后，牛乳中的糖量可渐下降。一般小儿不宜进食太甜的饮食，避免养成过浓的口味和发展成肥胖儿。甜食也容易引起龋齿，食甜品后应立即喝水以冲刷牙齿内残留的糖分。制备饮食时，一般不宜放过多盐或加味精，婴儿食物应偏清淡，成人常不觉咸味。盐不但增加肾脏负担，自幼摄入过多盐，对健康不利，将来易患高血压。此外，也不宜食用刺激性调料如色素、糖精等及腌腊食品。

婴儿食谱举例

时间	4~6 个月	7~9 个月	10~12 个月
6:00–6:30	母乳或奶粉 160–180 毫升	母乳或奶粉 200 毫升 饼干 3–4 块	母乳或奶粉 220 毫升小蛋糕 1 个
8:00–8:30	维生素 AD 果汁或菜汁 60 毫升	维生素 AD 果汁 100 毫升	维生素 AD 果汁 120 毫升
9:00–9:30	母乳或奶粉 米粉 15–25 克 蛋黄 1/4–1 个	蛋花、鱼末、菜粥 (米面 25 克、鱼末 25 克 豆腐 15 克、碎菜 25 克)	蒸蛋羹 1 个
10:00–12:30	母乳或奶粉	母乳或奶粉 200 毫升	肉末碎菜面(肉末 25 克、碎菜 25 克 面条 25 克)
14:30–15:00	母乳或奶粉	母乳或奶粉 200 毫升	母乳或奶粉 220 毫升,小面包 1 个 25 克(或蛋糕)
18:00	鱼、菜泥加米粉 (米粉、鱼泥、菜泥各 15–25 克)	肉末蛋花豆腐面 (面 30 克肉末 25 克、蛋半个、豆腐 15 克)	猪肝蛋菜粥(米 30 克、猪肝末 25 克、鸡蛋半个、碎菜 15 克)
21:30–22:00	母乳或奶粉	母乳或奶粉 加米粉 200 毫升	母乳或奶粉加米粉 220 毫升
母乳次数	5	3~4	2~3

第九篇

婴儿科学健身法
——按摩、体操和三浴锻炼

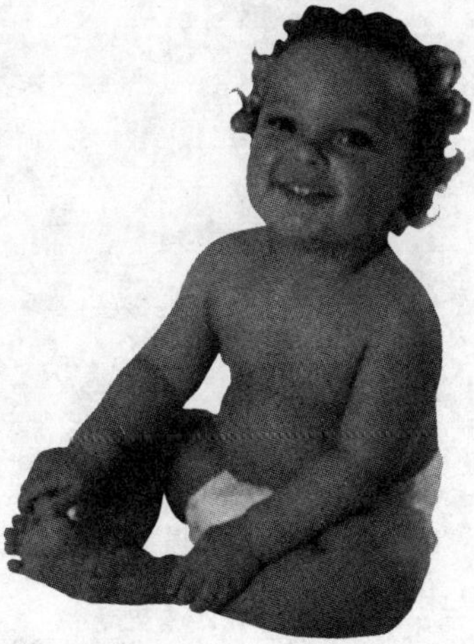

婴儿操

婴儿操的作用

婴儿操是促进小儿身心发展的好方法。加强婴儿的循环及呼吸机能,使他们的骨骼和肌肉得到锻炼,还能增强食欲和机体的抵抗力,促进动作发展,使婴儿灵活性增加,心情愉快。研究证明,小婴儿做操,对他们的体力和智力的发展均有促进作用。

需要注意的事项

做婴儿操要在小儿吃奶后 1 小时和吃奶前半小时进行, 每日一次。做操前要做准备工作,室内空气新鲜,温度不低于 18 摄氏度。将婴儿放在稍硬的平面上,如硬板床和桌子上,上面铺好垫子,撤去婴儿的包裹和尿布。做操时可伴有或不伴有音乐,要使婴儿在轻松愉快的情绪中完成体操。操作者动作要轻柔,切忌生拉硬拽,使小儿感到不适。如进行中小儿过于紧张,烦躁,可暂时缓做,待小儿安静时再完成。遇有疾病时可暂停做婴儿操,病愈后再恢复做。每次做完操家长要抱抱、亲亲宝宝以示鼓励。

学做婴儿操

第一套(适用于 1~3 个月婴儿)

第一节　准备活动:按摩全身

预备姿势:让婴儿自然放松仰卧(见图 9–1)

动作:

1. “一、二、三、四”，成人握住婴儿两手腕，从手腕向上按摩 4 下至肩(见图 9–2)。

2. “五、六、七、八”，成人握住婴儿两足踝，从足踝向上按摩 4 下至大腿部(见图 9–3)。

3. “二、二、三、四”，自胸部至腹部进行按摩，手法呈环形(见图 9–4)。

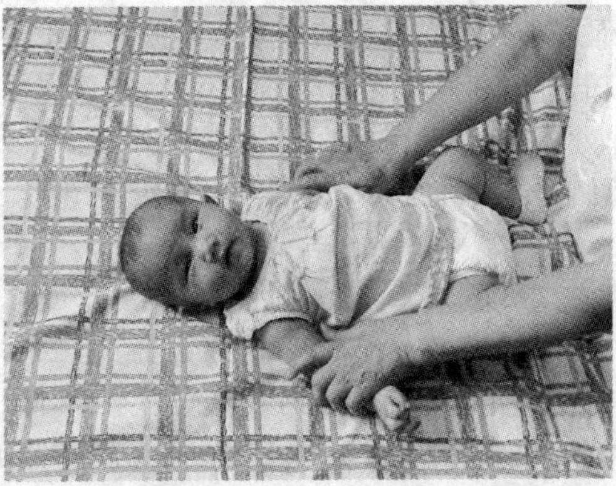

图 9–1

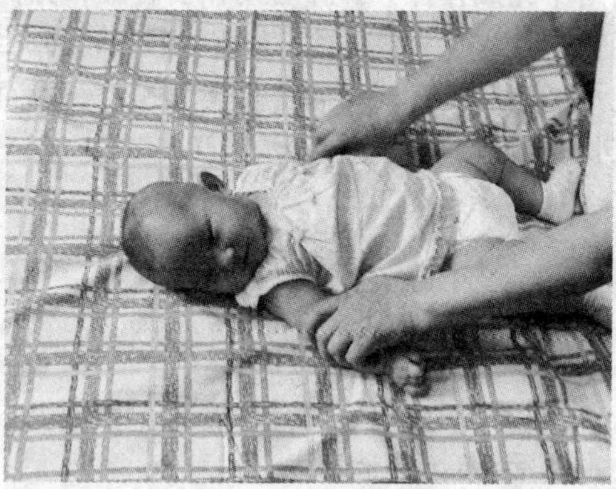

图 9–2

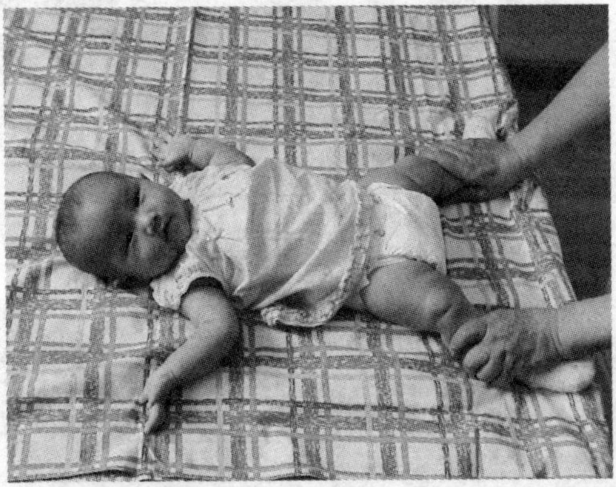

图 9-3

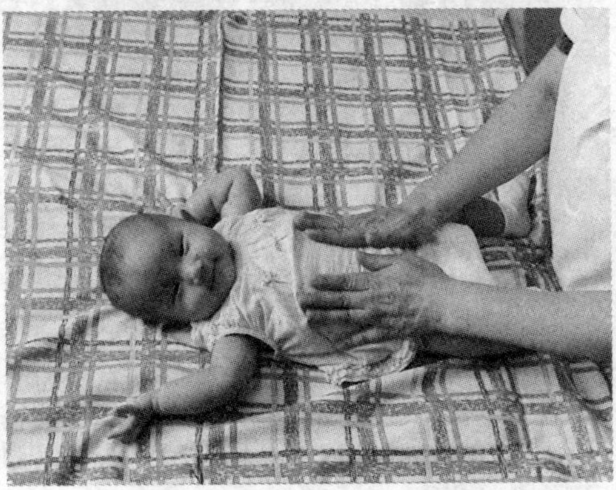

图 9-4

4. “五、六、七、八”，动作同“一、二、三、四”。

第二节　伸屈肘关节及两臂上举运动

预备姿势：成人两手握住婴儿两手腕部。

动作：

1. “一”两臂侧平举(见图 9-5)。
2. “二”将两臂肘关节弯曲，双手置于胸前(见图 9-6)。

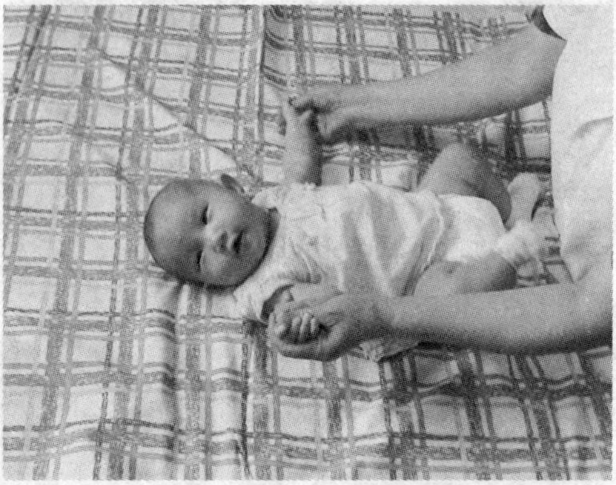

图 9-5

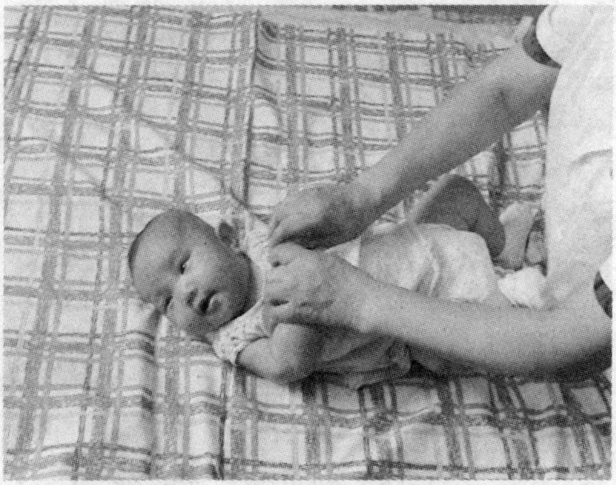

图 9-6

3. “三”将两臂上举直伸(见图 9-7)。

4. “四”还原。

“五、六、七、八”动作同“一、二、三、四”。

第二个八呼动作同第一个八呼。

第三节　两臂胸前交叉及肩关节运动

预备姿势:同上节

动作：

1. “一、二”两臂侧平举(见图 9-8)。

2. “三、四”两臂胸前交叉(见图 9-9)。

3. “五、六”将左臂弯曲贴近身体，由内向外做回旋动作(见图 9-10、9-11)。

4. “七、八”将右臂弯曲贴近身体，由内向外做回旋动作。

第二个八呼同第一个八呼。

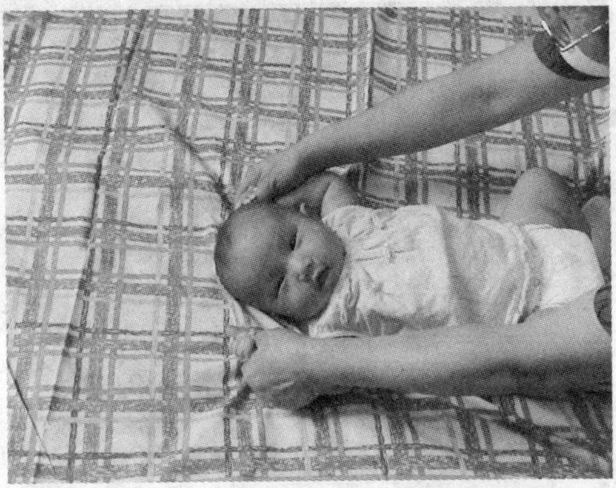

图 9-7

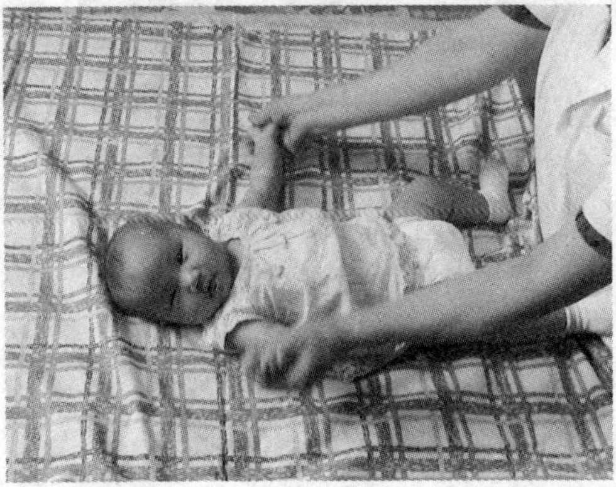

图 9-8

第四节　伸屈踝关节

预备姿势：第一个八呼，成人左手握住婴儿左踝部，右手握住左足前掌(见图 9–12)。第二个八呼，成人左手握住婴儿右踝部，右手握住足前掌(见图 9–13)。

动作：

1.“一、二、三、四”，以左足踝关节为轴。向外旋转四次。

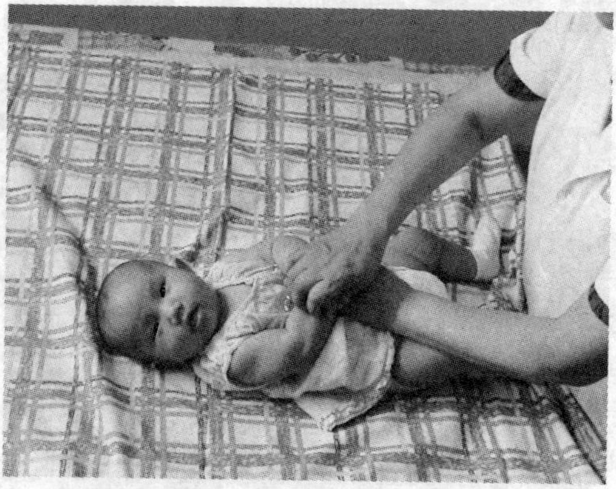

图 9–9

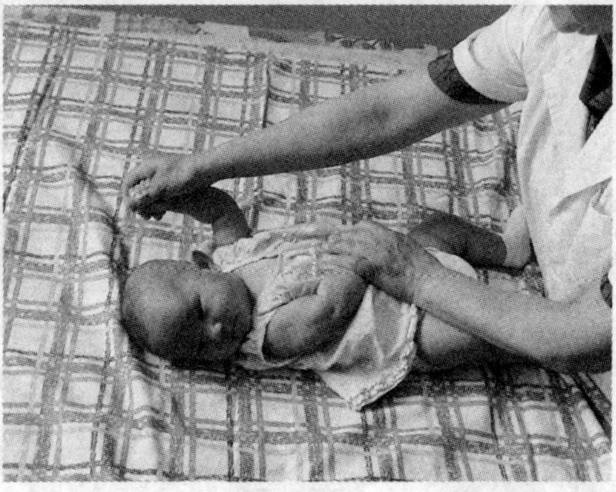

图 9–10

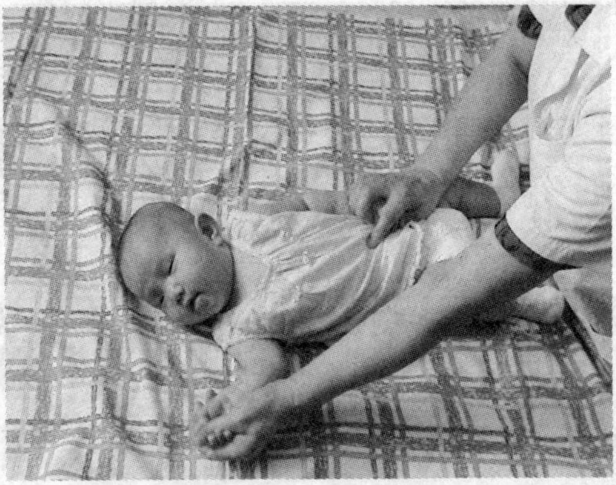

图 9-11

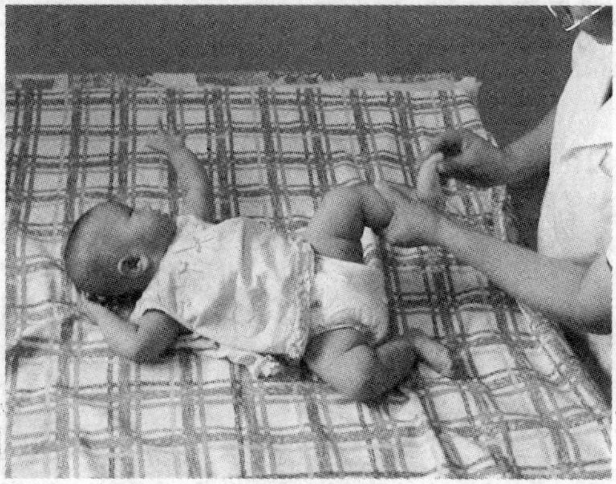

图 9-12

2.“五、六、七、八”,以左足踝关节为轴,向内旋转四次。

3.“二、二、三、四”,以右足踝关节为轴,向外旋转四次。

4.“五、六、七、八”,以右足踝关节为轴,向内旋转四次。

第五节　两腿轮流伸屈及回旋运动

预备姿势:成人握住婴儿踝关节上部(见图 9-14)。

动作:

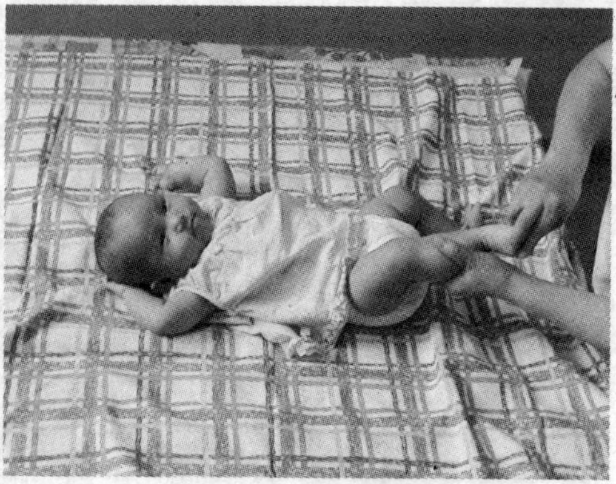

图 9-13

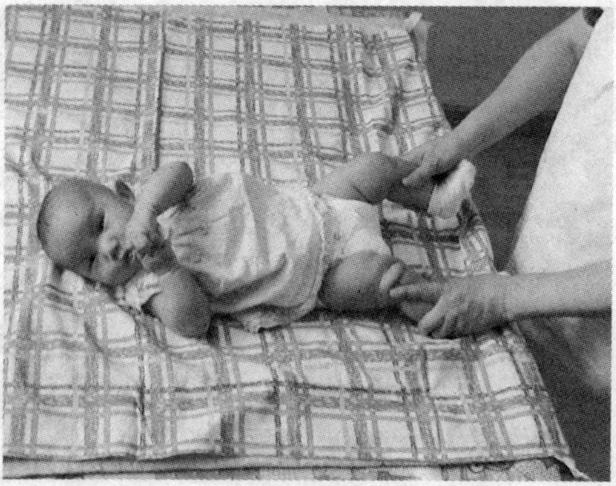

图 9-14

1. “一、二”，伸屈婴儿左腿关节(见图 9-15)。

2. “三、四”伸屈婴儿右腿关节(见图 9-16)。

3. “五、六”将婴儿左膝关节弯曲，左大腿靠近体侧由内向外回旋(见图 9-17)。

4. “七、八”，将婴儿右膝关节弯曲，右大腿靠近体侧由内向外回旋。

第二个八呼动作同第一个八呼。

第六节　屈体运动

预备姿势：将婴儿两下肢伸直平放，成人握住婴儿两膝关节处(见图 9–18)。

动作：

1. “一、二”，将两腿上举与身体成直角(见图 9–19)。

2. “三、四”，还原。

3. “五、六、七、八”，动作同“一、二、三、四”。

第二个八呼动作同第一个八呼。

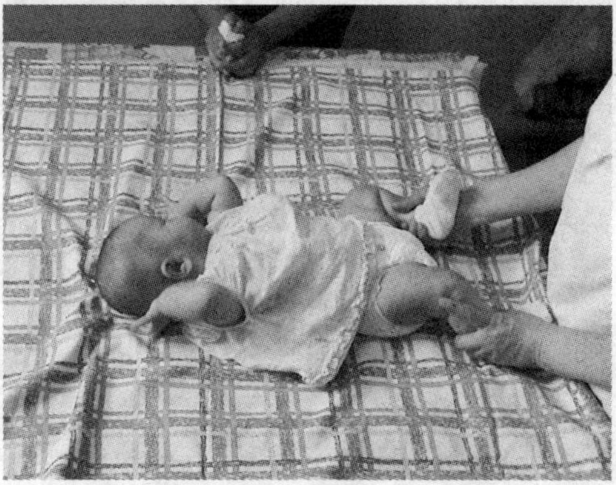

图 9–15

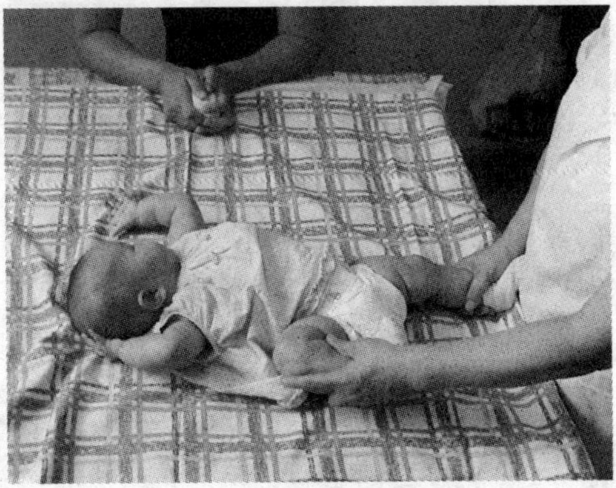

图 9–16

第七节 抬头运动

预备姿势:婴儿俯卧于床上,成人在婴儿身后两手扶婴儿两肘(见图 9-20)。

动作:

1. “一、二”两手位于胸下。“三、四、五、六”使婴儿头逐渐抬起。

2. “七、八”还原。

第二个八呼动作同第一个八呼。

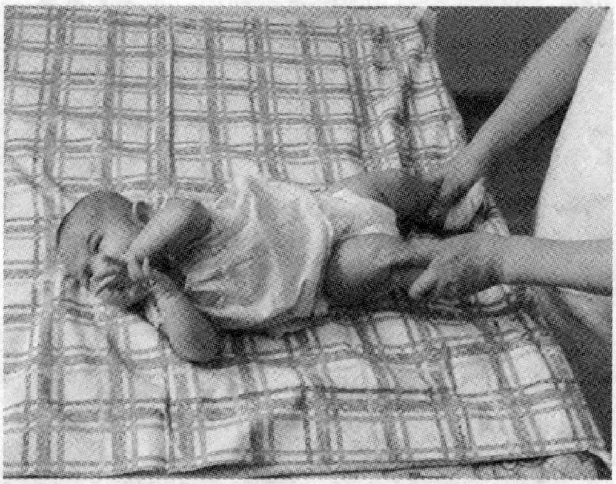

图 9-17

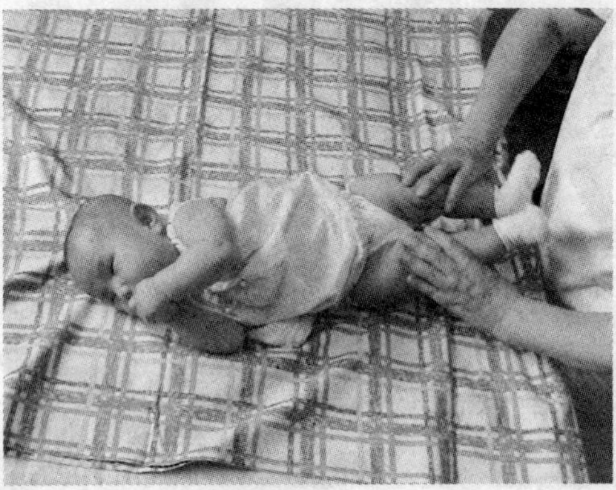

图 9-18

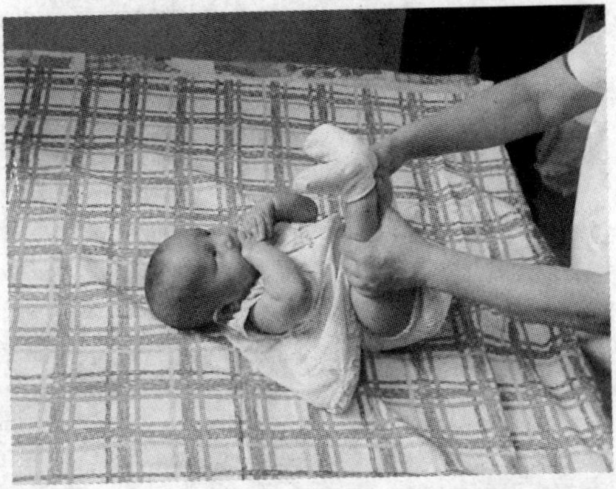

图 9-19

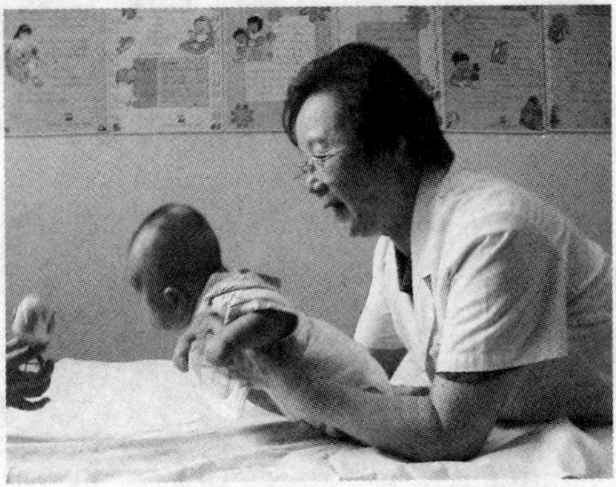

图 9-20

第八节　翻身运动

预备姿势：婴儿仰卧。

动作：

1. “一、二、三、四”成人握住婴儿左上臂轻轻翻向右侧(见图 9-21)。

2. “五、六、七、八”还原。

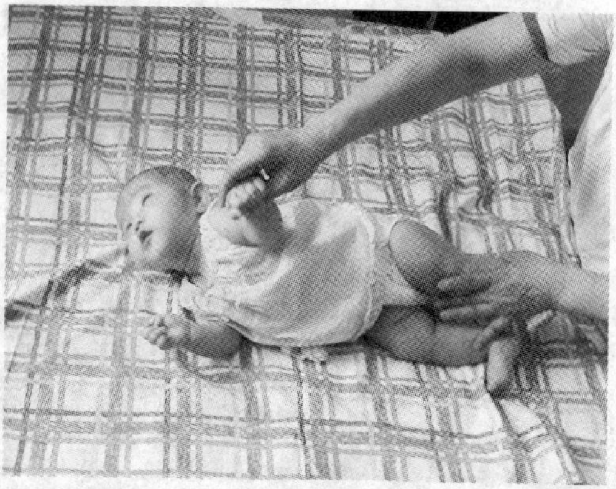

图 9-21

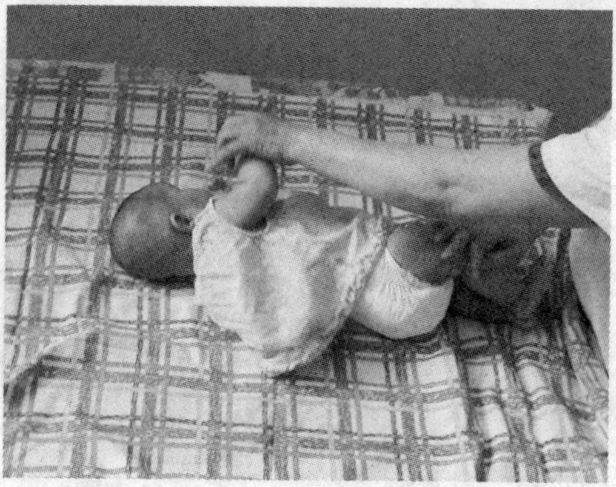

图 9-22

3. “一、二、三、四”成人握婴儿右上臂轻轻翻向左侧,(见图 9-22,换侧)。

4. “五、六、七、八”还原。

第二套(适用于 4~6 个月婴儿)

第一节至第七节与第一套相同

第一节　准备活动按摩全身(略)

第二节　伸屈肘关节及两臂上举运动(略)

第三节　两臂胸前交叉及肩关节运动(略)

第四节　伸屈踝关节(略)

第五节　两腿轮流伸屈及回旋运动(略)

第六节　屈体运动(略)

第七节　翻身运动(略)

第八节　坐的运动

预备姿势:平卧位时成人两手紧握婴儿两手腕,让婴儿两手紧握成人的拇指(见图 9-23)。

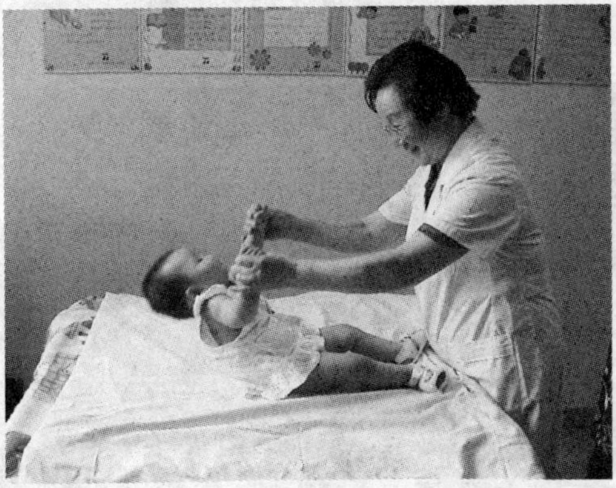

图 9-23

动作:

1. "一、二、三、四",成人把婴儿轻轻拉起成座位(见图 9-24)。

2. "五、六、七、八",还原。

3. 第二个八呼动作同第一个八呼。

第九节　整理活动:按摩全身

姿势动作同第一套。

第三套(适合 7~12 个月婴儿)

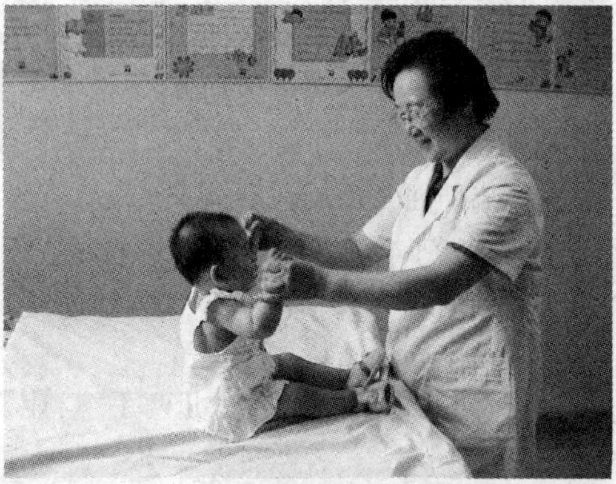

图 9-24

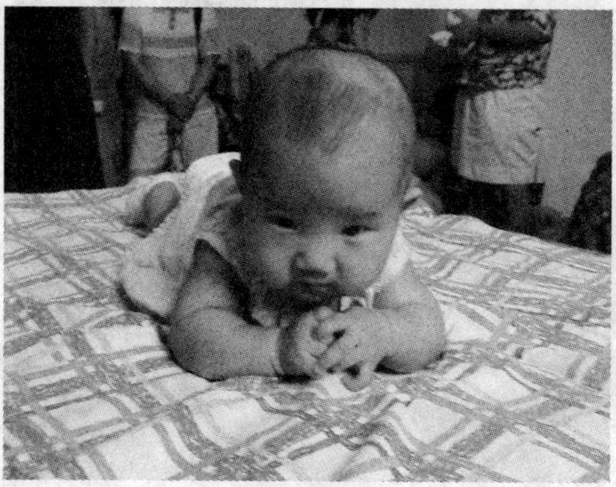

图 9-25

第一节至第六节同第一套

第一节　准备活动：按摩全身(略)

第二节　伸屈肘关节及两臂上举运动(略)

第三节　两臂胸前交叉及肩关节活动(略)

第四节　伸屈踝关节(略)

第五节　两腿轮流伸屈及回旋运动(略)

第六节　屈体运动(略)

第七节　爬行运动

预备姿势：让婴儿俯卧，两臂向前伸，两腿弯曲，准备爬行，在婴儿头前方约 50~60cm 处放一婴儿喜欢的玩具(见图 9-25)。

动作：诱导婴儿向前爬行拿玩具，婴儿爬不到时，成人按节奏用双手托婴儿双脚，辅助爬行。

第八节　站立和走的运动

预备姿势：平卧位时让婴儿两手握住成人拇指，成人两手握住婴儿手腕(见图 9-23)。

动作：

1. “一、二、三、四”，把婴儿拉成座位(见图 9-24)。

2. “五、六、七、八”，把婴儿拉成站立(见图 9-26)。

3. “二、二、三、四、五、六、七、八”，拉手向前走。

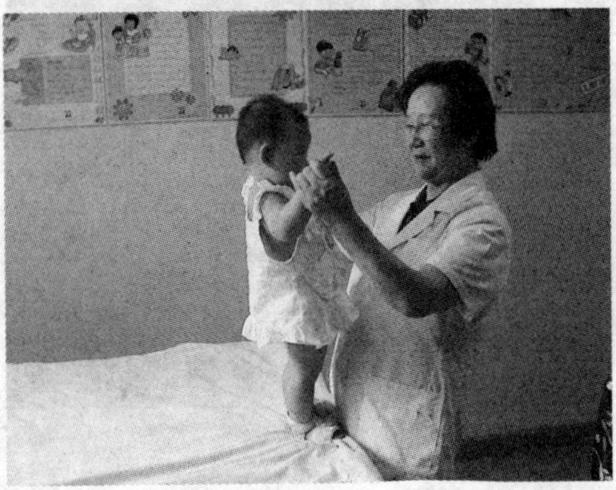

图 9-26

第九节　拾取运动

预备姿势：让婴儿背靠成人胸站立，成人左手抱婴儿两膝，右手抱婴儿腰腹部，在婴儿脚前 30cm 左右放一玩具(见图 9-27)。

动作：

1. “一、二”婴儿俯身准备去拾玩具。

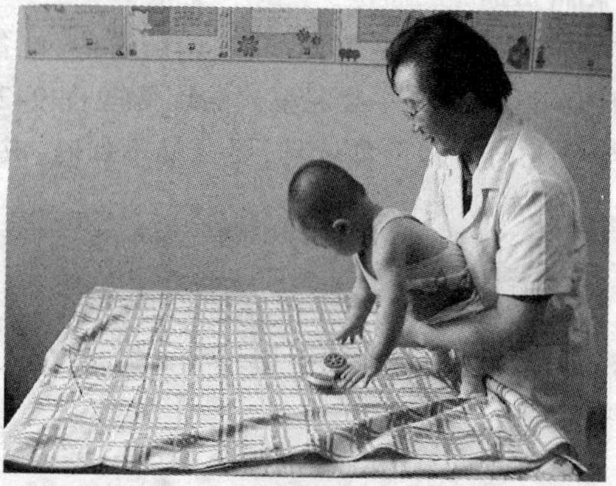

图 9-27

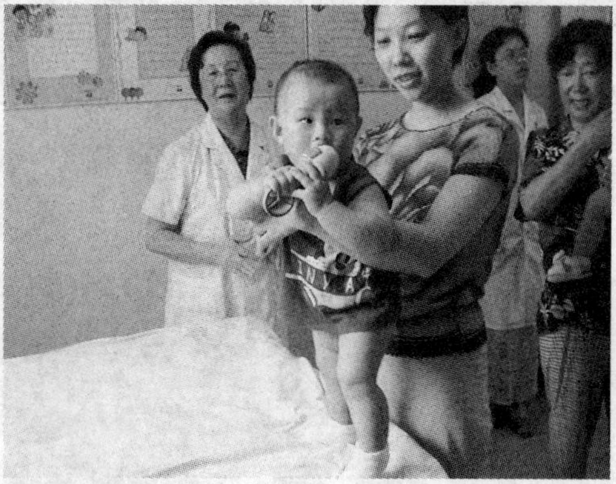

图 9-28

2. “三、四、五、六”婴儿俯身拾起玩具。

3. “七、八”起立还原。

第二个八呼动作同第一个八呼。

第十节　跳跃运动

预备姿势：婴儿面对成人而立，成人两手扶婴儿两腋下。

动作：有节奏的“嘿嘿”。成人将婴儿轻轻举起跳动(见图 9-28)。

第十一节　蹲的运动

预备姿势：让婴儿背对成人，成人左手托婴儿臀部，右手抱婴儿腰腹部(见图 9-29)。

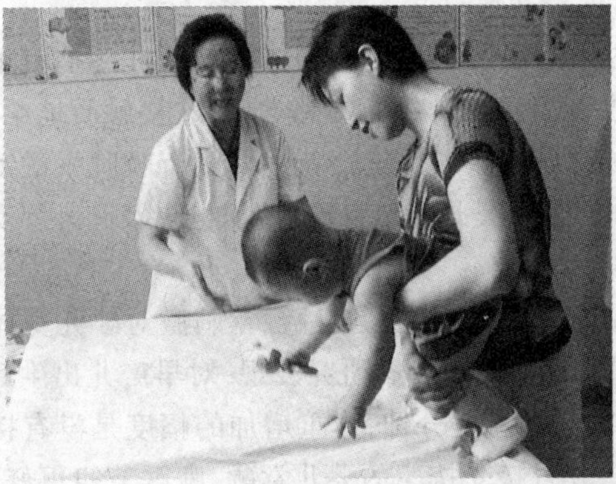

图 9-29

动作：

1. “一、二”蹲下；“三、四”还原。

2. “五、六、七、八”动作同“一、二、三、四”。

第二个八呼动作同第一个八呼。

第十二节　整理活动

按摩全身(姿势动作同第一套)。

按 摩 操

按摩的作用

触觉是皮肤受到机械刺激时产生的感受。婴儿全身的皮肤都有灵敏的触觉，它是婴儿认识外界事物、探索世界奥秘的重要途径，在和母亲建立亲密的依恋关系过程中占有重要的地位。

当你怀抱新生儿时，他喜欢紧贴着你的身体，依偎着你。世界上无论什么民族的父母，当他们的小婴儿哭时，都会本能地抱起自己的孩子，并轻拍、摇动他(她)。这是充分利用触觉安慰新生儿的动作。

新生儿对不同温度、湿度、物体的质地和疼痛有触觉感受能力。就是说他(她)有冷热、疼痛的感觉，喜欢接触质地柔软的物体。嘴唇和手是触觉最灵敏的部位，新生儿就有吸吮手的动作而自我满足。总之触觉是小婴儿安慰自己、认识世界及和外界交往的主要方式。

现代研究证明按摩皮肤，通过触觉刺激对婴儿身体和心理健康有明显促进作用。美国专家研究发现，对早产儿出生后连续进行按摩，每天 3 次，每次 15 分钟，体重增加的幅度是没有接受按摩的婴儿的 1.5 倍；并且接受按摩的婴儿觉醒、睡眠节律更好，反应更灵敏。他们可以提早 6 天出院。在 8~12 个月后这些婴儿体重增长、运动及精神发育方面比对照组婴儿有明显优势。

研究还发现按摩可加强免疫力和应激力，增进食物的消化和吸收，减少婴儿的哭闹，增加睡眠，使宝宝更加健康地成长。

最近我遇见一对双胎早产儿，其中一个的出生体重只有 1.4 公斤，比他的同胎儿为小。他出生后的体格和智能均不如另一位。他在 8 个月时不会坐和翻身。8 个月开始父母按医生指导给他做全身按摩，每天 4 次，每次 15 分钟，并做运动体操等。父母的爱心见效了，2 周后复诊，孩子会翻身和独坐，情绪好，反应较前灵敏。奶量由每次 120 毫升增加到 150 毫升，入睡快，夜间睡得较前安稳。更令人惊奇的是，在同样环境中生活的另一孩子感冒、发热和咳嗽，而接受按摩的孩子只流些鼻涕，无其他症状。说明原来比较弱小的婴儿比较强壮的孩子有更好的抵抗力，这只能归功于按摩的功效了。我相信，如果这位早产婴儿，从出生后开始按摩，他现在的体格和心理发育状况一定会好得多。

目前，在某些国家的按摩研究中心对按摩效果的研究，已了解了某些生理学机制，如按摩可以提高迷走神经的张力，增加食物的消化和吸收，增强免疫机制，减低应激引起的紧张性等等。

按摩的作用除了生物性意义外，还有社会和情感的意义。婴儿生长发育中除了“口腹”的饥渴，尚有肌肤的“饥渴”必需得到满足。新生儿需要爱和关怀，在婴儿尚无语言交流能力的情况下，通过肌肤接触这一非语言交流形式进行情感交流显得尤为重要。1958年曾有一个试验震惊了心理学界。试验发现饥饿的小猕猴宁可要可以抚摸的母猴替身物品(一个架子上蒙上毛圈织物)；而不要食物(裸露的钢丝架上的奶头和牛奶)。还发现如果幼猴在不能以任何方式与母猴接触时就停止了对外界环境的探索，并可能引起无法适应外界环境的变化，而且这种影响往往会延伸到婴幼儿期以后的生活。

注意事项

1. 各国所做的按摩模式不完全相同，因此，不必拘泥某些刻板固定的形式，但有基本的按摩程序。先从头部开始，接着是脸、手臂和手、胸部、腹部、腿和脚，然后是背部。每个部位需按摩2~3遍。身体上较小的区域用手尖，大点的部位用手指、掌心或整个手掌。开始动作要轻，然后适当增加压力，不但刺激皮肤感觉神经末梢，压觉可刺激深部感受器。按摩时间开始数分钟，逐渐延长到15~20分钟。

2. 按摩最好在两次喂奶中间进行，或在洗澡以后。室温在22~26℃，如果室内较冷，可用取热器，使婴儿周围局部温度提高到适宜温度即可。按摩前先用热水洗手，可用润肤油倒少许在手心作为润滑剂。小儿脱下衣服，躺在铺有垫子的床上、桌上或母亲双大腿上。母亲可采取合适的姿势进行按摩。

3. 按摩是亲子情感交流的最好时光，可自由轻松地进行，可用轻音乐伴奏，边按摩边和宝宝面对面交流谈话。

4. 要密切注意婴儿在接受按摩过程中的反应，根据婴儿反应调整按摩的方式和量。

5. 在进行按摩任何阶段，出现以下的反应，如哭吵、肌张力增高、活动兴奋性增加、肤色出现变化或出现呕吐等，应停止该部位的按摩，如持续 1 分钟以上，应完全停止按摩。

6. 按摩在有些婴儿身上会有延迟反应，所以停止按摩后仍然要观察一段时间。

7. 早产儿体温不稳定，进行按摩时间周围温度应在 30~34℃左右，或在暖箱、暖床上进行。

8. 要考虑婴儿的个体差异，按摩只选择那些从按摩中受益的婴儿身上实行。在孩子患病时暂停。

按摩方法

准备姿势(见图 9-30)

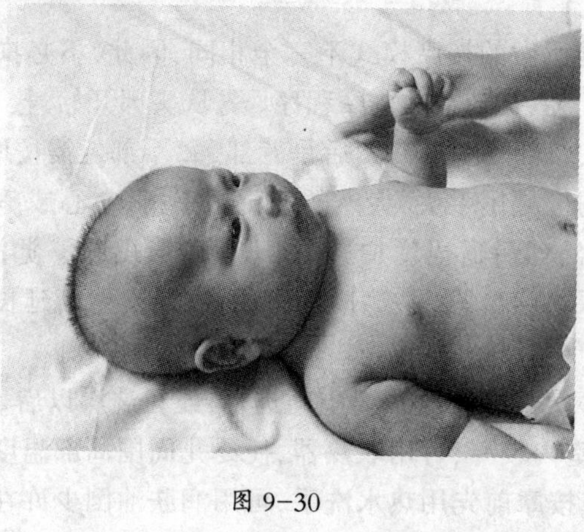

图 9-30

头面部：

1. 两拇指从下颌部中央向两侧以上滑动，让上下颌形成微笑状(见图 9-31)。

2. 两拇指从额部中央向两侧推(见图 9-32)。

3. 两手从前额发际抚向脑后，最后两中指停在耳后，像梳头样

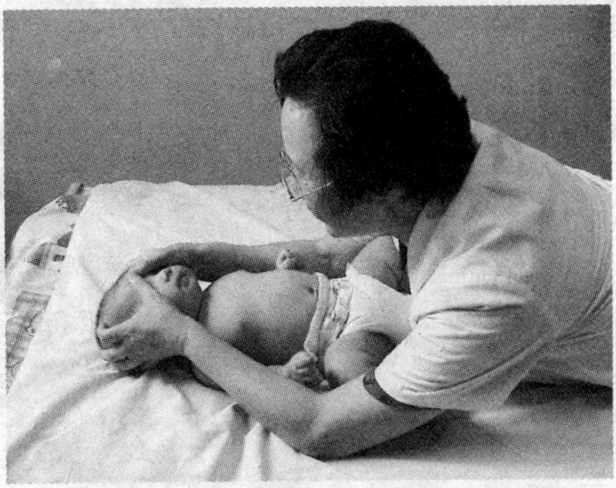

图 9-31

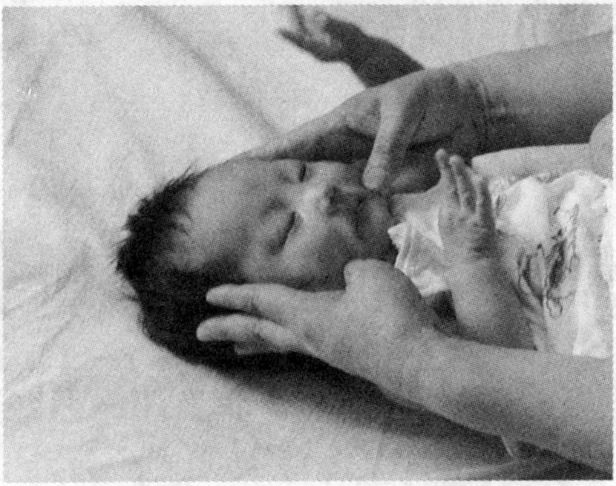

图 9-32

动作。

胸部：双手在胸部两侧从中线开始弧形按摩(见图 9-33)。

腹部：

两手依次从婴儿右下腹向上再向左到左下腹移动，呈顺时针方向划圆(见图 9-34、9-35)。

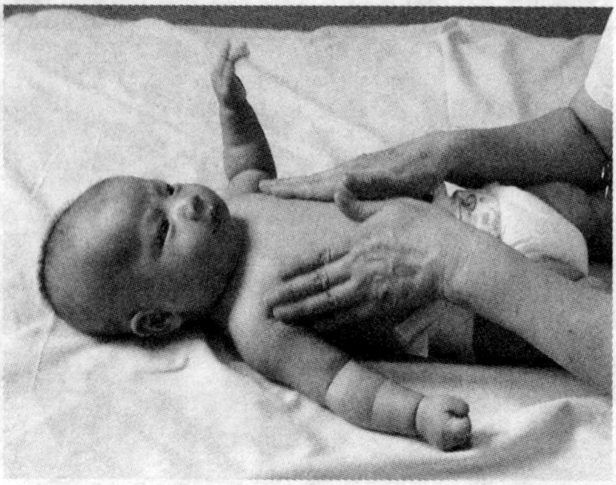

图 9-33

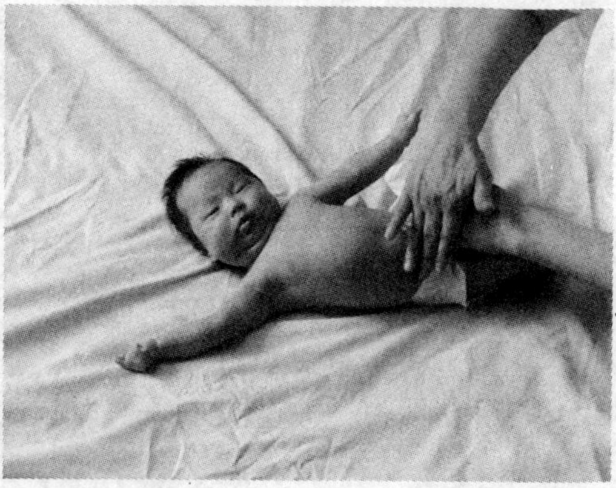

图 9-34

四肢：

两手抓住婴儿胳膊，交替从上臂至手腕轻轻挤捏，像牧民挤牛奶一样，然后从上到下搓滚。对侧手臂做法相同(见图 9-36)。

手和足：

用两拇指交替从婴儿掌心向手指方向推进，从脚跟向脚趾方向推进，并捏搓每个手指和足趾(见图 9-37 至 9-47)。

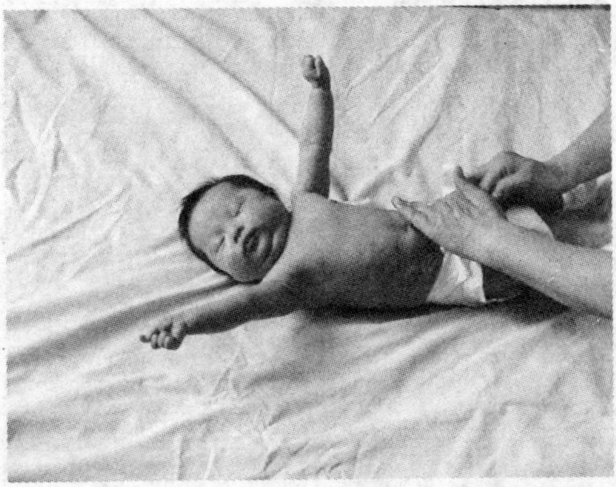

图 9-35

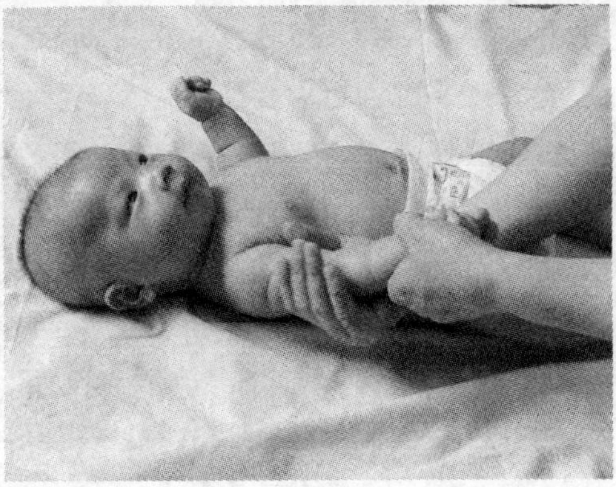

图 9-36

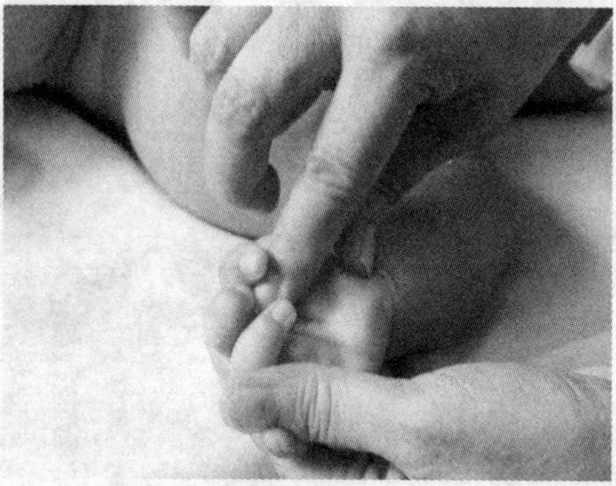

图 9-37

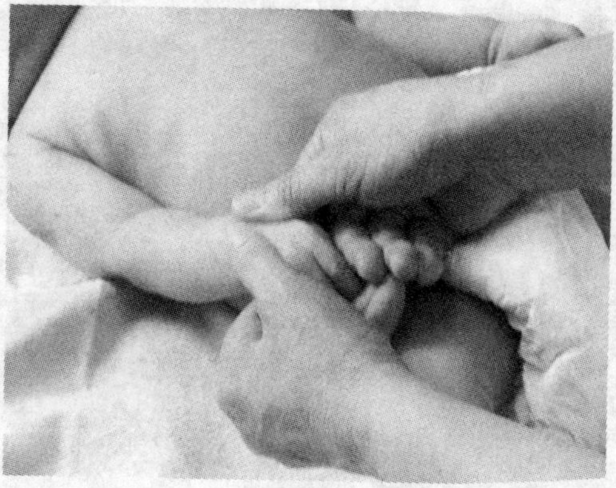

图 9-38

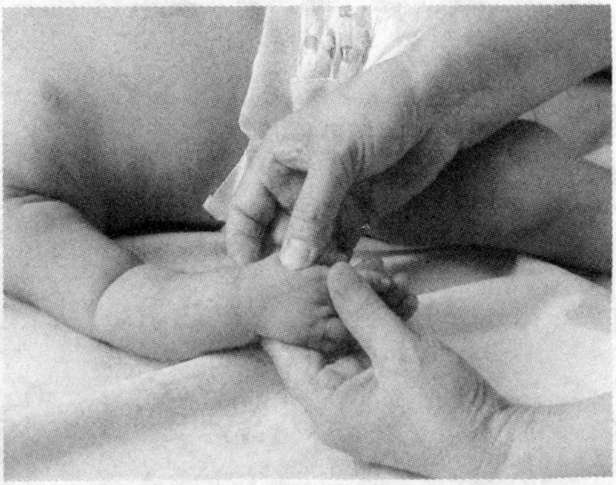

图 9-39

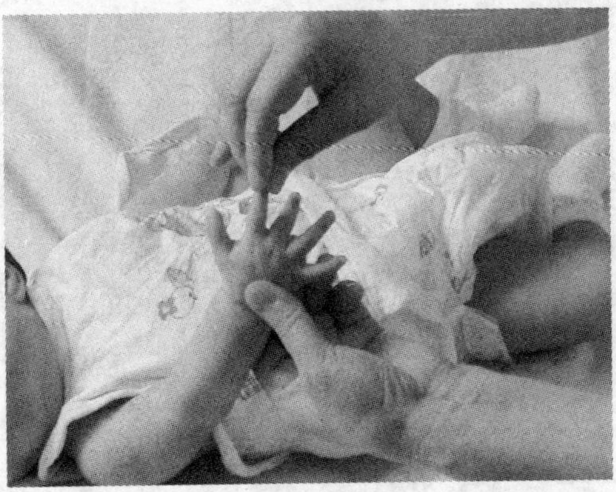

图 9-40

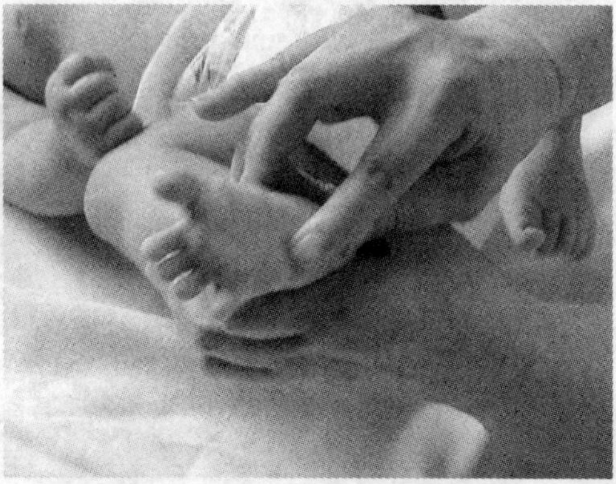

图 9-41

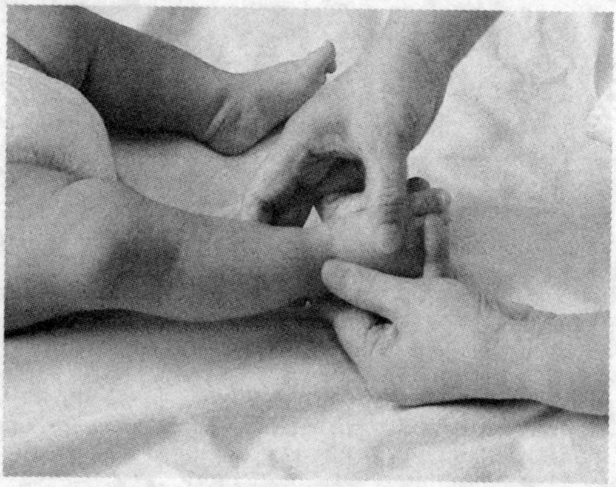

图 9-42

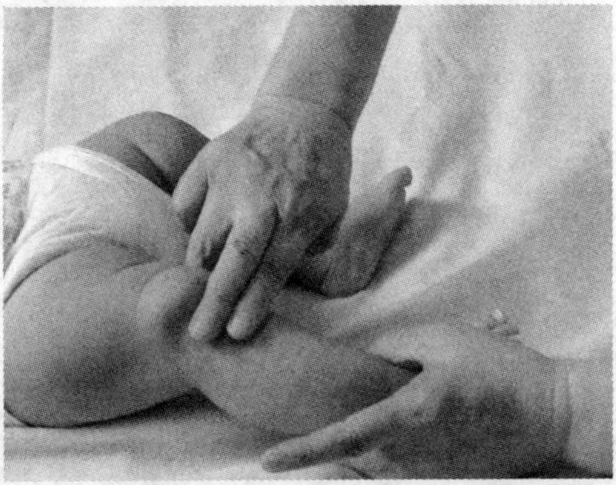

图 9-43

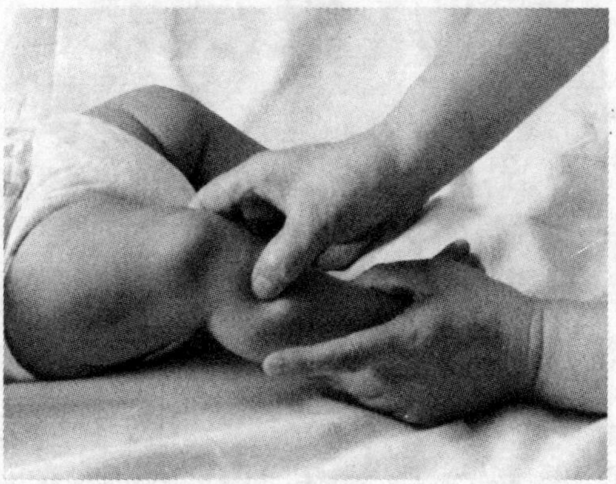

图 9-44

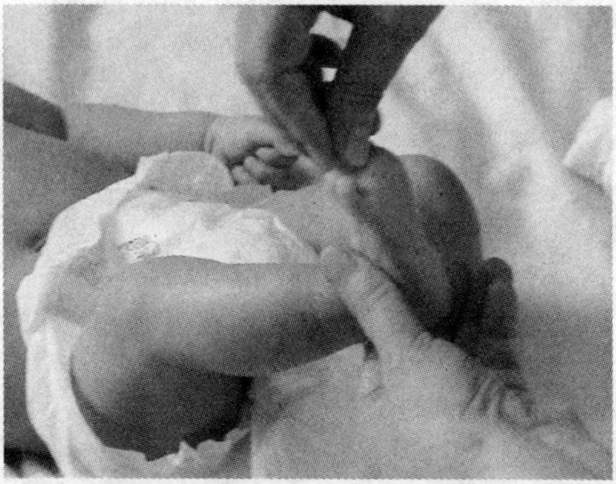

图 9-45

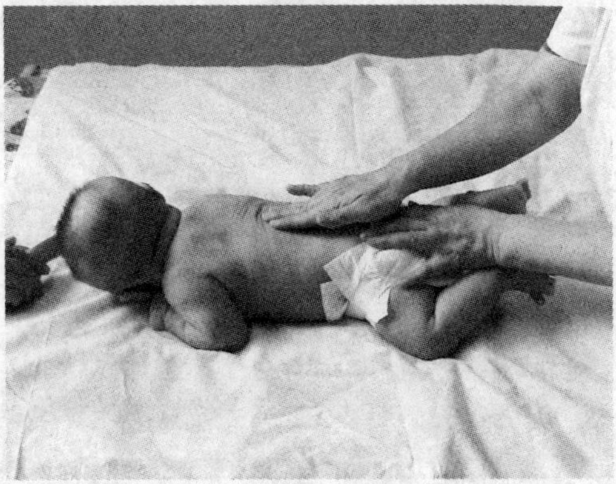

图 9-46

背：

以脊椎为中线，双手与脊椎成直角，往相反方向移动双手，从背部上端开始移向臀部，再回到上端(见图 9–46)；用食指和中指从尾骨部位沿脊椎向上按摩到颈椎部位(见图 9–47)。

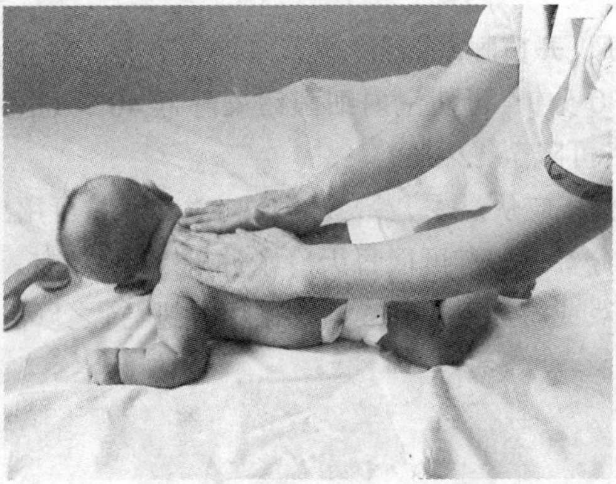

图 9–47

三浴锻炼

日光、空气和水是锻炼身体的三件宝。三浴锻炼是增强体质、预防疾病特别是感冒的好方法。

日光中的紫外线能使人体皮肤制造维生素 D_3，预防小儿佝偻病；紫外线有杀菌消毒作用，还有刺激人体造血、促进人体血循环的功效。新鲜空气含有充分的氧气，为身体特别是大脑不可缺少的物质，小儿脑生长发育迅速，氧的相对消耗量明显大于成年人，因此更需要呼吸新鲜空气。寒冷的空气可增强人体体温调节的能力，提高对寒冷刺激的耐受力。水的导热作用比空气大 28 倍，冷水刺激可提高神经系统兴奋性、增强各器官的活动，能提高人体对寒冷的适应能力。

三浴锻炼要结合日常生活、护理、游戏和体育活动进行。

户外活动。可同时得到日光和新鲜空气。除气象条件不允许外，一年四季都应坚持。根据季节和小儿年龄决定户外活动地点和方式。夏季在通风阴凉处，树阴下折射的紫外线是日光直接照射的40%。冬天在向阳背风的地方晒太阳或做游戏。每天应坚持户外活动 2 小时。

室内通风、开窗睡眠。较冷季节室内打开相当住房面积 1/50 的通风窗 10~30 分钟，可使室内细菌污染降低 40%~60%。睡眠时室温不宜过热，可降至 12~16℃。

冷水锻炼。应从夏季开始，水温在 22~24℃。可用冷水洗脸、泡脚数秒至数分钟。如有可能每天冷水冲淋 30 秒左右。温暖季节可在冷水中游戏或游泳。三浴锻炼要循序渐进，持之以恒，必有效果。

第十篇
婴幼儿睡眠

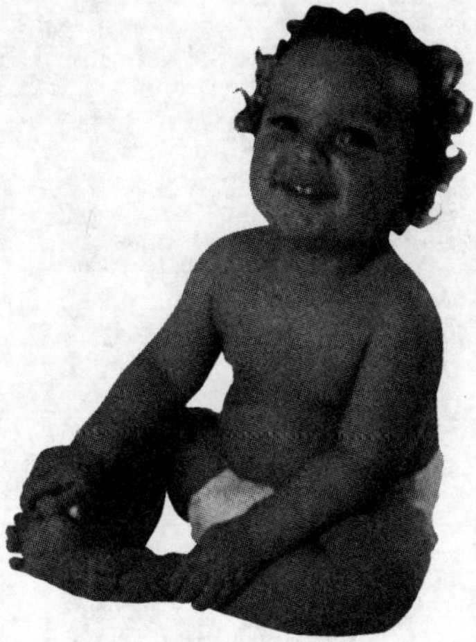

父母都很关心自己宝宝的睡眠。常担心宝宝睡眠不足，影响生长发育。又怕睡得过多，是否有病。婴儿晚上“睡眠不安”家长不知是否为正常现象。有的婴儿入睡困难，夜间醒后哭闹或入睡很晚或醒得太早，使父母疲惫不堪。这些问题应该如何解决呢？首先我们要了解婴儿正常睡眠的特点，知道培养良好的睡眠习惯方法，才能预防睡眠问题的发生。

儿童正常睡眠

睡眠时间。新生儿、婴儿和儿童的睡眠占他们生活的大部分时间。年龄愈小睡眠时间愈长。24 小时内平均睡眠时间

年龄	总睡眠时间(小时)	白天睡眠时间
生后 1 周	16.5	昼夜各半
1 个月	15.5	
3 个月	15.0	3 个小觉
6 个月	14.25	2 个小觉
12 个月	13.75	2 个小觉
18 个月	13.5	1 个小觉
2 岁	13	1 个小觉
4 岁	11.5	白天不睡觉
5 岁	11	白天不睡觉

浅睡和深睡。睡眠分为浅睡(又称眼动睡眠)和深睡(又称非眼动睡眠)、浅睡时常有吸吮动作，肌肉颤动，面部有时出现微笑，有时似做鬼脸，有时撅嘴，间断有大的舞蹈样肢体运动，身体像伸懒腰，有时一阵阵突然发生肌肉运动，偶然发声。呼吸不规则，眼球在闭合的眼睑下活动。安静睡眠时很少运动，眼球不转动，呼吸规则。

睡眠周期。在新生儿期睡眠开始为浅睡约 15 分钟后进入深睡，然后又浅睡到醒。每个睡眠周期平均 45 分钟，深睡和浅睡各占

一半。

生后 2~3 个月婴儿睡眠行为和生理功能逐渐成熟。睡眠型在 3 个月中逐渐改变为睡眠开始于深睡，深睡时间延长，深睡时间为浅睡的 2 倍。到 6 个月时，82%开始于深睡(成人型睡眠从深睡开始)。睡眠周期随年龄增加而延长，2~3 岁时每个睡眠周期为 60 分钟。2~5 岁，浅睡时间逐渐从 30%降低到成人水平(20%~25%)。浅睡时身体活动较少，浅睡在后半夜更加明显，向成年型发展。

昼夜节律。新生儿没有昼夜节律，随着神经系统的成熟产生相对稳定的睡和醒的昼夜节律。2 个月时有 44%的婴儿整夜睡。3~4 个月时昼夜节律很好建立。白天有固定的小睡时间，晚上为长睡眠。6 个月最长睡眠期为 6 小时，从 6 个月到 5 岁晚上均睡 11 小时左右，即从晚 8 点到次晨 7 点。年幼儿总睡眠不足的时间由白天补足。随着睡眠期延长，白天醒的时间也延长。新生儿每 3~4 小时醒 1~2 小时，4 个月时，可醒 3~4 小时。随着年龄增长，白天睡眠时间缩短，觉醒时间延长。

浅睡期对婴儿大脑发育有重要作用

浅睡期在成人是做梦的时候，因为梦多半产生在浅睡期。婴儿年龄愈小，浅睡时间相对愈长。婴儿浅睡时是否做梦，无人知道。但 3 岁以后的儿童开始会描述做梦的内容。生后头 2 年浅睡占大部分睡眠时间，浅睡在这年龄儿童发育中起重要的生理和心理作用。神经生化研究提示，浅睡时增加蛋白质合成和代谢，使学到的新的知识保留起来。合成的蛋白质加强突触的作用，增加对突触后神经元的影响，从而参与新知识的保留。因为梦多半产生在浅睡时期，所以梦和蛋白质合成有关。有人认为梦的活动促进神经发育，浅睡时做梦可提供内源性刺激，对感觉运动的发育起促进作用。婴儿不成熟，在与环境相互作用中不能获得足够的刺激，所以需要内源性刺激补充。

培养良好睡眠习惯的方法

婴幼儿睡眠昼夜节律形成和神经系统成熟有关，但环境条件也起重要作用。父母应创造条件，促进婴儿昼夜睡眠节律的建立。如从1个月开始，晚上除喂奶以外，尽量少打扰宝宝。了解宝宝在浅睡时会出现很多活动，这是正常现象，不要误认为宝宝饿了、尿了、不舒服等，过于关注，以免打扰宝宝的美梦。随月龄增加，夜间喂奶间隔可以逐渐延长，除非体重较轻的宝宝，不用从睡梦中，喊醒宝宝喂奶。而白天爱睡的宝宝，要按时叫醒他，多和宝宝面对面交流、说话，给予视听刺激或做被动体操、护理等，使宝宝白天少睡些。有很多宝宝在2个月时晚上能睡较长的觉了。这样母亲感到轻松愉快，精神好，宝宝也能在白天多看、多听，发展智力的机会更多了。

睡眠卫生原则。下面介绍睡眠卫生原则有利于小儿良好睡眠习惯培养。

- 睡眠环境应较安静和较暗。
- 起床和入睡时间应严格规定，加强生理节奏周期的培养。
- 室温保持舒适水平，不宜过热而扰乱睡眠。
- 入睡时应避免饥饿，上床或夜间不宜过多饮水，以免因排尿扰乱睡眠。
- 养成自己入睡习惯，避免养成睡前抱、拍、晃或含奶头睡的不良习惯。
- 睡前1~2小时避免玩得太兴奋。
- 睡前洗温水浴，做婴儿按摩有利睡眠。
- 白天小睡应适当，避免白天长时间或频繁的小睡。

睡眠失调

睡眠失调包括入睡困难、夜间醒后难入睡、睡眠周期提前和延迟(即睡得早醒得早和睡得晚醒得晚)等。睡眠失调和儿童生理、心理和气质特点有关，是儿童自身的特点和外界环境如父母育儿方式、环境扰乱情况、食物过敏等因素相互作用的结果。儿童睡眠失调和成人失眠原因很不相同,诊断和处理方法也不一样。儿童睡眠失调对儿童自身影响较小,对幼儿来说,他们需要睡觉时在任何地方或在任何时间均可入睡。实际上他们不存在睡眠不足的问题。医生听到睡眠的诉说是因小儿晚上睡眠不安，使整个家庭成员受到打扰。由于父母疲劳,急躁甚至虐待儿童,家庭关系紧张,影响白天工作等。

入睡困难和夜间醒

1．原因

①护理不当——主要发生在6个月~4岁儿童，睡前家庭成员有抱着孩子抱拍、摇、走动或吃橡皮奶头(含奶头)习惯。这些入睡伴随的活动一直持续到小儿完全入睡才能轻轻放到睡床上，久之养成习惯。夜间小儿睡眠一个周期醒来是正常现象。一般稍微活动又入睡,父母甚至并不觉察。但有的孩子醒来仍然要求抱、拍、摇或含奶头才能入睡,不满足他的要求就哭闹不已。因为他缺少习惯了的入睡伴随活动就不能自己入睡。

②夜间摄入液量和食物过多——健康婴儿到6个月时能整夜睡,不需要夜间进食。如果夜间小儿醒来,因为他饿了、口渴,给喂奶喂水,养成习惯,小儿夜间就会有饥饿感,必须进食,才能再入睡。进液量多了,必然尿多,排尿也可使小儿醒来。如果这样次数多了,打乱婴幼儿正常的日夜节律和睡眠周期,也可影响其体温、消

化和内分泌分泌的昼夜节律，不利于小儿正常生长发育。

③环境因素——从婴幼儿起应该有合理的作息制度和固定的睡眠环境。规定时间起床，白天小睡，进食和晚间上床，应严格执行。小儿最好独睡在小床上(有些国家小儿有自己的卧室)，睡床的枕头、被和伴随小玩具尽量固定。当小儿有睡意时自己躺好，入睡前父母说一声再见或亲亲小脸后离开，养成小儿自己入睡的好习惯。如果小儿不能坚持，要离开小床，故意找理由如喝水、看电视、玩等应给予制止。如家长让步，他的要求会逐渐升级，不可能养成有规律的睡眠习惯。此外，睡眠环境噪音干扰，如家中收音机、电视机或邻近产生的声响均可妨碍儿童睡眠。

④食物过敏——人奶蛋白过敏在婴幼儿可引起严重的睡眠失调。牛奶过敏在临床上常难和肠绞痛区别，因为开始于同样年龄，伴有少睡、烦躁、间断夜间哭闹。典型表现为晚上醒(每晚 5~6 次)，总的睡眠时间缩短。白天也经常哭闹。体格检查无明显异常，可能有些婴儿有贫血或便血。多导睡眠图分析显示睡眠紊乱。诊断可根据临床症状和过敏试验。过敏试验常显示 IgE 水平增高，牛奶蛋白放射过敏吸收试验(Radio allergosorbent test 即 RAST)阳性。

⑤其他——如中耳炎、神经系统疾病也可引起睡眠失调。

如果已有睡眠失调，按睡眠卫生原则处理外，可根据病因进行具体指导。

护理不当者参考以下方法。为了纠正婴幼儿要求睡前抱拍摇等不良的习惯，第 1 夜入睡时，让小孩自己躺在小床上睡，如果孩子开始哭，可让他哭一段时间，至少 1~2 分钟，可给予安慰，但不要抱起来，直到他安静下来，父母可离开。如果孩子又哭，等待更长时间(2~5 分钟)，再给予安慰。这样可反复多次，这过程可持续数小时，鼓励父母坚持这样做。第 2 夜入睡时做法同前，但小儿哭闹时等待时间延长。第 1 次为 2~4 分钟后，给予安慰，第 2 次 5~10 分钟，以后更加延长。在这样做时父母不应该生气或缺乏信心，坚持做下去。第 3 夜可以见效。小儿由大哭变为小声啜泣，以后停止哭泣，自己入睡。夜间醒来时间变短，醒后不哭，自己又进入睡眠。

夜间进食或饮水过多者，在小儿睡前吃饱些，如牛奶加些米粉类食品，使奶变稠。睡前尽量少喝水。夜间醒后吃奶量逐渐减少，牛奶逐渐加水变稀。并逐渐延长喂养间隔时间，直到完全停止夜间喂养。由于夜间入量减少，排尿量就会减少，可稳定延长持续睡眠时间。

睡眠环境的改善是容易理解的。但解决起来会有实际困难，特别是居住条件的限制。父母应因地制宜尽可能创造条件，使儿童有一个固定的适当睡眠环境。

有奶品过敏史，一旦确诊，用水解奶蛋白奶方在数周内解决睡眠障碍。这种过敏常见在 2~4 岁时自然缓解。

其他疾病引起睡眠失调应治疗原发疾病。

睡得晚醒得晚和睡得早醒得早

大多数儿童在晚 8 点到早 7 点睡眠，但有的儿童傍晚很早睡和清晨很早醒，如下午 5~6 点睡，清晨 4~5 点醒，他们吃饭和午睡时间也提前。相反，入睡时间和自然醒的时间均比正常晚，如晚上 11~12 点睡，早上 9~10 点醒，后者的情况更常见。

早睡早醒和晚睡晚醒均和父母入睡时间产生矛盾。使父母睡眠时间减少，时间长了，父母感到很疲劳。纠正方法，早睡早醒的婴儿，要逐渐延迟上床睡觉时间，如每天比前一天延迟 10~15 分钟，这样早晨苏醒时间逐渐推迟；晚睡晚醒的婴儿，首先在早晨，逐渐提早唤醒的时间，如每天比前一天提早 10~15 分钟，最后入睡时间逐渐自然提前。同时，逐渐调整白天吃奶和小睡时间。在晚上入睡前 4 小时内不要安排小睡，以免造成晚上入睡困难。

宝宝夜间哭闹在什么情况下应找医生诊治

早产或窒息的婴儿表现夜间哭闹,如果用各种方法安慰无效,常有脑损伤,脑瘫的患儿在早期可表现爱哭闹。婴儿平时睡得很好,突然发生夜间哭闹,有可能是生病了。最常见为感冒发烧,因鼻堵、全身不适而哭闹。有中耳炎的婴儿常因耳痛而哭闹,你可轻轻拉拉宝宝的耳朵,拉耳朵大哭说明耳痛。因腹痛而哭时,表现为腹胀、肛门排气,大便秘结或腹泻。在排尿时哭加重,可能有泌道尿感染。以上情况应找儿科医生诊治。还有一种表现为剧烈哭闹和安静交替出现,伴有腹胀、呕吐,有可能是肠套叠,属婴儿急腹症,及时处理可避手术治疗,应立即找小儿外科医生诊治。

此外,睡眠过多,甚至不知道饥饿,表现得过分“老实”的婴儿,要注意是否有先天性甲状腺功能低下症,如不及时发现和治疗,可造成不可逆的智力低下症。

第十一篇

早期教育与婴幼儿智能低下防治

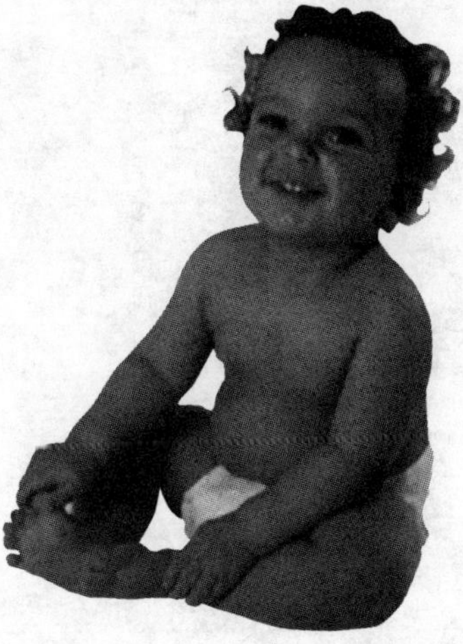

0~3 岁是早期教育的黄金时期

为什么对新生儿开展早期教育，促进正常儿智能发育的效果会如此明显呢?因为正常的大脑发育,在 3 岁以前最快。出生时脑重量为 370 克，此后第一年内脑重增长速度最快,6 个月时为出生时的 2 倍,占成人脑重的 50%,而儿童体重要到 10 岁才达到成人的 50%。可见,婴儿大脑发育大大超过了身体发育的速度。第一年末时,婴儿脑重接近成人脑重的 60%,到第二年末时,脑重约为出生时的 3 倍,约占成人脑重的 75%。到 3 岁时,婴儿脑重已接近成人的脑重范围,以后发育速度变慢。

人的大脑由大约 1000 亿个神经细胞(神经元)组成(见图 11-1)。脑的神经细胞粗看起来像一棵小树，神经细胞有树突、轴突,如同树枝和树根,髓鞘好比树皮。出生时大部分神经细胞就像一棵裸体的小树，在出生后 2 年内，神经细胞迅速发育,“根深叶茂”(见图 11-2)，每个神经细胞都与大约 1 万个其他神经细胞相连。每个神经细胞每秒钟能向相邻的细胞发送 100 个信息。由此可见,大脑神经细胞之间的信息交流次数之多是无法计算的。而大脑神经细胞之间的这些联系,在很大程度上是由婴幼儿生活中的经历决定的。

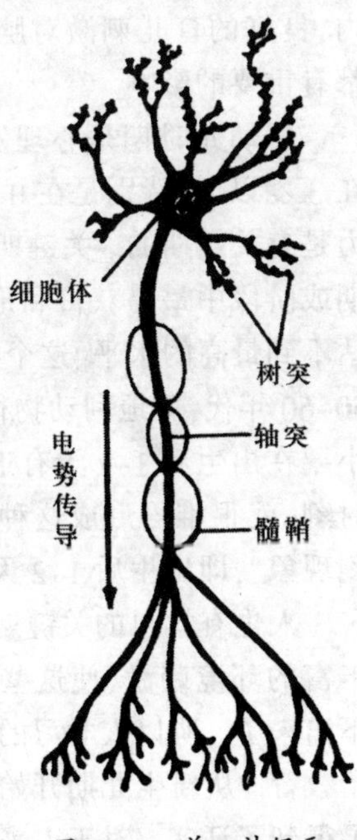

图 11-1　单一神经元

脑的发育和外界环境、教育密切相关。对猫和鼠的研究证明,如出生后生活在极单调的环境中,它们的大脑皮层萎缩,脑重量减轻,神经细胞之间的联系减少,人也是如此。在出生后 2~3 年

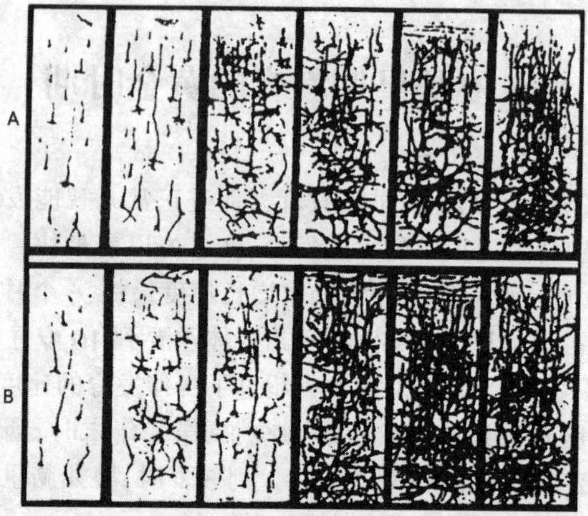

图 11-2 生后头 2 年神经元树突分枝和髓鞘形成的增长

内,良好的育儿刺激对脑的功能和结构,无论在生理和生化方面,都有重要的影响。

婴幼儿时期是心理发展最迅速的时期,年龄愈小,发展愈快。在 3 岁以下,特别是在 0~1 岁,小儿的智能发展日新月异。学习能力是有关键期的。关键期是指某种知识或行为经验,在某一特定时期或阶段中最易获得和形成的时期,错过这个时期,就不能获得或达不到最高的水平。这个概念最初是从动物实验中得来的。20 世纪 50~60 年代,奥地利动物行为学家、诺贝尔奖金获得者劳伦斯发现,小鹅在出生后 1~2 天有追随一个活动着的东西的行为,过了这个时刻,就很难再形成这种追随行为了,劳伦斯把这种行为称为“印刻现象”,即出生后 1~2 天是小鹅形成追随活动东西的关键期。

人也有学习的关键期。人一生下来就有很多潜能,如果不给予丰富的环境刺激,使这些能力发挥出来,就会受到窒息,永远发挥不出来了。所以人学习的黄金时期是 3 岁以前,最好从新生儿期开始教育。从新生儿期开始早期教育的效果,已通过种种实验研究结果得到了证实。对于人来说,无论学习音乐、舞蹈,还是体育、外语,都是早期好。因为在人的行为可塑期,学习进步快,人的智力发展,年龄愈大愈慢。但是,我们也要提醒的是,早期教育虽然重要,不等于过了早期,环境和教育就不起作用了。我们只是强调,如果要发挥人的大脑的最大潜能,应特别注重 0~3 岁的早期教育。

令人惊讶的女儿

下面是一位从孩子的早期教育中尝到过甜头的母亲周琰所写的育儿体会,从这一案例我们可以看出,为孩子创造一个良好的人生开端有多么的重要。

如果不是亲眼所见,我怎么也不敢相信,出生刚 7 天的女儿不仅能听、能看、能闻(气味),还能学会伸舌头,能两只小手抓住成人两个指头悬空牵拉起来。更令人难以置信的是,女儿所具有的这些听觉、视觉、嗅觉等功能是每一个新生儿的本能,只不过还未被人普遍认识而已。

我有幸在女儿出生一星期的时候,得到了协和医院著名儿科大夫鲍秀兰教授的指点。鲍大夫不仅向我演示了新生儿所具有的许多奇妙功能,还向我推荐了她们研制的一套 0~3 岁孩子教育大纲。我抱着半信半疑的态度和教育总比不教育强的想法,按着教育大纲,开始了对女儿的早期智力开发,并取得了意想不到的效果。现已 6 岁的女儿不仅记性好、反应快、理解力强,而且语言能力发展极好,一张小嘴特别能说会道。女儿不到 1 岁开始说话,2 岁时便能说:“妈妈洗手,我也洗手”这样完整的并列句,3 岁开始玩“鹬蚌相争,渔翁得利”之类的寓言故事游戏,开始造句、讲故事,到了 3 岁半,经有关权威部门测定,其语言能力已达到 6 岁孩子的水平。

女儿 4 岁的时候,有一天我们带她到一家小歌厅度周末,她自己跑到机房门口和音乐师神侃,其结果是人家不仅免费送她一听饮料,还优先播放她点的歌。

女儿 4 岁 10 个月的时候因得肺炎住进了医院,医院规定不能陪床,且每星期只能在规定的时间探视三次。探视时间到了,十分想念孙女的爷爷竟不敢进去探视,爷爷说:“这么小的孩子一个人住院多可怜啊!要是走的时候,孩子哭着不让我走怎么办呀?”他哪里知道,探视还未结束,女儿已催我们走了,原来她惦着和小病友玩儿呢。住院一个星期,女儿不仅不想家,还有点乐不思蜀的感觉。出院那天,病房中一个 7 岁的男孩和一个 10 岁的女孩与女儿挥泪告别,那情景还挺感人的。

女儿 5 岁的时候,幼儿园中班开家长会,向家长汇报孩子们一年来的学习情况。当老师让孩子们用“妈妈”一词造句时,有的说“我妈妈头上长了一个大包”,有的说“我妈妈摔了一个大跟斗”,女儿站起来看着我甜甜地说:“我妈妈喜欢我”。老师表扬女儿造的句子完整、优美。据老师介绍,女儿在幼儿园讲故事,总是受到小朋友的热烈掌声欢迎。

女儿 5 岁 2 个月的时候,有一次我们同学聚会,女儿绘声绘色地讲了一则幽默笑话,引得在场的同学哈哈大笑,直夸她口才好,而一位仅比她小 3 个月的女孩连听都听不懂,更不用说讲了。

眼见女儿从一个吃奶的孩子长成一个聪明伶俐的小学生,我打心眼里感激鲍大夫,感谢那些为婴幼儿早期智力开发做出贡献的人们。听说鲍大夫她们研制的 0~3 岁孩子的教育大纲即将正式出版。如果您愿意也不妨试试。我相信经过早期智力开发,您的孩子一定会更聪明、更可爱。

研究证明从新生儿开始教育成效显著

周琰的女儿不是个例,她是我们教育研究组的观察对象之一。我们从 1989 年开始,进行了教育促进正常婴幼儿智能发育研究。

早教组选择正常新生儿 62 名,自出生至 2 岁。通过家长对他们进行早期教育。全过程按我们自己编制的教学大纲(见本书第五篇)进行,包括在新生儿期给家长示范新生儿有视听能力,指导家长从新生儿期开始进行丰富环境的育儿刺激。随后定期家访和召开家长会对家长进行早期教育方法的指导。同期设116名正常新生儿为常规育儿组,在体格发育、父母文化、家庭环境以及接受保健措施等方面均与早教组无显著差别。两组婴幼儿随诊到2岁时,用盲法做智力测查(即做测查者不知道被测对象属哪一组)。结果显示,早教组的平均智力发育指数比常规育儿组高8.7分,统计学测定结果差别非常显著,无一名智力低下。而常规育儿组有6.2%的幼儿智力低于正常。因为两组原来都为正常儿,已经排除疾病因素,因此,常规育儿组中出现智力低下的原因,可能为父母忽视早期教育所致。所以早期教育不但能促进婴幼儿的智力发育,而且可预防心理社会因素引起的智力低下(见图11-3)。

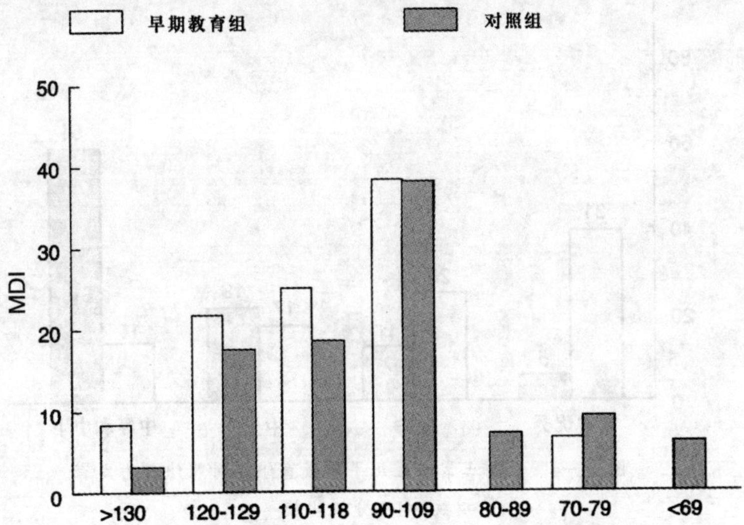

图11-3　正常新生儿早期教育组与对照组(常规教育组)智力发育指数(MDI)比较

最近我们又在方庄社区开展早期教育的观察。1997年6月至1998年1月在北京方庄社区出生的79名正常新生儿为早期教育组,1996年1月至1997年5月同社区出生的86名健康常规育儿的儿童为对照组。早教组通过指导家长，从新生儿期开始接受包括运动、认知、语言和社会交往能力等方面的早期教育。1 岁半时两组儿童接受婴幼儿智力测验。两组在体格发育和文化社会因素方面无显著差别。而智力测定结果显示，早教组的智力发育指数和精神发育指数分别比对照组高 19.6 分和 10.1 分，统计学测定两组差别非常显著，且早教组中智力发育指数≥130 分(非常优秀)者有 31 名(39.2%)，而对照组中只有 5 名(5.8%)。接受早期教育的家长普遍反映，孩子健康、活泼、爱学爱问，社会交往能力好，有爱心，生活自理能力强，进幼儿园后的表现也很突出(见图 11-4)。

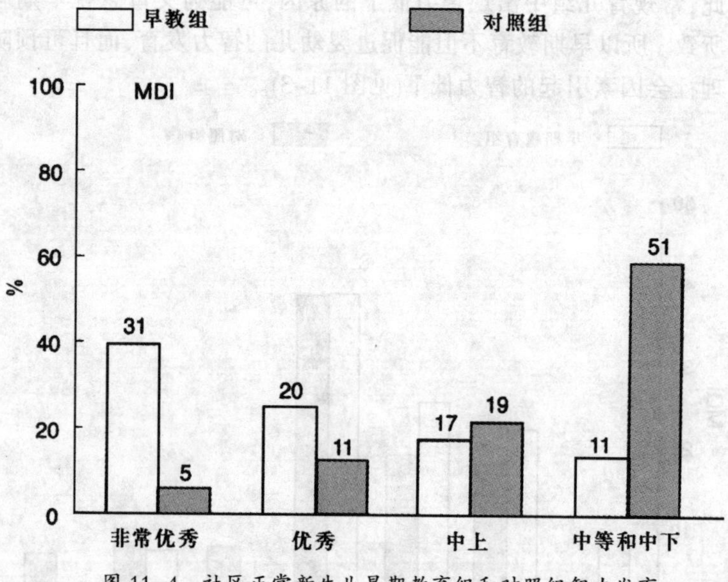

图 11-4　社区正常新生儿早期教育组和对照组智力发育指数(MDI)分级比较

一个窒息儿健康成长的故事

早期教育的效果不仅在正常儿身上十分明显，而且对于在出生时遇到障碍的婴幼儿也有显著作用。下面是一个叫菲菲的母亲望春写的一则育儿故事：

我们的女儿菲菲现在已经3岁了，活泼可爱，乖巧伶俐，是我们全家人的宝贝。她爱看书、爱音乐、爱画画、爱跟大人聊天。每当她眨着又黑又亮的眼睛跟你说话时，谁会想到她的成长过程是非常曲折的。

菲菲是个不幸的孩子，出生时由于产程过长造成的窒息导致了缺氧性脑病，后来发展成颅内出血。由于及时抢救，菲菲才保住了生命，这个孩子将来会和别的孩子一样吗?全家人也和我一样，为她的前途和未来担心。幸运的是，我们得到了协和医院鲍秀兰大夫和其他大夫的热心帮助，他们为菲菲制定了一个完整的婴幼儿早期行为干预的计划，目的是促使孩子受过损伤的大脑得到恢复，提高智力。菲菲一出院，我们就开始实施这个计划。

首先是教孩子认识这个世界，教她认各种玩具、用品、动物、植物，认识不同的人和车辆，认识自然现象和天气变化。同时训练孩子感觉和知觉的能力，教她认识各种颜色和几种图形，识别大小、长短、上下、高低、前后、左右等。有意地锻炼她的记忆力，每次出去玩，回家都要考问她。

我们还特别注意发展她的语言能力。一岁半以前，孩子不会说话，主要是大人对她说，每天只要有机会，就凑到她面前，眼睛看着她，一字一句地对着她说话。一方面让她逐渐理解语言的含义，另一方面，通过父母和亲人们的挚爱之情和强烈渴望和她交流的行为刺激她的大脑，帮助她的大脑活动。慢慢地她能听懂一些话了，我们就教她认识各种物品、玩具等等。

几个月起，就开始给她看《婴儿画报》，讲故事。菲菲1岁过了还不会说话，我们不灰心，坚持每天跟她说话。1岁3个月时她有时能叫出爸爸了，我们就对她一遍又一遍地发出爸爸的音，让她看着学，终于她学会了。1岁半以后，她的语言发展很快，虽然比一般孩子说话晚，但进步的幅度大。这时我们就经常和她聊天，一问一答。

以后，教她学儿歌、背唐诗、说反义词，鼓励她讲故事。至今，她的语言发展已经略超于同龄儿。

俗话说心灵手巧，可见手巧与智力发展的关系非常密切。我们没出满月就在她手里放上各种合适的玩具，让她攥握；继而给她各种玩具，让她用手抓；几个月开始就教她翻书、搭积木、插笔帽等。开始她只把书乱翻一气，慢慢地能翻页了。学会搭积木也是一个艰难和漫长的过程，开始给她做示范，一块积木搭在另一块积木上面，逐渐地她能搭上一块了，后来，两块、四块……大一点教她捏花生米，然后逐步地把东西变小，捏绿豆等更小的东西。再大一点后学穿珠子，开始把珠子穿到筷子上，直到熟练后再换成较硬的绳子，这个工作需要两手及手眼的配合，是个很好的锻炼手指灵巧的娱乐项目。2岁多以后开始穿扣子，开始用较硬的尼龙线，进一步改用普通线，现在我们的小菲菲已能熟练地将许多扣子串成一串了。练习用筷子也是一项非常好的锻炼，2岁半左右我们开始训练她拿筷子吃饭不行，就在游戏中教她，夹小玩具等，她在练习的第一天居然就可以夹起10来个小玩具熊放在盒子里，真令我们惊奇。另外训练画画也很有益处，既练手，又练脑，还锻炼想像力。

由于孩子先天不足，身体虚弱，我们就特别加强她运动能力的训练。出生不久后就时常把她翻过身来叫她趴着，一个多月时就可以两手撑着床，把头抬得高高的呆上一阵子。每天给她做婴儿操，活动四肢，让她趴在床上，用手顶住她的小脚，训练她在床上爬。会走后，鼓励她自己上下楼梯，去幼儿园走铁索桥、玩滚筒、爬栏杆等。每天长时间的户外活动，带她一块做操、学小鸟飞、小兔子跳、跟小朋友一起踢球。每个周末都带她去公园，爬山、在草地上打滚。为培养运动平衡能力，我们还设计了一种走独木桥的游戏，将几个窄木板放在地上，接在一处，做成独木桥，让菲菲在上面走，走得好就为她鼓掌。从2岁起夏天经常带她去游泳，菲菲兴致极高，在水里手舞足蹈，兴奋异常。那个夏天菲菲几乎没有生病。

孩子渐渐地大了，我们让她干些力所能及的事，培养她的独立生活能力。几个月时拿奶瓶喝奶；1岁训练拿勺吃饭，坐盆尿尿；两岁开始练习穿、脱衣服、刷牙、洗脸、洗手帕等等。

现在，菲菲每天起床自己穿裤子、袜子、鞋、系衣服扣子，然后自己洗脸、刷牙、抹擦脸油。全家洗过的衣服由她自己叠，然后分别放到各人的柜子里。她最爱说的一句话是“自己的事自己干”。

辛勤的耕耘结出了丰硕的果实，三年来她看过的书有上百本，听过的故事更多。经常自己拿书看，有一套婴幼儿必读的书，每本都能从头念到尾，几乎一字不差，有时你简直认为她识字。现在可以讲许多复杂的话；能叙述她所见到的一些事情；会用今天、明天的词；别人谢她时会说“不客气”。知道许多常识，会告诉你“月亮有时是圆的，有时是弯的，有时是半圆的”。爱打电话，2 岁半时就能打电话要小朋友家的电话号码。有许多轶闻趣事，如可以熟练地操作家里的录音机，如开关、磁带翻面、倒带、调节音量，甚至还会用自动选曲功能。称家里的计算机为“算盘机”，有时一高兴就会去把开关打开，瞎鼓捣一通。她的记忆力不错，会背许多儿歌和诗。现在四句的诗或儿歌一般教过两三遍，就能复述、背诵；家里大人自己无意中说的话连自己都忘了，她却在一段时间后忽然冒了出来，令人感到惊奇。特别喜欢音乐、歌曲，每天到了电视里播歌曲的时间，她就赶快跑到沙发上坐下，静静地欣赏，有一天因为吃饭，耽误了听歌，她急得差点哭了，家里的一盘名为“小精豆”的儿童歌曲磁带，已经唱得滚瓜烂熟。

所有这一切，对于一个正常孩子来说，也许不值一提，然而对于我们的菲菲来说，取得的每一点进步，都凝结了我们全家人的心血，其中的酸甜苦辣外人是难以想像的。由于孩子跟正常人不同，教育起来比较费力，所以我们做家长的就特别需要耐心和毅力，只有对孩子充满信心和爱心，我们才能持之以恒，才有坚持下去的勇气和力量。

我们的体会是，婴幼儿早期教育，非常重要也非常必要，尤其对于早期因各种原因大脑受过损伤或发育不良的婴儿来说，更是具有非同寻常的意义。只要家长对孩子充满爱心和信心，按照专家给出的训练方法和计划，结合自己孩子的特点，充分发挥自己的想象力和创造性,就一定能创造出难以想像的奇迹。孩子的潜力是无限的,我们的任务就是要把其潜力变为现实。

早产儿成为“小神童”的奥秘

下面是一则关于早期教育能促进早产儿智能发育的故事。由故事的主人公张帅的母亲王新讲述:

“哇”!这洪亮的哭声划破了那闷热、寂静的夜空。孩子活了!听到这哭声,我的心别提多激动了。使我又紧张、又担忧的心情也放松了许多。心情能不激动吗?因为这是才怀胎 29 周的早产儿呀!当我看到儿子那一点点的身躯时,突然听到有人说“太小了,才 1500 克,够呛”。此时,我的心又悬了起来,孩子能活下去吗?可这已是第三胎了,难道这一次也要……我不敢往下想。

在手术的痛苦中,我的心又开始颤抖了,焦虑的心情在一遍遍地保佑儿子平安无事。这时我看到了守护在手术台边的儿科医生们那沉着的神态,我的心又有了一线希望,因为这是在全国乃至世界都是很有名望的协和医院哪!医院的高尚医德和高超的医疗技术是让人信服的,他们会尽全力保住这个小生命的!

在儿科病房医生的全力抢救和护士们的精心护理下,终于攻克了早产儿的几大难关,孩子终于被救活了,体重也增长到 2.5 公斤,并且一切正常,可以出院了。这是儿科病房的医生和护士们辛苦了 56 个日日夜夜,用鲜血和汗水换来了我们全家人的欢乐和幸福。

可就在我们无比高兴地准备接儿子出院的时候,儿科的大夫们抱着对孩子认真负责的态度和我们谈了一次话。他们说,有的早产儿因为在暖箱里抢救,不免要经常吸氧气,特别是上呼吸机时要吸高氧,而吸氧过多容易对孩子的大脑造成某些影响,因此,有的早产儿长大后智商要偏低一些,甚至有的成为弱智儿等等……听到这里，我们的心都碎了，心情感到无比悲伤，我哭痛了眼睛。能不伤心吗?我们中年得子，而且又是受了好多苦，卧床保胎了好几个月才得到的宝贝儿子，虽说是早产儿，但终于是保住了性命的可怜的小儿子，却要面临可能弱智的危险。真是又心痛又着急。这时医院的大夫们就劝我不要太着急，他们说，孩子的早期教育是很重要的，也不一定所有早产儿都是弱智儿，有的还很聪明，但培养孩子要从婴幼儿开始，你要有信心，你的孩子一定会好的。

当我们接孩子出院的时候，医院就指定了专门的医生和我们建立了联系，并设立了早产儿档案。孩子出院后，儿科的孙淑英大夫就经常到家里来观察孩子，询问孩子的发育生长情况，并指导我们遇到什么样的问题应如何去解决，以及怎样护理好早产儿，还及时发给我们协和医院制定的辅导孩子的幼儿启蒙教材，让我们按阶段要求辅导孩子。医院还定期给我儿子做智商测验，有时我们嫌路远就没有到协和医院去，而孙大夫就主动与我们联系，还主动到我们家给孩子做智商测验。就这样，我的儿子张帅在医院的关心指导下，在我们的精心养育下，一天天的长大了。从他的智商来看，可以说打破了在呼吸机上生存下来的孩子有可能要致残的说法。经医院所做的智商检测来看，他不但不弱智而且还头脑聪明，语言丰富，记忆力强，遇事好琢磨，反应灵敏，动作也比较协调，智商已高于同年龄的孩子。孩子的健康成长是和协和医院儿科医生们的及时指导分不开的，也是我们对孩子进行早期教育的好结果。我们结合医院送的教材也买一些有关幼儿看的图书如：看图识字、认识积木、识字卡片等等，在这些教材和书的指导下，我们正确地引导孩子，教他识字、辨认物体、颜色、认识数字等，也培养他多动手。经过我们的努力，我的儿子1周岁就已会认数字和图片了，1岁半就会认识汉字近300个，他的记忆力好得惊人，他跟奶奶学认字，一天能学会认两三个字。他很爱动脑子，就是玩玩具也在琢磨，我家里人都说这孩子不像一般孩子，那时楼上的老太太在外面地上写的字叫他认，他都能认出，大家都叫他小神童。

现在我的孩子已经3岁半，认字近800个，可认一些报纸的标

题及 29 个省市的地名及一些外国地名。还爱看书，对书里描述的故事情节富于感情。记得他 1 岁多时，给他讲故事他专心听，当讲到故事中的小猴掉到大坑里喊救命时，他立刻就大哭起来，而且非常伤心。他现在可以看好些故事画书及科普知识书，如：天文知识、太阳系新探、卫星介绍等，还能念书中的好些章节，背图书中的一些故事等。他记忆力很好，学习时专心，几天就学会了英语 26 个字母并能背下 5 首唐诗。如果拿起地图你问他各省市的位置，他会准确无误地指给你看，在地球仪上和世界地图上他能指出七大洲、四大洋的位置，还能指出好多国家所在的地理位置，能指出中国发射的卫星名称，对宇宙空间的九大行星的名字不但记得很熟，连它们的公转、自转、周期都能给你读出来。他非常爱动脑子，学什么东西都很认真，他最大的爱好就是看书、学习、听音乐、认字。他也爱看电视里的天气预报和广告，也喜欢自己画画，还常常让他爸爸画地球和九大行星，对宇宙空间、地图、天文知识、卫星等特别感兴趣。

这一切的一切全是我们对孩子进行早期教育所得到的，他的表现也是我们和医院大夫们所没有想到的，我们看到孩子那聪明样，特别是他那么爱学习，我们高兴的心情简直无法形容。

所以我们要非常感谢协和医院的儿科大夫们，特别是孙淑英大夫。如果没有她们对工作的神圣职责以及对孩子努力抢救的辛勤汗水，就没有我儿子的生命；如果没有她们对幼儿早期教育的教材及各方面的指导帮助，我儿子的智商也不会那样高，也不会像现在这样认得好多字，成为爱学习的好孩子！

要让我的儿子张帅永远地牢牢记住她们这些伟大的母亲，并学习她们无私奉献的革命精神和精益求精的工作态度，长大后好好学习有用的知识，来报答党，报答我们伟大的祖国！

对早期教育的感悟

关于早期教育的有效性，我们还有一例。这个故事是由张伟航的家长讲述的：

我的孩子张伟航是1977年11月1日出生的，体重3850克；身长52厘米；身体健康，发育良好，在孩子出生后几天，我爱人去方庄医院给孩子办预防保健卡时，偶然知道鲍教授开设了早期教育门诊，我爱人出于好奇，顺便给孩子报了名。

在出满月第一天要到方庄医院给孩子进行乙肝疫苗接种，同时也是与鲍教授第一次见面，当我们怀着好奇的心情来到门诊室时，看到许多家长们排着队伍等待鲍教授指导，轮到我们了。鲍老师让孩子俯卧，问孩子这一个月都会什么了，我一下愣住了，我想孩子会什么……什么也不会?这句话触动了我。原来我只是头脑简单地想把孩子喂养好就行了，会什么那是长大以后的事，忽略了行为、动作的练习，对孩子有多么重要，从那一天起，我坚持按照鲍教授和李老师的指导教育孩子。

刚开始练习俯卧时，孩子趴在床上，头抬不起来，四肢本能地挣扎，面部偏向一侧，这样每天坚持练习不到两个月的时候，头就能够抬起，到第三个月时头能够抬到达90度，每天坚持竖着抱这样能够开阔孩子的视野，每天给孩子洗完澡后坚持在室温适宜的情况下给孩子全身暴露的情况下，做一做婴儿体操，这样对全身的骨骼发育极有好处，帮孩子做一做翻身的练习。这样每天坚持在孩子两个半月就能够很熟练地翻身了，在这期间还有对孩子视觉、听觉的练习，多与孩子说话、交流，多让孩子看一些色彩鲜艳的玩具、图画或者家里摆设的名字与功用。如钟表、电视机、电话、镜子等等，还要坚持每天上午、下午外出晒太阳，让孩子感受一下大自然，认识大自然。包括告诉他花草树木的名字、汽车的牌子、颜色，这样每天有一定的生活规律，包括几点吃奶、几点睡觉、几点洗澡、几点晒太阳等等。

从语言上，由于我们不停地跟孩子说话，在他两个月的时候能发出咿、噢、呜的声音，尤其是有一次他躺在沙发上看见墙上的动物挂历，高兴地手舞足蹈，嘴里发出噢、呜的声音，那是他第一次出声音,使我体会到只要多跟孩子交流,孩子的语言发展一定会很好的。

在孩子四个月的时候，有一次，我拿着一块手帕盖在孩子脸上,玩捉迷藏的游戏,刚开始孩子不知是怎么一回事,吓得大哭,我连续做了几次后,他不仅不哭了反而在玩的过程中笑了,还用小手抓脸上的手帕，这样能够锻炼孩子手的动作能力，包括让他捏石子、药片、黄豆等等一些小的颗粒,能够锻炼孩子手指,大脑的发育,还有就是照镜子,让他认识自己,刚开始第一次看镜子时,不知里面是谁,愣愣地看着,我就告诉他,镜子里面有他自己,还有妈妈，然后再让他看一看我自己，就这样他认识镜里的自己和妈妈了。每当照镜子时都非常高兴、兴奋。

还有辅食的添加，因我的孩子发育很好，辅食的添加也要早些,在两个半月已经开始加蛋黄了,从1/8逐渐增加,看一看大便情况,如果没有消化不良,就可以逐渐加量到1/4~1/2,到一个。

孩子是五个月会坐的,也是从那时起开始认识汉字,刚开始教“妈妈”指一下我自己,再指一下字,就这样孩子虽不会说,但已用目光证明他已经认识了,就这样今天认的字明天再复习,然后再认新的字,使他对汉字极为感兴趣,这并不是过早的让孩子学习而是培养孩子的兴趣和注意力、记忆力。

再有就是让孩子多爬，爬能锻炼孩子的四肢及大脑的平衡能力,为今后学走路打下一个良好的基础,应该多让孩子爬,我的孩子是六个月会爬,一直爬到11个月会走,会走以后从来没有摔过跤,走的特别稳。

现在我的孩子快4岁了,每次体检身高、体重都是上,从动作、语言、思维上发育很好,尤其对汉字极为感兴趣,比如在大街上看见汉字认识的就自己念,不认识的主动问我,这也许就是婴儿时期为孩子打下一个良好的基础,这要感谢鲍老师、李老师对孩子的早期教育,而使孩子真正受益于一生。

窒息儿和早产儿早期教育的显著效果

前面菲菲和张帅的故事是很感人的，他们的父母靠着一份科学的教学计划和一颗持久的爱心使孩子摆脱了出生时窒息和早产的不利因素，充分发挥了大脑的潜力和代偿功能，使他们成长为聪明可爱的儿童。这两个孩子得以健康成长的现象不是个别的，而是我们进行早期教育的100多个窒息儿和早产儿中的两个。

什么是窒息新生儿和早产儿

窒息新生儿是指新生儿在出生前、出生时或出生后血液循环气体交换发生障碍，使新生儿血氧供给不足，造成各个内脏的损害，特别是脑的损伤。由于缺氧程度不同，造成脑损伤的程度有轻有重，严重者死亡，经抢救成活的新生儿中，由于脑缺氧、缺血，不同程度地影响小儿智力发育，少数还可出现癫痫或脑瘫。据研究统计，有4%~7%窒息儿发展为智力低下，其余的智力平均水平低于正常儿。

早产儿是指妊娠不足37周出生的新生儿，原因多种多样，有的是因为母亲有各种疾病。早产的小儿愈早出生，即胎龄愈小，发育愈不成熟，新生儿期发生疾病愈多，最常见有呼吸窘迫综合征、窒息、感染、营养不足等等，这些可引起大脑缺氧，使大脑得不到充足的营养，影响大脑的正常发育。据我们统计，存活的早产儿中有7.8%智力低于正常，其余的平均智力水平也明显低于正常儿。早产儿还常发生脑瘫等其他后遗症。

早期教育可防治窒息和早产儿智力低下

为了促进窒息新生儿和早产儿的智力发育，防治智力低下，从

1991年起,全国窒息、早产儿早期教育协作组开始进行协作研究,研究结果令人非常鼓舞。我们将出生在各协作医院的足月窒息儿、早产儿按收治先后分别随机分配原则,单号为早期教育组,双号为常规育儿组,并设正常小儿为对照组。

窒息儿早教组 64 人,常规育儿组 55 人,正常对照组 65 人。方法按我们编制的教育大纲。内容包括运动发育、认知能力、语言发育和交往能力。1 岁以内以感知和动作训练为主。出生后开始给视、听刺激,在小儿觉醒时给看鲜艳色彩的玩具,听摇动玩具发出的响声,经常和小儿对视和说话,促进亲子间的感情交流。

婴儿期的教育内容主要是育儿刺激和玩耍, 使小儿感受丰富多彩的外界环境,即各种颜色、多样形状和不同声音。在床上和卧室墙上挂些色彩鲜艳或可发出响声的玩具,时常更换,以引起小儿看和听的兴趣。给一些常用物品,发展小儿嘴、眼、手的探索能力。在喂养和护理时,不断和小儿亲切交谈,逗引小儿高兴地发声。可通过和孩子说话、唱歌来促进小儿的社会适应和交往能力。通过各种玩耍发展小儿知觉辨别、交流、精细动作和大运动控制能力。1~2 岁以训练语言和协调动作为主,发展对语言的理解能力,通过说做并行、模仿口型等训练小儿用简单词句表达自己的意愿和需要。通过双手配合活动、动手的游戏、涂画、翻书、生活操作等发展小儿动手能力。通过讲故事、游戏、舞蹈、体育活动,延长他们"集中注意"的时间,激发其好奇心和自信心,培养独立能力、毅力和勇敢等优良性格。早期干预是通过指导家长实施的。由符合条件的对象在新生儿出院前,取得家长的同意和合作。具体做法和正常儿早期教育类似。

早期干预结果出乎意料,1 岁半时窒息新生儿早期干预组智力发育指数为 105 分,而正常儿为 100 分,完全赶上正常小儿发育水平。而窒息常规育儿组(按父母的育儿方式)1 岁半时智力发展指数为 90 分,明显低于早期干预组和正常儿。更为重要的是,未经早期干预组中,有 9%小儿智力低下,早期干预组中在 1 岁半时没有一个智力落后于正常水平。

早产儿早教组 52 人，常规育儿组 51 人，正常对照组 53 人。其早教方法同窒息儿。结果同样感到非常惊喜。早产儿 2 岁时，早教组智力发育指数 104.5 分，比常规育儿组 89.9 分高出 14.6 分，完全赶上并超过正常儿 98.8 分。早产儿常规教育组的智力发育指数比正常儿低约 9 分。同样令人高兴的是，接受早期教育的早产儿中没有 1 人在 2 岁时智力低于正常，而接受常规育儿的早产儿中有 6.7%智力低下(见图 11–5)。

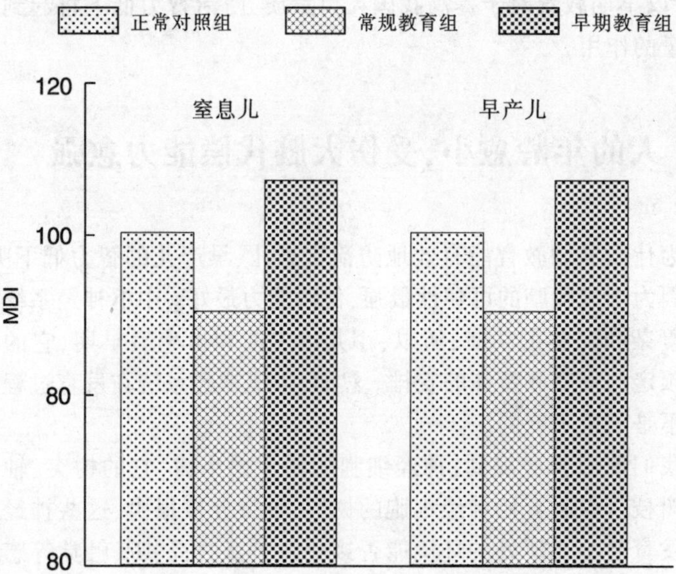

图 11–5　高危儿早期教育组和常规教育组及正常对照组智力发育指数(MDI)比较

因为其他因素也可能影响智力，为了说明早期教育的真正效果，我们将影响小儿智力发育的因素作了比较，如早教组和常规育儿组的母亲妊娠期间的疾病、分娩方式、母亲年龄、小儿的胎龄、出生体重、小儿在新生儿期间患病比例和住院天数，他们的喂养方式，婴幼儿期体格发育情况，他们父母的文化程度、家庭大小，居住条件等作了详细比较，两组均没有明显差别。因此，我们的研究充分证明早期教育对于防治窒息新生儿、早产儿智力低下是有效的。

我们相信对于在新生儿期脑受到其他损伤的小儿，如颅内出血、低体重儿(足月出生不足 2.5 公斤)、高胆红血症、低血糖等高危儿,从新生儿期开始早期教育都能促进他们的智力发育,发挥他们大脑的最大潜力,有效地防治他们智力低下的发生。据统计,全国由于心理社会因素(正常儿早期教育不足)窒息和早产引起的智力低下约 60 余万。这些小儿完全有可能通过早期教育得到防治。早期教育花费很少，收效很大，是经国内外科研证明效果肯定的方法,所以早期教育对于提高我国人口素质,防治智力低下将起到不可估量的作用。

人的年龄愈小,受伤大脑代偿能力愈强

为什么早期教育能有效地防治窒息儿、早产儿的智力低下呢?这是因为未成熟脑的可塑性最强,代偿能力最好。中枢神经系统有非常复杂和完整的功能,所以,小儿出生前和出生后早期,它的发育有预定的程序和特殊的安排。然而,中枢神经系统在发育过程中完全不是固定不变的。

我们前面曾经提到,神经细胞如同一棵小树,它的树突、轴突好比树枝、树根,开始神经细胞的树突、轴突分枝很少,这些神经细胞的发育与小儿所处的环境能否接受到丰富的视、听、触觉等感知刺激有关,如同植物生长需要阳光和水一样。如果早期给予教育,神经细胞会茁壮成长、根深叶茂起来,并使神经细胞之间的连接通路广泛而完善。研究证明,在视觉丰富环境中养育的老鼠,它们的视觉大脑皮层发育好，比养育在视觉刺激贫乏的标准实验笼子内的老鼠的视觉皮层更厚、更重。

神经系统早期的可塑性表现为可变更性和代偿性。可变更性是指某些细胞的特殊功能可以尽管变，例如视觉系统细胞移植到其他器官系统，视觉细胞改变它的功能和新的伙伴在一起而起新的作用,并表现很好,但移植时间要早。过了一定敏感期,移植细胞

不但不会起新作用,而且会死亡。这里有一个生动的例子说明神经细胞对经验的敏感性是可改变的。28 天日龄的小猫,在没有特殊视觉经验前,视觉皮层细胞对所有方向的视觉刺激均敏感,如果在生后早期视觉敏感期给它看垂直条纹 1 小时, 这 1 小时的经验可以改变视觉皮层细胞的敏感性,以后只能看清垂直方向的条纹,对横的、斜的方向条纹不敏感了。这种训练在生后早期效果最好,晚了,即使训练时间长达 33 小时,其效果也不会超过早期训练 1 小时。

代偿性是指一些细胞能代替另一些细胞的功能, 在神经细胞损伤或破坏以后可以得到功能的恢复。研究证明,只有在生长发育早期,局部细胞缺失可由邻近细胞所代偿,但过了一定敏感期后,缺陷将成为永久性的。如在发育早期脑受损伤,到成年时功能很少影响。作者曾见过两个 3 岁左右的小儿,粗看起来,小儿智力和运动与正常同年龄小儿相差不多,但头颅 CT 片上可见一侧脑内有一个很大缺损透明区。追问病史,他们是在生后 2~3 个月以内颅内出血引起的脑损伤。如果这种情况发生在成年人,肯定会引起明显的一侧肢体瘫痪和其他脑功能问题。损伤成人大脑引起的特殊学习障碍常不能或完全不能代偿,而婴儿脑损伤常较少产生学习障碍,因为婴儿脑具有恢复功能。在动物妊娠早期,外科手术摘除其胎儿的一只眼,随后存活眼的视神经树突数量会大大增加。婴幼儿时期特别在早期,中枢神经系统受损伤后,仍可在功能上形成通路,神经细胞的轴突绕道和别的神经细胞树突接通。有的神经细胞出现特殊的分叉,或产生特殊的神经细胞之间联结物突触,达到代偿功能的目的。有一试验,用胚胎脑组织移植到非人种动物获得成功,并观察到胎儿脑组织能增殖新的细胞, 以新生的细胞重建中枢神经系统受损害的部分,或替代已经死亡的细胞。

左脑与右脑是人大脑的左右两个大脑半球, 中间有神经纤维联结在一起。1981 年加利福尼亚大学斯佩里教授对左右脑功能不同的研究获得诺贝尔奖。根据《右脑与创造》一书的说明,左脑是语言脑,掌管“说话”、“读书”、“写字”、“计算”、“组装”和“分析”等逻辑性、理论性的事务;右脑则是音乐脑,掌管“音乐”、“美术”为主的艺术、体育以及“立体感觉”、“模式”、“直感”、“信仰”等难以用语言表达的领域。

成年人当脑血管破裂或受到阻塞时，由于氧气不足，就会使脑受到中风损伤。较多中风病人提供的证据表明，当病变在右脑半球，便引起身体左侧的瘫痪，但却保留了病人完整的语言功能。这些患者还能恰当地和他(她)人交谈，合理地生活，但他们最严重的障碍是容易走失，难于记忆一些非言语的事物，以及有点儿情绪平淡。右侧瘫痪的中风则是非常严重的，因为这一类中风是由于左脑半球受损伤引起的，他们会产生语言能力的部分或完全丧失(失语症)，这类中风病人的悲剧在于患者完全是有意识的，甚至能理解大部分正在说的话，然而他(她)却不能用言语来表达自己的思想。成年人左右脑的分工已定型，左或右脑的损伤，不能由脑的另一半球来代偿，因此，造成永久性的伤残。

但是，有一个奇妙的病例，可用于说明婴幼儿脑的巨大可塑性。有一患儿在 5 岁半时切除了左脑增球，却发现在手术后 21 年，言语智商达到 126 分，他的操作智商分为 102(正常)，仍有非言语的思维能力，他已大学毕业。证明任一大脑半球都能发展高级语言能力。

左脑真正承担语言开始于 5 岁左右。5 岁以前，损伤任一侧大脑，还不至于造成语言能力的永久性丧失。但当脑成熟和高级语言能力发展后，左脑损伤永久性语言的趋势会扩大，成年人损害左脑言语区后，很少有恢复正常的说话的希望。

人脑的组织一旦成熟，就不可能实现整个重组了，而儿童的脑实际上能在损伤部位周围有效地实行改组，使脑功能得到良好的代偿。

以上所述均说明婴幼儿脑的可塑性强。如果对围产期脑损伤进行早期干预，对促进恢复、防治伤残可达到事半功倍的效果。

对高危儿进行早期教育要注意的问题

本书前面的早期教育大纲是为正常发育的婴幼儿制订的,那么对于出生有高危因素的小儿及其他生后异常的小儿是否也适用呢?通过我们前面的例子和实验,回答是肯定的,但在应用时也有几个要注意的原则和特点。

高危儿中最多见的是窒息儿。新生儿窒息后会造成脑缺氧,因此以后发生脑损伤及发育异常的较出生正常儿多。特别在新生儿期,由于窒息的影响,小儿的精神、行为及肌肉张力方面均与正常儿有些不同,这对早期教育会有一些影响。当然这只是在新生儿期,如窒息程度较轻,无合并症者,一般均在新生儿期后恢复正常。个别脑缺氧较重者则可能以后仍然会表现不正常,尤其在精神发育上可能较正常儿稍差,这些小儿的早期教育和正常的小儿是不同的。

首先,越是有这些高危因素的小儿,越需要认真进行早期教育。对他们来说应叫早期干预,即为一种有目的、有组织的教育活动。在实施早期教育大纲时,他们可能跟不上一般小儿的发育水平,这时家长千万不要着急,可视小儿的情况延缓教育计划的实施。比如正常小儿1个月后可俯卧抬头,有高危因素的小儿2个月后抬头仍不稳定,那就在2个月、3个月后继续训练小儿抬头的动作,直到小儿掌握了这一活动后再进行下一项活动。对一些知识的掌握也是如此。这类小儿可能要比一般小儿学得费力,家长要耐心地多花些工夫来教,别的小儿学几遍就能掌握,这种小儿可能需要学更多遍才能掌握。只要家长耐心地一项一项地进行早期干预,就一定会有效果。即使是神经系统有损伤,留有后遗症的,如能努力进行早期干预,也一定会使伤残的程度大大减轻,尤其在早期,效果是事半功倍的。

高危儿中还有一种较多见的是早产儿。有些早产儿在新生儿期患有一些并发症，如颅内出血、呼吸困难、高胆红素血症及严重的感染等，这部分小儿神经系统损害的后遗症发生率是较高的。早产儿主要是出生时发育不成熟，这与他们的孕周有关，孕周越少，发育越不成熟，故生后与正常儿相比有一定的差距，这就需要根据他们的实际情况进行早期干预。对早产儿发育水平的评价，应按他们的校正年龄来比较，校正年龄是从其实际的预产期开始计算年龄，如能达到同年龄水平即可。比如一个孕 32 周出生的早产儿，在 6 个月时，其校正年龄应该是 6 个月减去 8 周，即 4 个多月，这时如按 6 个月要求此小儿，他(她)一般达不到正常小儿水平，应按 4 个多月小儿的水平来要求。所以早产儿在生后早期比一般小儿差一些是正常的，家长不要着急，而是按他们的发育情况，一步一步地认真进行早期教育。如无特殊情况，早产儿一般在 2 岁以前均可赶上正常小儿的发育水平。如有发育异常的情况，也要像对待窒息儿那样，耐心地、延缓地对他们实施早期干预，同样会有显著的效果。如发现有脑瘫的问题，除了这些早期干预外，还要在早期进行一些有针对性的肢体训练。

以上讲到高危儿中发育异常的比例比一般人群要高的多。以往因为不重视早期的监测，所以发现异常较晚，失去了干预和治疗的最佳时机。那么，如何能早期发现小儿的异常呢？这里提出几个重要的指标提请家长注意：

- 3 个月小儿目光不能追随人和物；
- 4 个月小儿俯卧或竖抱时头仍不能抬起；
- 6~7 个月小儿搀成立位时不会跳着玩，而是双足尖着地、两腿挺直或双足交叉；
- 8 个月小儿仍不会坐。
- 10 个月小儿不能用手指捏东西；
- 1 岁半小儿仍不能站立和行走；
- 2 岁后仍说不出单字；
- 够东西时总是用一只手，另一只手不活动或 10 个月后双手仍不能对在一起。

当然，我们提出的这些特征主要是给家长们提出的一些警戒信号，家长一定不要过于紧张，不要小儿比别的孩子发育稍晚一点就认为是有问题，而是要动态的观察，观察小儿的进步情况，如发现以上所说的情况，应及时找有经验的医生进行检查，以便根据小儿的情况做出正确的评价及指导。

为了解决高危儿家长的忧虑，我们建议有高危因素的小儿出生后就要和医院建立较密切的联系，经常对小儿的发育情况进行监测，及时地给予指导，抓住早期教育的有利时期，及时弥补发育的不足，减少小儿后遗症的发生和减轻伤残的程度。

第十二篇

早期干预减少脑瘫发生

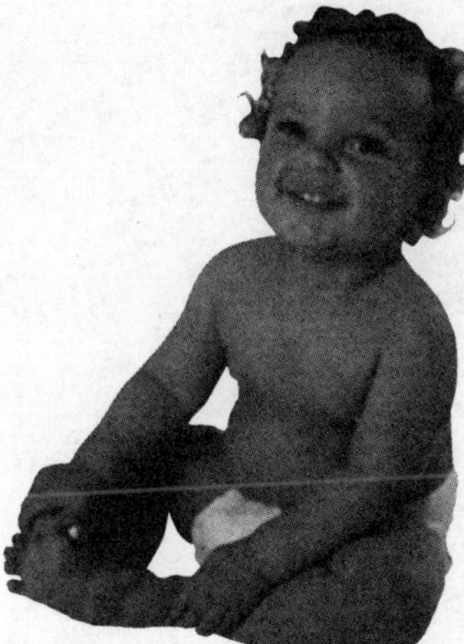

小儿脑性瘫痪(简称脑瘫)是什么样的疾病

小儿脑瘫是生后一个月以内，因某种因素损害了未成熟脑组织,造成运动障碍的器质性疾病。表现有以下 4 大特点：

1. 运动落后和主动运动减少——正常小儿 3 个月时俯卧位时会抬头,仰卧位时有踢腿动作,而脑瘫患儿很少有这些动作。正常小儿 4~5 个月时双手能主动伸手触物,而脑瘫患儿上肢活动很少；

2. 肌张力异常——脑瘫患儿比正常儿张力低或增高；

3. 姿势异常——脑瘫患儿经常有头向后仰,6 个月座位时后倒,两腿夹紧,把尿和更换尿布困难等等；

4. 反射异常——正常小儿头部位置突然放低有拥抱反射(如惊吓一样表现),一般 6 个月以后消失,而脑瘫患儿不消失。还有其他各种反射异常。

脑瘫患儿有时伴有智力低下,癫痫、行为异常和听觉障碍。脑瘫有轻也有重,脑瘫重的孩子将来不会坐、站和走,生活完全不能自理。康复治疗花费很大(约每月数千至万元),年龄大的脑瘫患儿虽经康复,只能减轻症状,改善生活质量,不能治愈。对个人和家庭带来极大的痛苦和负担。

脑瘫是什么原因引起的

母亲妊娠期各种异常情况可能是脑瘫的危险因素，如胎儿脑畸形和多胎妊娠等。双胎比单胎脑瘫发生率高 6 倍多。

出生时窒息,产伤、新生儿脑内出血也是脑瘫的原因之一。

新生儿期各种因素中，早产和低出生体重是引起脑瘫的重要原因。体重越小,发生脑瘫的几率越高。现代约有半数的脑瘫患儿是由于早产引起。

新生儿严重黄疸，引起胆红素脑病，也可引起脑瘫。其他如新生儿感染损伤脑组织所致脑瘫。还有约 1/4 的脑瘫患儿目前找不到原因。

早期干预降低早产儿脑瘫发生率的研究

为了减少脑瘫的发生，中国优生优育协会儿童发育专业委员会组织全国约 29 家医院协作开展了历时 4 年的研究取得了良好的效果。

来自全国各协作单位 2684 例早产儿按家长意愿和研究开始前后的时间分为早期干预组(研究组 1390 例)和常规育儿组(对照组 1294 例)。两组围产期情况、胎龄及出生体重无显著差异。早期干预组自早产儿出院开始，除了接受常规育儿指导外，还在早期教育基础上进行按摩、体操和主动运动训练。常规育儿组仅接受常规育儿指导。1 岁时，早期干预组的脑瘫发生率为 9.4 ‰(13/1390)，而常规育儿组为 35.5 ‰(46/1294)。即常规育儿组脑瘫发生率为干预组的 3.8 倍，而且早期干预组脑瘫轻的多。干预组 13 例脑瘫中有 2 例为重度，而常规组 46 例脑瘫中有一半是重度。结果说明通过按摩、体操和主动运动训练，定期由医生检查，发现有些异常即开始做相应的康复训练，可以明显减少脑瘫的发生，即使患脑瘫也比较轻。这些方法可以教给家长在家中进行，是一种经济、安全和有效的适宜技术。如果家长学会这些方法，使正常儿更加强壮和发育更好；使早产儿、窒息儿或有其他脑损伤的患儿，预防和减轻脑

两组脑瘫发生率比较

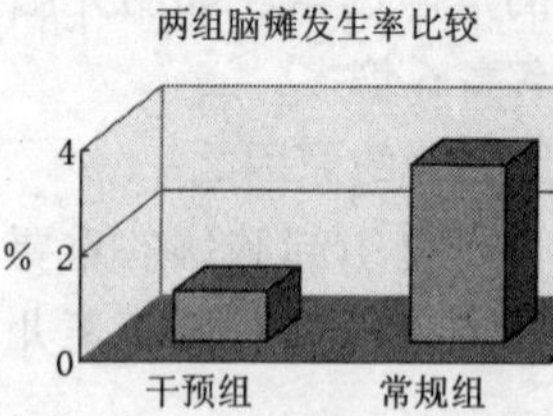

两组脑瘫病情比较

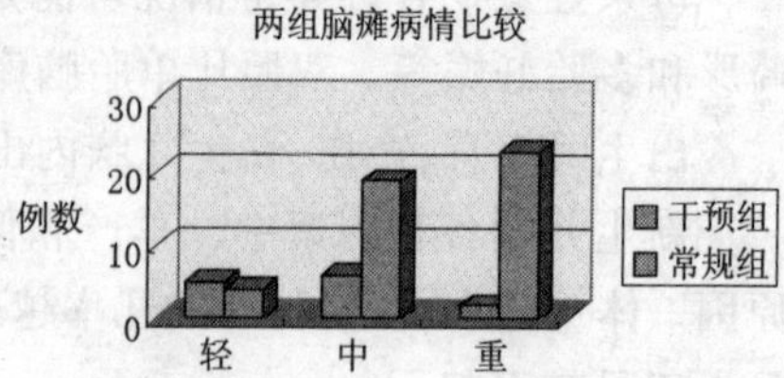

瘫的发生。

早期干预不需要特殊药物和仪器，只要父母按照一定方法在家中给孩子做按摩、体操和强化的主动运动训练，如按月龄增长做相应的抬头、拉坐、翻身、坐、爬、站和走等运动，促进运动张力发展。同时纠正不正常姿势，发展正常姿势。这些方法既安全又可行，并且经过研究证明是有效的。

如果能在全国推广应用这些方法，仅早产儿一项，每年就可能减少 2 万名脑瘫患儿(据调查，早产儿的脑瘫发生率为 29.1‰)。本法也可应用于其他原因引起的脑瘫患儿，也能取得良好的效果。

本书介绍了按摩、体操的方法，下面介绍主动运动训练方法(1~12 个月)。

运动训练内容

一、常规运动

每日应做婴儿体操，方法见本书。

二、强化训练

0~2 月

抚触。生后生命体征稳定后即可对小儿进行抚触，被动运动及视听刺激。

俯卧抬头。胎龄满 40 周开始俯卧练习，要求在吃奶前 1 小时，空腹，觉醒状态下进行，俯卧的床面要平坦、舒适，但是不要太软，用语言和玩具引导小儿抬头。进行训练时可在小儿胸下经双侧腋下垫一个小枕头，双上肢放于枕前，高度为双肘屈曲时双手能触及床面。同时在小儿的后头侧至两肩胛骨内侧进行深浅感觉的刺激，

促进伸肌的收缩直至头上抬。每次训练10分钟，每日训练4~6次。

母子面对面训练法。小儿俯卧于母亲身上，固定小儿上臂和手关节，保持手支撑位。为了促进小儿更好的抬头，母亲可与小儿对话、唱歌或鼓励小儿伸手抚摸母亲的脸。

抗重力直力模式。此训练可在2个月以后开始，方法是仰卧位，握住小儿的前臂拉起，使双肩胛带内收，躯干上抬45到90度，慢慢前后活动，可促进小儿头颈部前屈和立直，同时可提高躯干的控制能力。也可以躯干屈曲90度的位置将小儿慢慢向仰卧位的方向放回，这样也可促进小儿头部前屈。

侧卧对称性姿势。使小儿侧卧于床上，双上肢及双手保持在躯干的正中位，此姿势可控制异常性非对称性姿势及异常性的伸肌紧张。

3~4月

俯卧训练。继续让小儿进行俯卧位抬头训练，尽可能在俯卧位诱发其抬头和爬行等主动动作。

翻身。用玩具诱导小儿翻身，帮助小儿翻身时可一手握住小儿的手，另一手在其肩部轻轻的向对侧引导直至变为侧卧位，完成由头、颈、躯干、骨盆的翻身过程。每日至少练习7~8次。

俯爬。开始俯爬时可让小儿俯卧位，前臂支撑，家长可在其后

方协助小儿一侧下肢的足底向前推至这侧下肢完全屈曲后促使其产生向后蹬的力量,使小儿利用此力的反作用力完成向前的移动。每日练习 7~8 次。

平衡训练。将小儿仰卧位放置被单上,两位家长分别抓住被单两头进行左右摇荡,这样有助于缓解小儿的肌紧张,促进平衡机制的建立。此外, 小儿平衡训练中还包括在俯卧位头部上抬保持中立、肘支撑进行左右重心的移动等动作的训练。每日进行 2~4 次。

手口协调性训练。仰卧位,让小儿两手抓双足放至口,也可让小儿双下肢上抬、臀部上抬,家长握住小儿的骨盆进行前后左右摇动,这样有助于骨盆的控制及躯干姿势的调整,有助于平衡能力的建立和手口协调性的获得。

抓握训练。此年龄段无论是在仰卧位还是在倚座位,或者是肘支撑位均可进行抓握训练。训练时将玩具放在中线的位置,小儿头保持在中立位,诱发小儿的上肢向前伸出、手指分开进行抓握。开始时,可将玩具放置在手较容易触到的地方,

以后逐渐变换位置。每日进行 7~8 次即可。

5~6 月

坐位训练。坐位训练开始时要注意选择良好的姿势，让小儿双下肢分开、躯干前倾。双上肢前方支撑、手掌负重、手指伸开。小儿坐不直时可从其腰骶部沿脊柱向上滑行给予刺激，使小儿坐直。如果伸肌紧张可选择让小儿坐在小凳上双下肢屈曲位进行。为了强化坐位平衡能力，在小儿后方双手握住小儿骨盆诱导小儿重心前后左右移动。每日练习 5~6 次，每次 10 分钟。

爬行训练。开始可提起双下肢，使双上肢充分负重和利用双上肢前行。此阶段的爬行仍属于匍匐爬行，在诱导小儿进行上下肢向前移动的同时，还要进行重心左右移动的训练。另外可进行膝手位姿势的控制性训练。

主动抓握训练。让小儿长坐，将玩具放在身体前远近不同的位置，让小儿练习从远近、高低不同的地方够取玩具，以及到对侧去取物的动作。此动作有助于平衡能力的强化。每日练习 5~6 次。每次 10 分钟。

7~8 月

手膝位爬。在手膝位支撑的姿势能自己保持的基础上，可让小儿进行爬行训练，膝手向前迈出的顺序依次为：左上肢、右下肢、右上肢、左下肢，这称为对角线规律。能够完成独立爬行以后，可以让小儿进行越过障碍物的训练，即爬过妈妈的大腿或其他障碍物。爬行训练要求每日爬 50~100 米。

翻身坐起。让小儿仰卧位，拉住其一侧的上肢诱导小儿先向一侧翻身，然后躯干上抬，让重心从小儿另一侧的肩部向肘和手掌转移，随着重心的转移继续躯干上抬，完成从侧方坐起的动作，每日练习 4~6 次。

扶坐立位。使小儿成坐位，然后扶着小儿从坐位站起，每日 2~4 次，每次 5~10 个。

拾取动作训练。立位扶小儿的双膝防止膝屈曲，在小儿前面放上玩具，让其练习弯腰拾取。弯腰的幅度从高到低，从易到难。此动作每日练习 2~4 次，每次 10~30 个。

双手捏取的动作。到 7 个月左右小儿能够使用拇指，此时可以给他一些小的玩具，让其练习使用手指，让小儿从大把抓握到拇指与其他手指一起使用进行捏的精细动作。

9~10 月

扶站。让小儿扶着东西或靠着东西进行站立，要注意双脚均匀负重。站立时可以诱导小儿在高低、远近不同的位置够取玩具，这样可以强化小儿的平衡能力。也可在扶站时左右交替的将一足抬

起训练单腿负重，如用一足踢球。为独立行走打下基础。

蹲起。家长扶住小儿双足及膝部帮其进行蹲下起来的练习，也可用小凳子做坐起的练习。每日练习2~4次，每次10~30个。如小儿内收肌紧张、足背屈不好可进行肌肉和关节的按摩，每日4~6次，每次10~20分钟。

11~12月

独站。进行独自站立的练习。

扶住和独行。在小儿下肢有了一定的支撑能力后，让其进行迈步的练习，开始可扶着东西或依靠妈妈的帮助，慢慢的进行独自行走的练习。

三、发现异常的治疗性训练

在专业医生的指导下进行特殊的强化训练，包括：穴位按摩、爬行模式和脑瘫康复治疗等。

第十三篇

营养性疾病防治和常见症状答疑

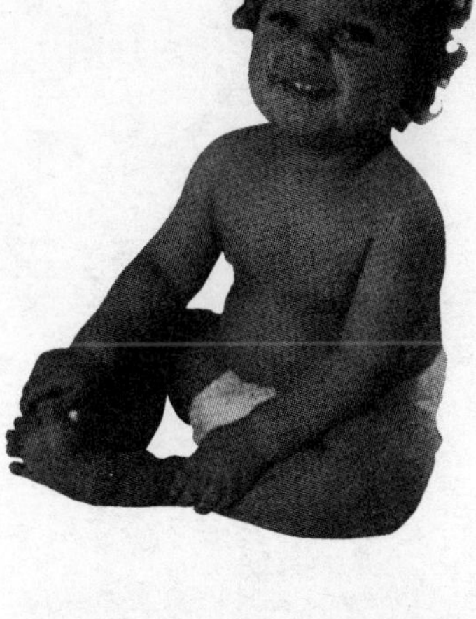

防治婴幼儿常见的营养缺乏病

维生素D缺乏性佝偻病

婴幼儿生长发育快，骨骼的快速生长需要更多钙沉着在骨质内，这个过程很复杂，但总的和体内钙磷代谢关系密切。维生素D在钙磷代谢调节中起极重要作用。维生素D能促进钙、磷在肠道的吸收，减少尿中钙磷的排出，使新形成的骨样组织周围的钙磷浓度升高，促进钙沉着在骨组织内。如果缺乏维生素D，即使吃进很多钙剂，也不易被吸收和利用。所以，维生素D缺乏，可引起体内钙、磷代谢异常，不但使骨骼钙化不良而致骨骼病变，妨碍正常的生长发育，而且使免疫力降低，容易患肺炎、肠炎等感染。

佝偻病有什么表现呢?2~3个月开始小儿有烦躁多哭，夜惊多汗，枕部头发脱落(枕秃)。进一步发展为颅骨软化，用手轻压头颅骨较软，有压乒乓球的感觉，头颅方形，前囟闭得晚(正常1岁半左右闭合)。继续发展可发生骨骼畸形，胸部可有鸡胸样表现，肋缘外翻，下肢畸形表现为两膝关节不直，形成"X"形或"O"形腿，甚至脊柱侧弯或后凸畸形。

怎样防治佝偻病?维生素D有两个来源，第一是靠进食，母乳和牛奶中维生素D的量均较少，不能满足需要。母乳中含钙、磷比例较合适，有利于钙、磷吸收，牛奶中钙、磷比例不适合，不利于吸收，所以牛奶喂养比母乳喂养儿容易患佝偻病。足月儿生后1个月、早产儿生后2周起应补充维生素D。维生素D的预防量为每天400国际单位(相当10微克)。婴儿较大后可多吃含维生素D食品。维生素D的治疗量为每日5000~10000单位，用一个月后改为预防量。冬季因晒太阳少可适当多给。维生素D大量突击治疗要小心，以免造成维生素D中毒。

维生素 D 的第二个来源是日光照射皮肤。皮肤接触日光中的紫外线，可转变皮肤内胆固醇为维生素 D。这是人体内维生素 D 的主要来源。但北方地区寒冷季节长，获得阳光机会少，佝偻病发病率较南方高。为了预防佝偻病，小儿应经常到户外活动，特别在天气暖和的季节，户外活动时尽量多露出皮肤接受阳光照射。室内活动时经常开窗(一般玻璃可挡住紫外线)。

预防胃肠、肝、肾疾病，因为这些病可以影响维生素 D 的吸收和利用。

适当补充钙剂，钙的需要量每天 600~800 毫克。吃奶量 600 毫升以上，可不用钙剂，因为牛奶含的钙量已足够了。

婴幼儿缺铁性贫血

缺铁性贫血是由于体内铁缺乏致使血红蛋白(血色素)减少引起。在婴幼儿期发病率最高，对小儿健康和智能发育危害较大。

为什么婴幼儿容易得这种病? 主要因为这一时期婴幼儿：

生长发育快。婴幼儿期生长发育最快，3~5 个月时为初生体重的 2 倍，1 岁时体重为初生时的 3 倍。早产儿体重增加更快。随体重增加血容量也快速增加，如不添加含铁丰富的食物，婴儿尤其是早产儿很容易缺铁。

铁摄入不足。引起缺铁的主要原因是小儿铁摄入不足。人乳、牛乳中含铁均很低，但人乳中铁 50%可被吸收，牛乳中铁吸收率约为 10%。正常足月儿从母体储存的铁可足够供应生后 3~4 个月造血的需要。从母体储铁最多是在胎儿期最后 3 个月，所以早产儿体内储铁较少。如果生后不及时补充，缺铁是不可避免的。

铁丢失过多。正常婴儿每天排泄铁比成人多。未经处理的鲜牛奶喂养婴儿可能因蛋白过敏而产生少量肠出血，每天失血约 0.7 毫升。此外，慢性腹泻、反复感染均可影响铁的吸收、利用和增加消耗，促进贫血发生。

缺铁性贫血对小儿健康有什么危害? 体内缺铁不是很快会表

现出贫血，在贫血出现前缺铁就可危害小儿的健康。缺铁除影响血红蛋白生成外，还影响肌红蛋白合成，使体内某些酶活性降低，从而影响全身各器官功能。缺铁性贫血表现为面色苍白(特别注意唇、指甲部分)、乏力、不爱活动，年长儿会说头晕、耳鸣。还有食欲下降、少数异食癖(喜食泥土、墙皮等)，常有呕吐、腹泻，可出现口腔炎、舌炎、胃炎和消化不良等。缺铁影响小儿智力发育，表现为烦躁不安，精神不振，较大儿童精神不集中、记忆力减退。机体抵抗力下降，容易感染疾病。

如何防治缺铁性贫血

提倡母乳喂养，及时添加含铁丰富且容易吸收的辅助食品，如肝、瘦肉、鱼等。注意膳食合理搭配。对早产儿从生后2个月开始用铁剂预防。

6个月以后应定时查血红蛋白，如血红蛋白在11克/公升以下即为贫血。明显贫血应及时找医生治疗。一般用硫酸亚铁、富马酸铁、葡萄糖酸铁等，按医生嘱咐服药。两餐之间服铁剂最好，可减少胃肠刺激，同时服用维生素C可促进铁的吸收。应用铁剂到血红蛋白正常后1~2个月，以补足铁的储存量。

常见症状答疑

婴儿腹泻

母乳喂养儿每天大便2~6次，甚至更多，金黄色糊状或稍稀，气味酸、不臭。如一般状况好，体重增长，是属于正常现象。人工喂养小儿的大便颜色浅黄色，成形，每天1~2次。腹泻是指大便次数增多，变稀或水样有时带脓血。

由于新生儿胃肠道发育不够成熟，消化能力差，免疫功能比成人低;又兼他们生长发育迅速,营养的需求相对较多,胃肠道的负担很重,因而容易发生腹泻。腹泻常见的病因是喂养不当,如人工喂养儿,奶量增加太多或突然由人奶改为人工喂养,牛奶内加糖过多或不定时喂养。环境过热或过冷可引起肠道功能紊乱。少数患儿腹泻是对奶制品过敏引起的。腹泻的另一类病因是感染,如母亲喂奶前不洗手,不注意个人卫生和奶头清洗。人工喂养儿奶头和奶瓶不注意清洁消毒,就可能被细菌污染,特别是夏天奶容易变质污染,如喂了已变质的奶可引起肠道感染。此外,新生儿肠道以外的感染如呼吸道感染或败血症等也可以腹泻。

新生儿腹泻主要在于预防。母乳是无菌的,而且母乳中有抗体尤其在初乳中抗体很多,对肠道感染有一定的抵抗力,母乳喂养可以减少腹泻发生。人工喂养时注意喂养方法和做好奶具清洁消毒,这是预防新生儿腹泻的根本措施。

一旦发生腹泻,要及时处理。如腹泻不重,由喂养不当所致,应及时调整奶量,1~2 天内减少奶量或把奶稀释为 1/2~ 2/3, 但不要长时间稀释,以免婴儿营养不良。适当口服补液,可用世界卫生组织推荐的口服补液配方(医院或药店有供应)。方法如下,用 1/4 包加水至 250 毫升,按每千克体重服 60 毫升,在 6 小时内少量多次喂入。也可服妈咪爱和思米达,前者可以调整肠道正常菌群,后者有保护肠道黏膜的作用。服法:新生儿:妈咪爱每次 1/3 包,一日 2 次;思米达 1/4 包冲水 15 毫升,每日 2 次。两种药交替使用,间隔 2 小时。婴幼儿:妈咪爱 1 包,每天 2 次;思米达半包,冲水 25 毫升口服,每天 2 次。两种药交替使用,间隔 2 小时。以上药物比较安全,有利于腹泻康复。如腹泻较重或大便有脓血,伴有食量减少、呕吐、尿少等,应及时找医生诊治。

漾奶和吐奶

小婴儿漾奶,是指喂奶后从口边溢出奶液,量不多,少数婴儿在喂奶后片刻因更换尿布等改变体位引起漾奶，如婴儿一般情况好，不影响生长发育，随年龄增长漾奶减少，至生后6个月自然消失，属正常现象。呕吐和漾奶不同。奶水多为急速从嘴里涌出。也是小婴儿常见现象，与小婴儿消化道解剖和生理特点有关。小婴儿的胃容量小，位置比较横，上口即贲门括约肌发育比较差，下口即幽门通向肠道，它的括约肌发育较好。因此，新生儿胃的出口紧而入口松，奶液容易反流引起呕吐。正常小婴儿如果喂养或护理不当均可引起呕吐。常见的原因如喂奶次数过多、喂奶量过大、或奶头的孔径过大、出奶过快等；或喂奶时奶瓶中奶没有完全充满奶头，吃奶时同时吃进空气；或喂奶后过多变动体位等。通过改进喂养和护理方法，再加上吃完奶后，竖抱起来拍拍背部，让他打嗝，并让婴儿右侧卧位等方法，均可有效预防呕吐。但是呕吐也可因各种疾病引起，如肠道感染、肺炎和脑膜炎等，或因肠道功能异常如幽门痉挛，或肠道闭锁等先天畸形。因此，如果呕吐严重、呕吐不止或还有如发烧等其他症状，应去医院检查及时治疗。

便　秘

便秘指大便干燥坚硬、秘结不通，2天以上大便1次，或虽有便意而排不出大便。

单纯性便秘常见的原因有：(1)饮食不足　婴儿吃得太少，消化后液体被吸收，余渣少，致使大便少，变稠；(2)食物成分不当　食物中含大量的蛋白质而碳水化合物不足，肠道菌群对肠道内容物发酵作用减少，大便易呈碱性、干燥。小儿偏食，吃肉类，少吃或不吃蔬菜，食物中纤维素少，也易发生便秘；(3)肠道功能失常　生活不规律，不按时大便或环境变化和精神紧张等。

便秘的处理方法。根据婴幼儿年龄大小，适时增加菜水，新鲜果汁、水果和碎菜等。定时培养孩子排便习惯，根据小儿的活动能力多做运动有利增加肠道蠕动，促进大便通畅。

怎样知道宝宝有没有缺钙

家长经常向我提出这样的问题：我的宝宝有没有缺钙？

他们中有的是正常的婴幼儿，有的是因为出牙晚，有的是因为枕部秃发、夜间出汗或睡眠不良和夜间哭闹等等。家长提出这些问题和缺钙联系起来完全是可以理解。对宝宝来说，有没有缺钙确实是一个重要的问题。

维生素 D 不足才是缺钙的“因”

正常的宝宝在婴幼儿时期体格生长发育速度很快。如出生时身长在 50 厘米左右，1 岁时平均长 25 厘米，第二和第三年分别长 10 和 8 厘米。这样快速增长，他们的骨骼就需要很多的钙和磷，才能使骨骼变硬。

婴幼儿的身体缺钙时，首先表现在颅骨软，囟门大，压头颅骨有乒乓球感。以后，胸部骨骼外形异常，如胸骨突起像鸡胸，两肋下缘外翻。如果下肢骨软，站立负重造成“O”形腿或“X”腿。除骨骼变化外，早期表现夜间出汗多，枕部秃发形成枕秃，睡眠不安稳和容易发惊等。以上表现称为维生素 D 缺乏性佝偻病。

顾名思义，这种病是维生素 D 摄取不足引起的。维生素 D 有促进钙和磷自小肠吸收，使钙从血中沉着到生长快速的骨骼内，使骨质变硬。所以，婴幼儿缺钙，是维生素 D 不足引起的。缺钙是“果”，而维生素 D 不足才是缺钙的“因”。

婴儿的维生素 D 从哪里来

第一，适当晒太阳 这是最有效、方便和经济的方法。经常让宝宝在户外活动。春秋天，你可直接让宝宝在太阳下，夏天在树阴下，使宝宝的皮肤经常接触紫外线。紫外线照射，可促进皮肤内贮存的7–脱氢胆固醇，经光化学作用转化为维生素D3。太阳光照射，可使皮肤贮存维生素D3备用，不会使维生素D过量。

第二，口服维生素D。食物中除海鱼的肝脏含一定量维生素D外，乳类(包括人乳和牛奶)、蛋黄和肉类中含量均很少，谷物、蔬菜和水果几乎没有，婴幼儿每天从天然食物中摄取的维生素D不能满足他们发育的需要。正常孩子不分年龄，每人每天需要补充维生素D400单位，而早产儿、先天贮存不足者或生长过速婴儿需要量增加。因此，口服维生素D量应适当增加。维生素D的制剂很多，家长可以自行选用，每天定量给孩子服用。一般从出生后半个月到1个月开始服用，一直服到2岁半或3岁。

特别提醒：1. 如果宝宝服用维生素D强化的配方奶，根据奶量计算维生素D的用量，不足部分加以补充，避免因维生素D过量而中毒。

2. 宝宝服用维生素D过多是会中毒的。400单位是每天的维持量，不是治疗量。

3. 如果发现你的宝宝有佝偻病，必须在医生的指导下，给予相应的治疗。

婴幼儿是否要补充钙剂

1岁以内婴儿每天钙的需要量是300~600毫克。乳类是天然补钙剂，人乳中钙和磷比例最适于钙的吸收。人乳化配方奶的钙磷比例接近人乳。一般喂奶量在600毫升以上，钙量已经足够，如果婴儿生长过速，可以适当补充钙剂。

人体血液中钙水平是稳定的，因为有甲状旁腺素和降钙素进行调节。如果体内的血钙低于正常会引起抽风，因此，正常孩子查血微量元素的钙含量高低没有实际意义。

关于出牙晚，夜间出汗和睡眠不安等表现是非特异性的，即不是缺钙特有的。

小婴儿哭闹

3 个月以下的健康婴儿可有哭闹现象。表现为大声哭闹，有持续性，有的持续半小时到 1 小时，甚至数小时。脸面发红、腹胀、双腿屈曲在腹部，双手紧握拳，哭闹直到疲劳为止，常在排便或排气后减轻。发作通常在傍晚或下午。小儿除哭以外吃得好，生长正常。1962 年，布雷寿顿(Brazelton)观察了 80 个正常婴儿在生后 2 周每天平均哭 2 小时。6 周时达高峰，平均每天 3 小时。到 3 个月逐渐减少到约 1 小时。

如果每天啼哭大于 3 小时，每周发作 3 天以上，持续 3 周以上可能有腹绞痛。而这些婴儿中只有 5%可能有器质性疾病。朗纳(Ronald GB)，研究了非洲和西方社会抚养婴儿方式和啼哭的关系。西方社会把孩子放在小床上，哭时才抱，而非洲社会将婴儿整天抱着，婴儿的需要随时都能得到满足。结果显示，两组比较没有显著差别。即非洲婴儿的啼哭现象没有明显低于西方，说明啼哭行为是婴儿中普遍存在的现象。

如何对待啼哭婴儿？除了婴儿吃奶不好和生长缓慢，应找医生检查外，要相信绝大多数婴儿啼哭是正常的发育过程中的行为，过数周后会自行减少。父母可重复用温柔的声音安慰，腹部热敷，少抱、少喂以减少给婴儿刺激，尽可能减少不必要的处理，纠正错误的喂养技术，不要改变配方奶，并创造安静的环境，都有助于减少婴儿的啼哭。

湿　疹

很多家长问，宝宝脸上长皮疹怎么回事？这种情况最可能是湿疹。

湿疹大多发生在生后1~3个月,6个月后逐渐减轻。皮疹好发于头面部,如脸蛋、脑门、头皮、眼眉等处,严重时蔓延到下巴、脖子、腋下、肩、背、臀、大腿根等。皮疹形态不一样,同一部位可同时存在不同的皮疹,有红斑、小红豆疹、水疱。水疱破后形成小糜烂面,局部皮肤红肿,有鲜红、潮湿的创面,创面上有淡黄色渗出液,还可见到黄色结痂,痂脱落后有皮屑。病变皮肤与正常皮肤之间无明显界线,皮肤损伤痊愈后不留疤痕。患儿除局部皮肤病变外,一般无发烧等全身症状,只是湿疹部位奇痒,可使孩子烦躁不安、夜间哭闹,影响睡眠。如婴儿长到三、四个月时,会自己抓挠,将皮疹抓破感染,局部皮肤肿胀化脓,就会出现发烧、精神不好,拒乳、局部淋巴结肿胀等全身感染症状。

引起湿疹的原因至今尚不清楚。普遍认为与多种因素有关,如遗传和身体素质。有过敏性疾患家族史、比较胖、为渗出性体质的孩子易患湿疹;还与食物过敏有关,孩子喝牛奶或奶中加糖较多,乳母食用鱼、虾、蟹、牛羊肉等也易患湿疹;此外,气候变化,洗脸洗澡用的香皂的刺激,日光照射皮肤时间较长、室温偏高,衣被过厚、出汗多;穿化纤、羊毛类衣服,使用化纤织物做尿布,尿布质地粗硬,或清洗不太干净,尿布上残留洗衣粉的碱性物质;以及孩子患消化不良,腹泻时,均可诱发湿疹。加之孩子皮肤娇嫩,易发生变态反应,故上述诸多因素,均可引起婴儿湿疹。妈妈必须结合自己孩子的具体情况,仔细分析,寻找原因。

湿疹的治疗护理原则是去除病因,对症治疗。如能找到病因,加以去除,如治疗消化不良、腹泻,考虑牛奶引起过敏时,可延长牛奶的煮沸时间,减少奶中加糖量,母乳或配方奶是湿疹患儿理想食品。对症治疗主要是缓解症状,湿疹处用湿疹药膏涂抹,脸部不能用氢化可的松一类的药膏,容易使脸部色素沉着。不用热水、香皂洗脸洗澡,可用温水清洗,也可用3%硼酸水湿敷。严重者在医师指导下,服用扑尔敏、非那更、苯海拉敏等抗过敏药。皮质激素类药物效果虽好,副作用大,最好不用。患病期间要加强呵护,把孩子手指甲剪短,睡觉时戴手套,不让抓破患处。患儿枕套被套要勤换洗,不给患儿穿化纤和羊毛类衣服，使用柔软纯棉尿布，乳母少吃或不吃易引起过敏的食物，更不要接触患水痘的孩子，以免病情恶化。

湿疹有反复发作的特点，经治疗暂时好转，不久又复发。所以，希望湿疹能很快治愈是不现实的。只能加强护理，耐心等待。随着孩子年龄的增长，皮肤组织结构逐渐接近成人，5~6 月症状减轻，大多数患儿 1 岁半左右会慢慢痊愈，很少数患儿延至幼儿或儿童期。

多　汗

出汗过多称多汗。出汗是一种生理现象。机体通过出汗散发热量，以维持体温正常。婴幼儿皮肤含水量大，微血管多，通过皮肤蒸发的水分也多。

多汗有生理性和病理性两种。绝大多数小儿多汗为生理性。因为小儿代谢旺盛，活泼多动，出汗比成人多。此外，穿衣过多，盖被过厚，室温过高，均可使小儿多汗，给小儿吃过热的奶或其他饮食也可引起出汗。刚入睡时出汗可能是积蓄体内多余能量需要释放。病理性多汗在小儿常见的问题为维生素 D 缺乏佝偻病。所谓缺钙实际上是维生素 D 缺乏，因为钙在奶中含量不少，但要维生素 D 帮助钙的吸收和利用。如果婴儿一直服用维生素 D 预防量 (每天 400 单位)或经常户外活动，孩子运动发育正常，骨骼未见异常则不必担心此病。其他疾病除出汗外，伴有其他症状，必要时找医生诊治。

第十四篇
新生儿行为神经测查方法

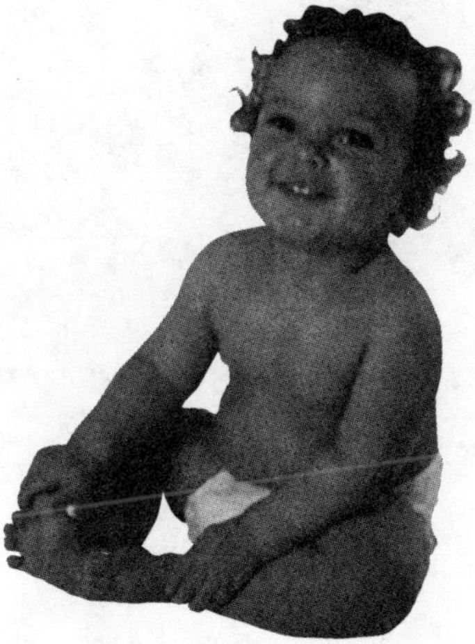

中国新生儿 20 项行为神经测定法

新生儿 20 项行为神经测定方法和评分标准

布雷寿顿的新生儿行为估价评分(NBAS)是一套完整的行为测定方法,重点在行为方面,是研究新生儿心理发育的良好方法。但没有正常和异常的评分标准,方法复杂,测查需 30 分钟,评分和分析方法不易掌握,目前在我国临床上很难推广应用。很多临床儿科医生和儿童保健工作者希望建立一种比较简便有效的新生儿行为测定方法。为此,在吸取美国布雷寿顿新生儿行为估价评分和法国阿米尔-梯桑新生儿神经运动测定方法的优点上,我们结合自己的经验,建立了我国新生儿 20 项行为神经测定方法,即 NBNA 法。

20 项行为神经测查分为五个部分:即行为能力(6 项)、被动肌张力(4 项)、主动肌张力(4 项)、原始反射(3 项)和一般估价(3 项)。每一项评分有三个分度,即 0 分、1 分和 2 分。满分为 40 分。评分均以行为最优表演评定。

新生儿行为能力(共 6 项)

对光刺激反应减弱。也称对光刺激习惯化。在睡眠状态下(状态 1 和 2),婴儿对手电筒光短暂照射眼产生不愉快的反应后,重复光刺激有反应减弱的能力。此项测验就是检查这种反应减弱的能力。用 2 节 1 号电池手电筒一个,手电光扫射新生儿两眼 1 秒,观察其反应。第一次反应终止后 5 秒钟,再重复刺激,每次照射时间和手电筒距眼的距离相同。连续 2 次反应减弱后停止测试,如不减弱,连续照射最多 12 次。如果新生儿对最初两次刺激无反应或反应极小,可以松松包被和轻摇小床,以便使婴儿进入更适合于测试的状态。如果婴儿对下一次刺激有反应,以此次算作第一次刺激。如果几次刺激后仍无反应, 则进入下项检查。如果孩子醒来或已经觉醒,必须停止反应减弱项目测试,在 1~2 天内适当时间再测试。评

分方法：观察和记录反应减弱甚至消失的连续 2 次的前一次次数。0 分为≥11 次，1 分为 7~10 次，2 分≤6 次。

对格格声反应减弱。此项测查新生儿对于扰乱性听刺激抑制能力。用长方形小红塑料盒(8×3.5×3.5 厘米)，内装有玉米豆，摇动时发出格格声。在安静的环境，小儿对突然的格格声产生反应。测查应在睡眠状态(状态 1 和 2)进行，距小儿约 10~15 厘米处，响亮地垂直摇动格格声盒 3 次约 1 秒，小儿可产生惊跳、用力眨眼和呼吸改变等反应，等反应停止后 5 秒钟再重复刺激。连续 2 次反应减弱时停止测试，如不减弱，连续刺激最多 12 次。观察和评分方法同第 1 项。

非生物听定向反应(对格格声的反应)。这是一种在婴儿觉醒状态时对格格声刺激反应的测查方法(图 14–1)。如果对初次刺激未引出反应，在以后检查中可以重复刺激。将小儿头放在中线位，在新生儿视线外距耳约 10~15 厘米处连续轻轻摇动小塑料盒，使其发出柔和的格格声，持续摇到小儿作出最优反应。可以变更声音的强度和节律性，以引起小儿的注意，避免反应减弱和习惯化。持续摇动不超过 15~20 秒，左右交替刺激共 4 次。测查时避免其他声音或因看检查者的脸而分散其注意力，观察新生儿眼和头转向声源的能力。

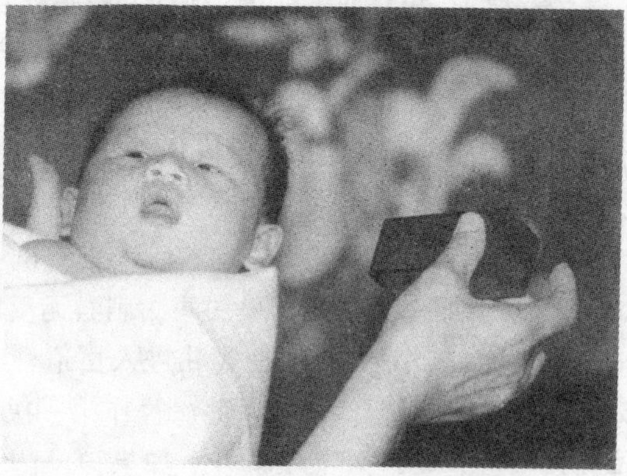

图 14–1 在新生儿视线外摇动格格声盒

评分:0 分为头和眼球不能转向格格声源;1 分为眼和头转向声源,但转动<60 度角;2 分为转向格格声≥60 度角。并记录头转向声源≥60 度角的次数。如刺激 4 次中,转向声源≥60 度角 2 次,评分为 2(2),括弧内为转头次数。

非生物视定向反应(对红球反应)。大多新生儿觉醒状态时有注视物体和简短地追随物体运动的能力。红球直径约为 5 厘米。环境安静,半暗,使小儿不因为光线太亮而睁不开眼。做视定向测查时,将小儿包裹好,暴露颈部,因头部转动可受颈部衣服和包被的影响。抱新生儿在膝上或半卧位用手托起小儿头和背部,如新生儿不安全觉醒时,可以轻轻地上下摇动使其睁开眼,包裹可限制其干扰性运动,半卧位抱起有助于小儿觉醒。检查者将小儿头放在中线位,手持红球,距小儿眼正前方约 20 厘米左右,轻轻转动小球,吸引小儿注视,然后慢慢地沿水平方向移动小球,从中线位移动到一边,如果眼和头追随红球到一边,将头和红球恢复到中线位,红球再向另一侧移动。然后垂直方向移向头上方,再呈弧形从一侧移动到另一侧 180 度角,看小儿是否继续追随,一时引不出反应,在规定时间内可重复进行。进行操作时,应避免和小儿谈话或因看你的脸分散他们的注意力 (见图 14-2)。

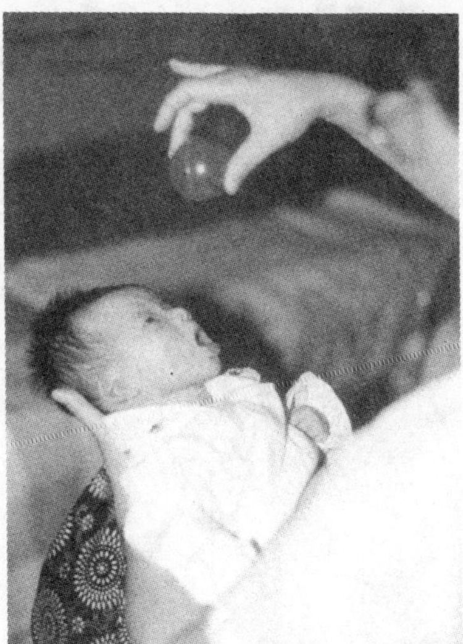

图 14-2 新生儿正在注视正前方的红球

评分:0 分为眼和头不转动;1 分为眼和头转动<60 度角;2 分为眼和头转动≥60 角。如果向上垂直方向看红球抬头≥30 度角加 1 分,头追随移动红球 180 度角又加 1 分。在移动 180 度角时,视线可以中断,但经过努力又能继续追随即可(图 14-3、14-4)。例如新生儿在水平方向转头 60 度角后又能弧

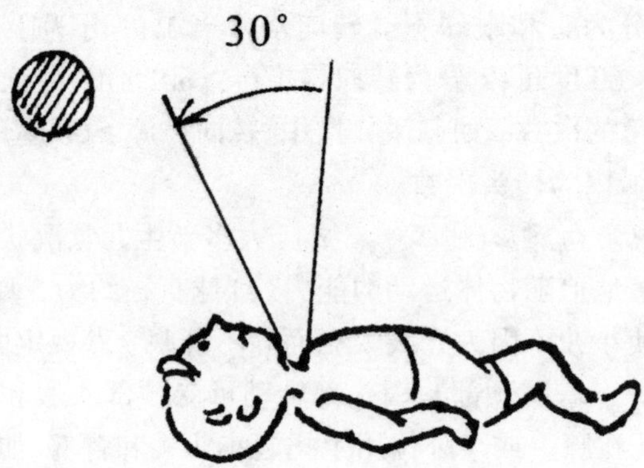

图 14-3 向上抬头看红球

形追随红球 180 度角,评分为 2 分(+2 分)。

生物性视听定向反应 (对说话的人脸反应)。新生儿在觉醒状态,检查者和新生儿面对面,相距约 20 厘米,用柔和高调的声音说话,从新生儿的中线位慢慢移向一侧,然后到另一侧,移动时连续发声,观察新生儿的眼和头追随检查者说话着的脸移动的能力,操作和评分方法同前一项。注意测查时小儿视和听同时反应,如果小儿眼未注视你时,不要过早移动你的脸和声音,只在新生儿听到声音后才转动头,则仅测查了听的定向能力。

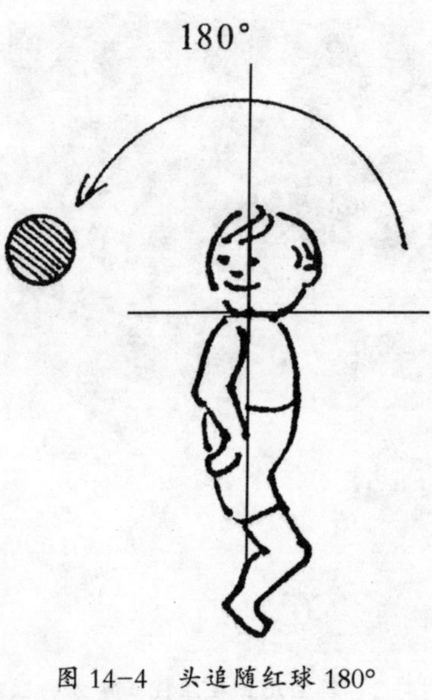

图 14-4 头追随红球 180°

安慰。是指哭闹的新生儿对外界安慰的反应。

评分:0 分为哭闹时经任何安慰方式均不能停止;1 分为哭闹停止非常困难,需要抱起来摇动或吃奶头才不哭;2 分为自动不哭,也可经安慰,如和小儿面对面说话,手扶住小儿上肢及腹部或抱起来即不哭。

被动肌张力(共 4 项)。

受检新生儿在觉醒状态，呈仰卧头在正中位，以免引出不对称的错误检查结果。

围巾征。(图 14–5)。检查者一手托住新生儿于半卧位姿势，使颈部和头部保持正中位，以免上肢肌张力不对称。将新生儿手拉向对侧肩部，观察肘关节和中线的关系。

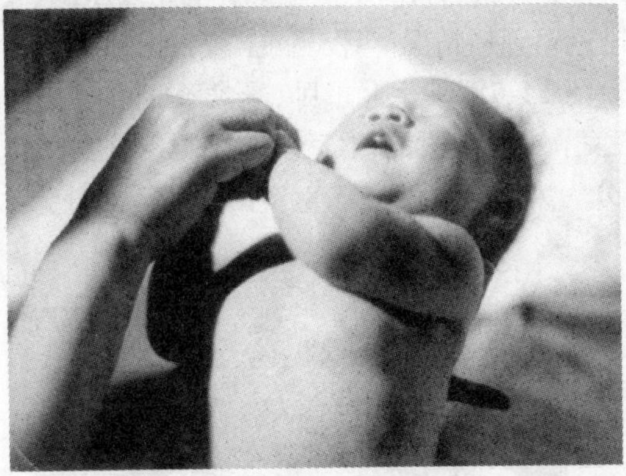

图 14–5　围巾征

评分：0 分为上肢环绕颈部；1 分为新生儿肘部略过中线；2 分为肘部未达到或刚到中线(图 14–6)。

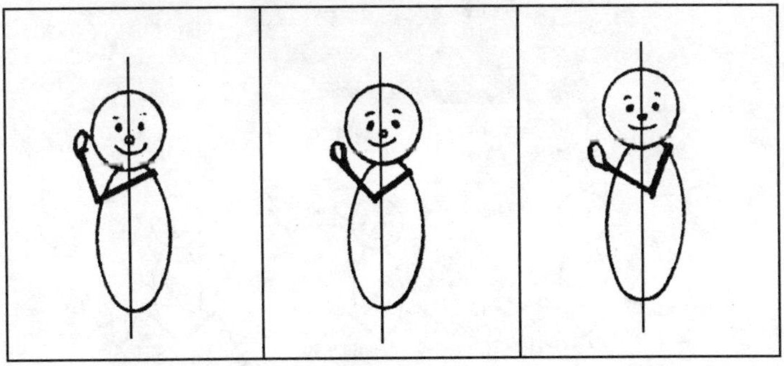

围绕颈部　**略过中线**　**未达中线**

图 14–6　围巾征、肘和中线的关系

前臂弹回。只有新生儿双上肢呈屈曲姿势时才能检查，检查者用手拉直新生儿双上肢，然后松开使其弹回到原来的屈曲位，观察弹回的速度。

评分：0 分为无弹回；1 分为弹回的速度慢或弱、弹回时间>3 秒；2 分为弹回时间≤3 秒，可重复引出。

下肢弹回。受检新生儿髋关节呈屈曲位时才能检查。如未呈屈曲位，检查者可屈伸小儿下肢 2~3 次，使其自动呈屈曲位。新生儿仰卧，头呈正中位，检查者用双手牵拉新生儿双小腿，使之尽量伸直，然后松开，观察弹回情况。评分同上肢弹回项目。

腘窝角。(图 14-7)。新生儿平卧，骨盆不能抬起，屈曲下肢呈胸膝位，固定膝关节在腹部两侧，然后举起小腿测量腘窝的角度。

评分：0 分为大于 110 度；1 分为 110~90 度；2 分为≤90 度 (图 14-8)。

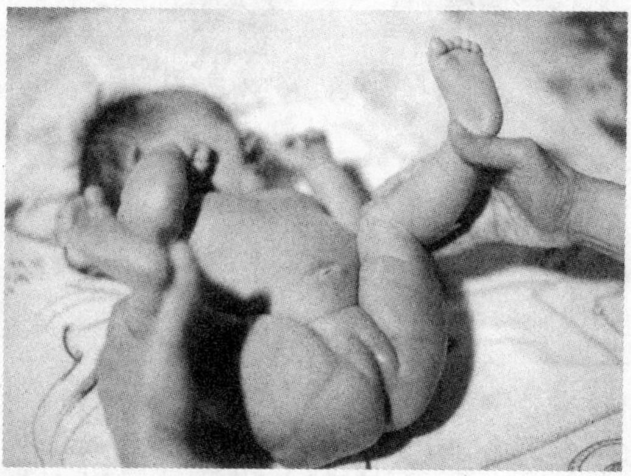

图 14-7 腘窝角

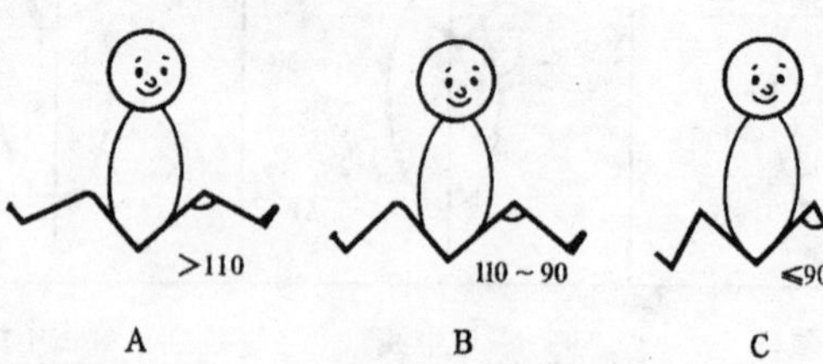

图 14-8 腘窝角范围

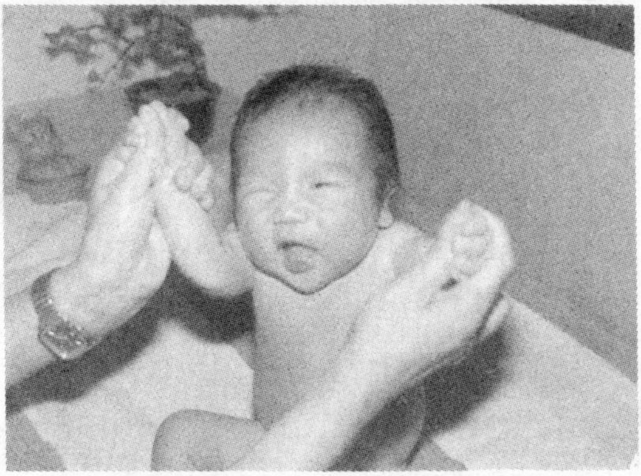

图 14-9　坐直位时，头竖立短暂时间

主动肌张力(共 4 项)。

主动肌张力均应在觉醒状态时测查。

颈屈、伸肌的主动收缩(头竖立反应)。此项为检查新生儿颈屈、伸肌主动肌张力。拉新生儿从仰卧到座位姿势，新生儿试图竖起他的头部，使之与躯干平行，但新生儿头相对重，颈屈、伸肌主动肌张力较弱，当小儿起坐时头向后仰，正常新生儿颈屈、伸肌主动肌张力是平衡的，在拉坐直时，头一般能竖立 1~2 秒(图 14-9)。在座位稍向前倾时头向前倒。检查时，新生儿呈仰卧位，检查者用双手握住新生儿双上臂和胸部乳头下方，以适当速度拉新生儿从仰卧到座位，观察其颈部屈、伸肌收缩及试图竖起头的努力，并记录坐直位时头竖立的秒数。操作可重复两次。

评分：0 分为无竖头反应或异常；1 分为有竖头的动作，但不能维持；2 分为头能竖立 1~2 秒或以上。并在评分后括弧内注明竖头秒数。如座位时头竖立 3 秒，评分为 2(3″)。

手握持。(图 14-10)。新生儿呈仰卧位，检查者的手指从小儿手的尺侧伸进其掌心，观察其抓握的情况。

评分：0 分为无抓握；1 分为抓握力弱；2 分为非常容易抓握并能重复。

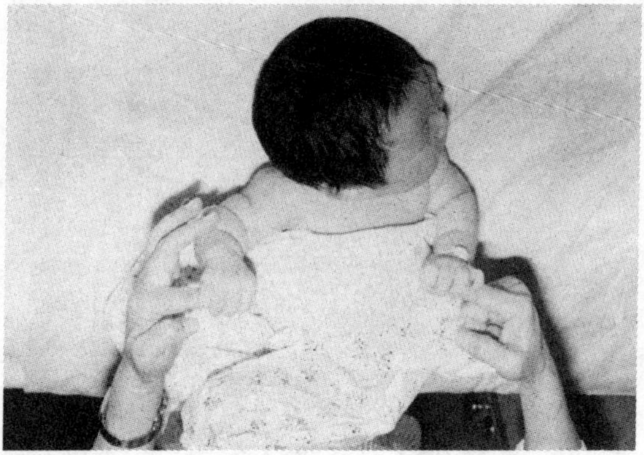

图 14-10 手抓握反应

牵拉反应。新生儿呈仰卧位，手应是干的，检查者食指从尺侧伸进其手内，先引出抓握反射。然后检查者拉住新生儿上臂屈曲、伸直来回 1~2 次，在肘部伸直时突然提起小儿离开检查台(同时用大拇指在必要时抓住新生儿的手，加以防护)。一般新生儿会主动抓住检查者的手指使其身体完全离开检查台。注意检查者不能因为怕小儿坠落而用自己的手抓住新生儿的手拉起来，这样无法检查和评定新生儿对牵拉的主动肌张力。

评分：0 分为无反应；1 分为提起部分身体；2 分为提起全部身体。

支持反应。检查者用手握住新生儿前胸，除食指外其他手指分别放在两腋下，食指放在拇指对侧锁骨部位，支持新生儿呈直立姿势。观察新生儿头颈部、躯干和下肢主动肌张力和支持身体呈直立位情况。评分主要根据头颈部和躯干直立情况，正常时下肢也可保持屈曲。

评分：0 分为无反应；1 分为不完全或短暂；直立时头不能竖立；2 分为有力地支撑全部身体，头竖立。

原始反射。共 3 项，在觉醒状态时测查。

自动踏步和放置反应。自动踏步和放置反应的意义相同，一项未引出可用另一项代替。

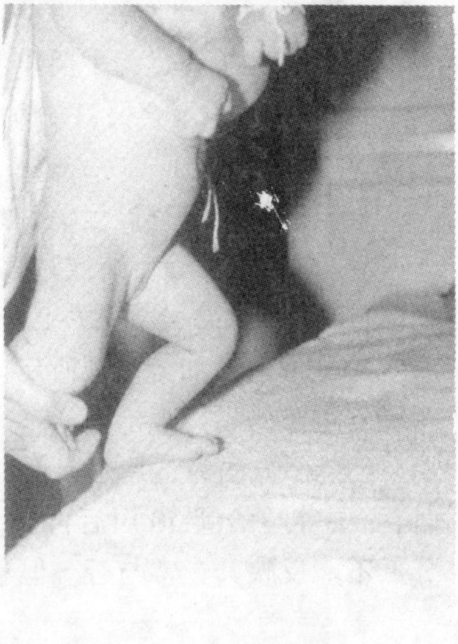

图 14-11　放置反应

自动踏步:新生儿躯干在直立位时,使其足底接触检查桌面数次,即可引出自动迈步动作,如果检查者扶着小儿身体顺迈步方向向前,新生儿似能扶着走路。

放置反应(图 14-11):一手扶住新生儿一下肢,另一下肢自然垂下,使该垂下下肢的足背接触检查桌边缘,该足有迈上桌面的动作。然后交替测查另一足的放置反应。

评分:0 分为无踏步也无放置反应;1 分为踏一步或有一次放置反应;2 分为踏 2 步或在同足有两次位置反应或两足各有一次放置反应。

拥抱反射。新生儿呈仰卧位,检查者拉小儿双手上提,使小儿颈部离开检查桌面约 2~3 厘米,但小儿头仍后垂在桌面上,突然放下小儿双手,恢复其仰卧位。由于颈部位置的突然变动引出拥抱反身。表现为双上肢向两侧伸展,手张开,然后屈曲上肢,似拥抱状回收上肢至胸前。可伴有哭叫。评定结果主要根据上肢的反应。

评分:0 分为无反应;1 分为拥抱反射不完全,上臂仅伸展,无屈曲回收;2 分为拥抱反射完全,上臂伸展后屈曲回收到胸前。

吸吮反射。将乳头或手指放在新生儿两唇间或口内,则引起吸吮动作。注意吸吮力、节律与吞咽是否同步。哺乳时需要呼吸、吸吮和吞咽 3 种动作协同作用。

评分:0 分为无吸吮动作;1 分为吸吮力弱;2 分为吸吮力好,和吞咽同步。

一般估价(共 3 项)

觉醒度。在检查过程中能否觉醒和觉醒程度。

评分:0 分为昏迷;1 分为嗜睡;2 分为觉醒好。

哭声。在检查过程中哭声情况。

评分：0 分为不会哭；1 分为哭声微弱、过多或高调；2 分为哭声正常。

活动度。在检查过程中观察新生儿活动情况。

评分：0 分为活动缺或过多；1 分为活动减少或增多，哭声微弱、过多或高调；2 分为哭声正常。

总分不包括加分。视听定向力加分和头竖立秒数是新生儿行为能力进步的指标。

NBNA 方法只适用于足月新生儿，早产儿需要用 NBNA 测查时，需要等孕龄满 40 周后再做，因为早产儿肌张力较低，NBNA 评分低不能反映其正常与否。但早产儿可有视听反应。

测查环境顺序和检查者的训练

测查应在新生儿两次喂奶中间进行，一般在喂奶后 1 小时睡眠状态开始。因为吃完奶立即开始测查，新生儿刚入睡，不易被唤醒，很难引出视听等定向反应。如果在第 2 次喂奶前开始测查，小儿常因饥饿而哭闹，亦不易集中注意力于视、听定向反应。检查环境宜安静、半暗。因为声音嘈杂、光线很亮时，新生儿已对声、光习惯化，在睡眠状态不易引出对光和格格声反应减弱的能力。在觉醒状态的新生儿，由于光线过亮而睁不开眼，不利于测查视定向反应。由于嘈杂声的干扰，影响其对听刺激定向反应能力。测查室温度为 22~27℃，不能达到此温度时可用取热器使局部范围温度维持在上述环境温度。

一般测查顺序为在新生儿睡眠时开始，先测光和格格声反应减弱项目，然后打开小儿包被，脱去衣服，观察四肢活动情况，做上、下肢弹回，围巾征和腘窝角，接着拉成座位，观察竖头能力，扶起做直立支持反应、踏步和放置反应，平放呈仰卧位时做握持和牵拉反应。哭闹时观察对安慰的反应。随后包裹新生儿，做视、听定向反应。如要新生儿吃奶很好，不必测试吸吮反射。检查在 10 分钟内完成。检查后立即作评分记录。

测查者不可能单靠阅读资料或看录像学会合格的 NBNA 检查方法。掌握此方法必须通过传授,自己测查了至少 20 个新生儿,并接受 4~5 次辅导,最后通过合格检验,才能达到测查合格标准,总分误差不应超过 2 分。20 项行为神经测查中行为测查是难点,也是最重要的部分。行为测查是检查者和新生儿相互作用的过程,也是相互交往的过程,了解这一点很重要。新生儿的行为表演不完全服从测查者的安排是经常遇到的,测查者要善于理解新生儿的状态和行为表演能力。首先要熟悉新生儿的状态,新生儿在不同状态有不同的行为能力。测查者还应使新生儿处于舒适的位置(包括包裹情况)以便引出定向反应。有新生儿工作经验的学习者更容易学会测查方法,因为新生儿在他们手中感到很舒服,容易被引出最优的视听定向表演。而很少接触新生儿和缺乏护理新生儿经验的人员学习行为测查较困难,要求这些测查者在学习方法的同时学会如何护理、怀抱和包裹新生儿,使他们感到舒服。引出新生儿行为表演,除需要测查者准确的手法,还要求测查者对新生儿反应很敏感,能察觉到他们机敏觉醒的瞬间及时引出视听定向能力。新生儿觉醒时间很短,集中注意力的时间更短暂,很容易疲劳,表现为凝视、烦躁、困倦,有时打咯、打嚏涕。这时需要休息一下,竖起来抱一会儿或轻轻摇动新生儿。总之成功地完成行为测查的关键在于检查者的灵活性和敏感性。

NBNA 方法的可靠性与实用性

为了衡量、检验中国的 NBNA 与美国的 NBAS 之间的相关性,中国专家组曾对 160 例 (男 78、女 82) 正常新生儿,同次先后测 NBAS 和 NBNA,分别评分,然后将两种方法评分进行比较。将 NBAS 测查项目分为 7 个项目群:即(1)习惯化,(2)定向力,(3)运动,(4)状态控制,(5)状态调节,(6)自主神经稳定性,(7)反射。NBNA 测查项目分为 5 个项目群:(1)行为能力,(2)被动肌张力,(3)主动肌张力,

(4)原始反射,(5)一般状态。

对两种方法评分相关系数及显著性进行检验，凡是 NBNA 中和 NBAS 相应的项目群之间相关性均较好。

NBAS 和 NBNA 这两种方法各有特点。前者是一种完整的行为测定方法,重点在行为方面,没有正常和异常的评分标准;后者则是行为和神经测查并重，有正常和异常的评分标准，适合临床应用。此外,经检验,NBNA 方法内部结构也较合理,可信度高。NBNA 的评分标准比较实用,测定时间比较节省。检测人员一般经过 2 周训练,每人至少测查 20 个新生儿,并通过鉴定合格,可达到准确可靠的测查结果。

1988 年，全国 12 城市 25 个医疗单位共同组成全国新生儿行为神经科研协作组、全国新生儿生长发育科研协作组,应用 NBNA 法测查正常新生儿 714 人(男 369,女 245),对每个新生儿于生后第 2~3 天,12~14 天,26~28 天测查 3 次,共 4142 人次。结果为 90.4% 总分在 39~40 分,97%在 37 分以上，无 1 人在 35 分以下。三次测查结果显示视听定向能力、颈主动肌张力随日龄增长而增强。NBNA 在应用中有显著的稳定性和可靠性,地区差别对评分结果无明显影响。

1989 年,我们又开始应用 NBNA 预测窒息儿预后的研究。全国 13 个协作单位收治足月窒息儿 145 例(男 93、女 52),阿氏评分 5 分钟≤6 分。除外其他重要疾病。145 例中死亡 12 人,失访 8 人,随诊至 1~2 岁 125 例。结果显示,7 天 NBNA 评分<35 分者有,36 例,其中 16 例预后不良，死亡和智能落后各半;12~14 天 NBNA≤35 分者有,14 例,其中 11 例预后不良,死亡 5 例,智能落后 6 例,而>35 分的 108 例中,106 例预后为正常,无 1 例死亡。生后 7 天和 12~14 天 NBNA 评分对预测预后的敏感性和特异性分别为 88.9%、82.6% 和 84.6%、97.4%。其预测预后的价值优于 Sarnat 分度、头颅 CT 和 B 超。

最近的一项研究，通过对 102 例足月重症窒息儿 (窒息组)和 714 例正常足月新生儿(对照组)行为神经测定比较,结果显示:

(1) 窒息组总评分 7 天和 14 天均比正常新生儿低($p<0.01$);(2) 两组单项得分比较,20 项测定 7 天,14 天共 40 项次中仅 14 天围巾征及 7、14 天前臂弹回差异不显著($p>0.05$)外,其他 18 项均有显著差异,窒息组低于正常新生儿,表明 20 项 NBNA 用于重症窒息的评估是合适的。(3) 重症窒息时 NBNA 评分特点是行为及主动肌张力两方面扣分最多,视听定向包括对格格声反应,对说话脸反应和对红球反应,主动肌张力包括头竖立,牵拉反应和支持反应,为窒息时的敏感指标,应进行常规动态检测,可早期发现脑损害。

以上研究证明,NBNA 是一种信度、效度可靠的新生儿临床检查方法,测查方法和评分易掌握,工具简便经济,适合我国儿科医生和儿童保健工作者在临床和科研工作中应用。

第十五篇

0~1 岁神经运动检查和脑瘫早期诊断

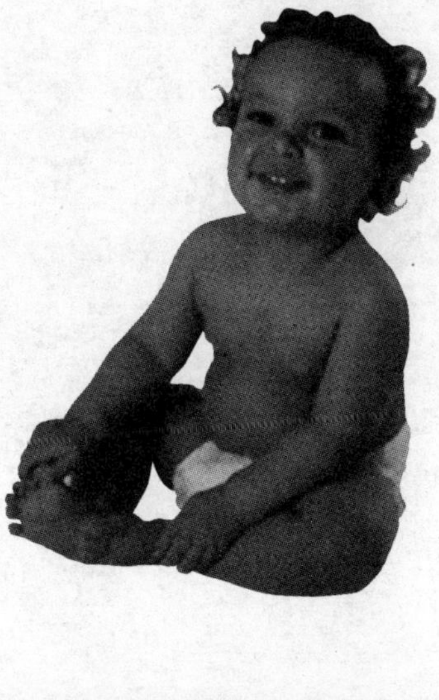

1岁以内神经运动功能的正常发育

对足月儿生后第一年被动肌张力的分析，可以认识到肢体屈肌张力降低的一般类型。在第一年内，约生后2个月开始上肢屈肌张力先降低，然后约4~8个月时下肢降低，以后肌张力再慢慢增加，达到成人水平，肢体屈肌张力降低为头尾方向，主动肌张力增加亦为头尾方向。2个月的婴儿从仰卧拉到座位有头竖立的能力，5个月会坐但躯干不能直立，7个月会坐，躯干变直，9个月扶着会站。自头竖立发展到坐再进展站立是典型的头尾方向。

伸直反应在40孕周时最明显，一直保持到生后2~4个月，从4~6个月伸直反应消失，然而在5个月时显示体轴主动肌张力增加，婴儿能维持座位，约7个月，伸直反应又出现。认识婴儿这些正常发育型和他们的个体差异对于异常诊断是有帮助的。

1岁以内异常的神经运动发育

生后头几个月正常脑功能的预测比异常结果的预测容易些，儿科、新生儿科医生对预后的估计最有兴趣，估计预后的线索分三个时期考虑。

急性期

早产儿(28~40周)：正常神经运动功能不能保证预后正常(皮层下通路成熟正常，以后可有异常皮层功能)。

足月至头3个月

- 被动肌张力放松变慢；
- 主动肌张力进展不良(尾头方向，应该是头尾方向)；

● 原始反射异常;

● 视听定向不佳,颈伸肌张力增高。这些异常和皮层脊髓束异常成熟有关,因此有可能会持续。

生后第1年

一时性异常有以下几种可能:

● 无精确的运动发育检查方法,18 个月后无法追踪轻度运动障碍,可能非真正一时性。

● 脑的成熟如运动通路髓鞘形成在 1 年内继续进行,7 个月时运动异常,以后由于中枢神经系统的成熟而代偿。

● 1 岁以内神经运动异常和学龄期微小脑功能障碍有联系。脑轻型白质软化:神经运动异常,以后精细运动轻微缺陷。

伴随皮层病变,远期认识功能受影响。

婴儿按三个时期来分析,每 3 个月为一时期(见图 15–1)。

第 1 个时期 (1~3 月)。此时期最经常的中度异常可分为两组:(1)高度激动性,(2)上半身张力低下,头屈肌功能稍差,上肢过度松弛。大多数病例这些征象在三个月中消失,常常突然消失。当 3 个月时,头按正常日期得到控制,高度激动性消失。下肢的强直是否将持续只有靠动态观察才可能在 3 个月前发现不对称,这可能是痉挛性偏瘫的最早指征。此时期出现以下临床征象如:交往差,吞咽困难,几乎无自然运动,球性张力低下,持续角弓反张等常揭示广泛脑损害。

第 2、3 个时期(4~6 月,7~9 月)。此时期最特征的症状是持续的高度激动性伴有非常活跃的原始反射,肢体的被动肌张力不放松,并有体轴肌张力不平衡伴有屈肌张力低下和躯干伸肌张力相对高。这些症状大多数为一时性的,这些现象不伴有内收肌角小,剪刀样下肢和强直的伸展反应,与痉挛性脑瘫有区别,在 8 或 9 个月时突然消失,在一岁时运动完全正常化。

这些一时性神经运动异常经临床观察和年龄最有关的是 2 个

月、7 个月及 1 岁时(均为纠正年龄),在进行神经运动检查时如每月检查一次不可能,则应在上述三个月龄时检查。因该时最有机会发现一时性异常。

生后第一年最常见的一时性神经运动异常

异常		正常化
	1~3 个月	
高度激动性 体轴张力异常(头颈伸屈肌不平衡)	2月 →	在三个月时头控制正常
↓		
高度激动性 反射持续 下肢被动肌张力不放松 体轴张力异常 婴儿不能坐(后倒) 持续下肢和躯干伸直	3~6 月 异常持续 6~9 月 少数持续 9~12 月 7月 →	下肢放松 正常座位 正常时间或稍迟出现姿势反应
↓		
脑瘫 痉挛性双瘫 痉挛性偏瘫 四肢瘫 舞蹈样手足徐动症	异常持续至 1 岁末 1岁	

图 15-1 生后第一年最常见的一时性神经运动异常

1岁以内 52 项神经运动检查

脑瘫是一种运动性伤残，婴儿期脑瘫症状的发展是动态的过程。这和 0~1 岁婴儿神经运动发育顺序和规律有关。通过系统的神经运动检查方法,可以及早发现运动落后、反射、肌张力和姿势异常。结合围产期历史和全面体格和智力检查,可早期作出脑瘫的诊断。脑瘫康复越早越好,甚至在发展为典型脑瘫症状以前进行功能训练,对于减少或减轻脑瘫的发生,可能起到事半功倍的效果。

0~1 岁神经运动检查和脑瘫诊断主要根据法国 Amil-Tison 的方法结合我们近 10 年来应用的经验适当修改制定的。

1 岁以内婴儿神经运动的成熟是从头向尾部发展的方向。婴儿先有抬头,然后坐、爬、站和走。如果婴儿运动发育不符合这个规律,婴儿 5~6 个月时头竖不好,不能扶坐,但下肢站立很有力,这是异常现象。因此,增加了会伸手主动抓物、翻身和主动爬项目。

被动肌张力的检查对于大多数脑瘫有重要意义，这种检查通过腘窝角、内收肌角、跟耳征等的角度大小作判断,此方法既客观,又容易操作,还容易被婴儿和家长接受。正常婴儿这些被动肌张力检查结果有一定的规律性,角度由小到大。对于足尖着地的婴儿足背屈角是区别生理性还是病理性的重要标志。

0~1 岁先天生性反射的存在 (见新生儿行为神经检查录像)和消失时间，紧张性迷路反射消失和保护性反射出现的时间也是诊断脑瘫的重要依据。

我们还吸取了 Vojta 脑瘫检查方法中的两项指标,即垂直抱和俯卧位抱时婴儿姿势,比较正常婴儿和脑瘫儿之间的差别。

0~1 岁神经运动检查共 52 项。本检查法最大特点是用表格方式表示(详见附表),每月检查一次,表格以体格检查程序进行,当问病史时完成头颅的检查，当婴儿安静地躺在检查台上可估计被动,主动肌张力,原始反射和腱反射,检查以姿势反应的估价作为结束。主动,被动肌张力和反射的每一项检查和正常发育作比较,并按每三个月的正常类型进行分组，任何异常的结果记录在表格内的暗区，对照正常的范围在表格中明区可即刻作出正常与否的评价,所有检查按纠正年龄,因此本检查按同样的标准估价足月儿和早产儿。要说明的是本检查并不是一种完全的神经学估价,它不包括颅神经,肌萎缩,肌纤颤和其他因素的估价,也不包括精神运动试验,因此也不能发现行为、社交或精神运动方面的异常。

以下较详细描述检查法中52项检查项目的操作技术。

1. 头围:不管是足月儿或早产儿,头围生长在头三个月是主要的资料，头生长达到正常范围或婴儿有发展为脑积水或小头畸形均可在每月检查结果的表格中显示。头颅检查法略。

以下几项是从询问母亲病史中获得，会见母亲或护理者是极其重要的,能获得更贴切的第一手资料,使检查更完全。

2. 清醒和睡眠的一般形式:(1)正常,(2)激惹、哭闹多,(3)嗜睡、不哭。

能出现三种睡眠的异常情况:(1)婴儿在白天只睡很短时间,表现不安,只要醒来就哭,婴儿从不处在安静觉醒状态,而表现激动不安和不舒服的持续状态,此型最常见在生后头几个月。(2)婴儿在白天是安静的,晚上很难入睡,睡眠前先有一段瞌睡的延长期,此型更常见于9~12个月。(3)婴儿睡眠过多,持续在瞌睡状态,难于唤醒婴儿,仅能维持很短的觉醒时间。

3. 检查期间觉醒程度的估计:记录(1)令人满意的,(2)持续激惹,(3)嗜睡。

4. 哭:分别记录正常哭声或异常哭声,后者包括高调、虚弱、单调或其他。

5. 吸吮行为:应记录吸吮和吞咽协调及正常与否,应注明是否需要鼻饲,或是否需要部分鼻饲,喂饲时是否经常咳呛,伴有或不伴有青紫。表格记录(1)正常,(2)部分奶瓶喂养,(3)非奶瓶喂养,(4)咳呛(即乞哽)。

6. 前一个月内的惊厥情况:记录有无惊厥,惊厥的性质,全身性或局部性，发热或非发热性惊厥，此项表格有五项：(1)无惊厥，(2)泛化，(3)局灶，(4)发热，(5)婴儿痉挛。

7. 显著的斜视：明显斜视可能是对眼或双外斜，单侧或双侧，5 个月后持续眼斜视需要由专科医师检查，表格上检查有或无。

8. 持续的眼球震颤：水平眼球震颤可能提示或为中心性或为周围性视觉缺陷，眼球不能注视物体而是持续的水平摆动，这种感觉缺陷使之不能注视物体，应做特殊的检查，表格上记录有或无。

以下两项是感觉发育，认识的发育估价包括视和听功能的评价，两个简单的方法在新生儿期可作为神经检查一部分，一旦已证明有适当的反应，不需要重复作检查。

9. 视觉追踪，对光的追踪：婴儿在安静觉醒状态，吸吮和睁眼之间的协同作用有利于这种观察，可用手电筒的光、物体如红球或检查者的脸，婴儿眼和头追踪注视物体，表格中记录有或无。

10. 听、眨眼反射：距婴儿耳 30cm，鼓掌引起反射，如眨眼为阳性反应。表格上记录有或无。

以下检查姿势和自然运动活动。

11. 非对称性紧张性颈反射(ATNR)：婴儿仰卧位，头转向一侧，表现射剑样姿态，即面向的上肢伸直，枕部(背向)的上肢屈曲。下肢的位置正好相反，即面向侧上肢伸直，下肢屈曲，背向侧上肢屈曲，下肢却伸直。因此不对称张力颈反射包括上下肢，无论上肢或下肢表现均考虑为阳性。此反射头三个月可观察到，3~6 个月间断存在，正常儿 6 个月后不应存在。表格中应记录：(1)正常，(2)无，(3)有。

12. 非对称性紧张性颈反射(引出)：婴儿仰卧位，检查者扶婴儿头转向一侧，表现射剑样姿态，即面向的上肢伸直，枕部(背向)的上肢屈曲。下肢的位置正好相反，即面向侧上肢伸直，下肢屈曲，背向侧上肢屈曲，下肢却伸直；当扶婴儿头转向另一侧，肢体姿势正相反。任何月龄可引出此反应均为异常。

13. 持续颈伸肌张力增高，当婴儿在卧位休息时，颈部正常地屈曲，肌肉是放松的，在颈椎和检查台之间几乎无空隙，1 岁以内均是如此，当有颈伸肌张力增高时，婴儿仰卧位时不能完全放平，在颈和检查台间有空隙。如婴儿采取侧卧位，头向后伸展。但要注意在典型的头畸形或早产儿枕部突出的婴儿有类似表现，应重复试头部腹侧屈曲以免误认为颈伸肌张力增高，此项检查在表格中记录无或有。

14. 角弓反张：表现如上，表格中记录无或表。

15. 持续手握拳：虽然新生儿的手通常是握拳，当安静休息时，经常张开和握拳。2个月后大部分时间手张开，如拇指内收屈曲横过手掌并紧掐拳内，就应特别注意，表格上记录：(1)正常形式，(2)无，(3)有，(4)拇指交叉到手掌。

16. 肢体姿势不对称：为了确定上肢是否对称，头和躯干应保持在一个轴线上，持久姿势不对称在被动肌张力方面可显示不对称，应注明是右或左，表格中记录：(1)无，(2)有，(3)不正常的肢体。

17. 面肌麻痹：当婴儿哭时麻痹表现最明显，受累一侧表现松弛或假面样，嘴歪向对侧，受累一侧眼部分张开，而在正常侧眼睑闭合。表格记录无或有。

18. 自然活动：观察躺在检查台上的婴儿，注意自然运动的频率和强度。检查者的观察只代表运动活动的粗略估计，记录明显地偏离正常情况。自然运动活动以减少特征为缓慢的少频率和低强度的运动，过多自然运动活动表现为频繁的、快速的、很高强度的运动。正常活动是指运动的频率、强度和速度为中等范围。注意运动的不对称如一侧肢体自然活动缺少或无，而对侧则不然。

自然运动活动在正常情况下差别是很大的。运动刻板式、重复的和相同的应考虑为异常，如腿作踏板动作和手臂作风车动作。在表格中自然活动记录分五级：(1)低，(2)中等=正常，(3)高，(4)不对称，(5)重复。

19. 异常运动：可表现为持久的或一时性方式。(1)持续震颤：可一时性或持久性持续震颤在足月儿生后头几天是常见。表现为高频、低振幅。在婴儿饥饿和哭时震颤增加，肢体和上颌最明显，如果震颤持久或在休息时出现，可能是有意义的。(2)阵发性阵挛性运动:当婴儿生后头几小时阵发性阵挛性运动(低频、高振幅)伴随拥抱(moro)反射或伴随自然运动活动,如果在检查时频发阵挛性运动可能是有意义。(3)其他异常运动如连续的咀嚼运动、频发抖动、肢体异常位置特征为肘伸展和腕部旋向内(pronation)。表格中异常运动记录:(1)无,(2)有,(3)不正常肢体。

以下几项是被动肌张力的检查,被动肌张力需在安静觉醒状态下检查,试验伸展性时用力不能过大,操作当显示婴儿任何不适征象时应停止,检查时应注意不对称。

20. 跟耳征:婴儿平卧,双腿并在一起,尽可能向耳的方向推压,骨盆应固定在台面上,角度由婴儿下肢和台面形成。当一边抵抗力增强提示不对称,如屈肌张力过大,腘窝角完全伸开有困难,角度则由足跟和骨盆连线和台面的交角。表格中有正常形式一行内已表明不同月龄的跟耳征角度,1~3 月 80~100°,4~5 月 90~130°,7~9 月 120~150°,10~12 月 140~170°。表格中分别记录:(1)正常形式,(2)右侧(角度大小、过小、过大),(3)左侧(角度大小、过小或过大),(4)过度髋部屈曲。

21. 内收肌角:婴儿平卧、腿伸直,轻轻尽可能拉开双腿,注意角度,左右腿不对称应注明,在表格中已表明不同月龄的内收肌角度大小,1~3 个月 40~80°,4~6 月 70~110°,7~9 月 100~140°,10~12 月 130~150°。

表格中记录:(1)正常形式,(2)角度(左+右),(3)过小,(4)过大,(5)右侧过小,(6)左侧过小。

22. 腘窝角:平卧位,骨盆不能抬起,屈曲下肢胸膝位,固定膝关节在腹部两侧,然后举起小腿测量腘窝的角度。此检查受胎儿在宫内位置的影响。如果这些操作显示下肢极端过度伸展持续生后头几个月,可能为臀位产甚至于经过外倒转或自然倒转后。表格也显示不同月龄的腘窝角角度的不同,1~3 月 80~100°,4~6 月 90~120°,7~9 月 110~160°,10~12 月 150~170°。表格中要记录的项目:(1)正常形式,(2)右侧(包括角度大小、过小及过大),(3)左侧同右侧。

23. 足背屈角:检查者扶住婴儿腿伸直,使足背屈向小腿,用手掌压足底,足背和小腿前侧形成的角度为背侧屈角,左右分开做同样操作。操作时首先用慢的中度压力形成最小的背侧屈角,称“慢角”,然后快的突然背屈形成“快角”,正常情况下,两种角度是相等的。如快慢角之间差>10°,揭示有异常加剧的伸展反射。表格中记录:(1)正常形式,(2)右侧包括慢角,快角。“慢”>60~70°及“快-慢”>10°,(3)左侧同右侧,(4)左右不对称。

24. 围巾征:使婴儿颈部和头保持在正中位以免上肢肌张力不对称。将婴儿手拉向对侧肩部,观察肘关节和中线关系。肘和中线关系有三种位置:(1)肘未达中线,(2)肘超过中线,(3)运动过度即臂围颈部像围巾,揭示肩部肌肉几乎无抵抗,为被动肌张力差的表现。表格中应记录:(1)正常形式,(2)右侧(位置,过小,过大),(3)左侧同右侧,(4)不对称。

如以上被动肌张力检查中出现有不对称者则需作以下四项检查。

25. 双足的摆动:同时在踝部摇动双足估价运动的幅度,检查者应注意在左右足之间运动有何不同,表格记录右侧活动度大或左侧活动度大。

26. 方窗:屈曲手尽可能向前臂以确定手掌和前臂屈侧最小角,重点观察左右是否对称,而不是角度大小,表格记录右侧角度较小或左侧角度较小。

27. 双手的摆动:在腕部同样地摆动双手,注意运动的振幅是否明显不对称,表格记录右侧活动度大或左侧活动度大。

28. 头向侧面转动:通过头转向一侧肩部估价对侧肌肉的抵抗,重点记录明显不对称,运动的幅度不是主要的。表格要表明右侧更受限或左侧更受限。

以下是对于脊柱轴的检查。

29. 头部腹侧屈曲:正常头部屈曲不引起对抗肌抵抗的变化,如伸肌张力增高表现为重复头屈曲 4~5 次后抵抗力增加。表格记录(1)相同,(2)强直增加。

30. 躯干部腹侧屈曲:腿和髋部被推向头部以取得躯干的最大

弯曲，躯干的一定程度被动屈曲是正常的。在躯干强直的病例，躯干不可能屈曲，表现上提而无屈曲。表格记录：(1)正常，(2)过度，(3)不可能。

31. 躯干背侧伸展：婴儿侧卧位，检查者用一手握住腰部脊椎，用另一手推双腿向后，伸展在正常时是很有限的，伸展弯曲缺乏不是病理状态。表格记录：(1)正常的(不可能的)，(2)过度。

32. 躯干侧面弯曲：婴儿仰卧位，用手扶住胁腹，检查者推双腿尽可能向一侧，产生躯干的弯曲，此手法向另一方向重复一次，正常状态是有限的，明显弯曲或不对称均为重要发现。表格记录：(1)正常，(2)过度，(3)右侧受限，(4)左侧受限。

以下是主动肌张力的估价和主动运动。

33. 颈部屈肌主动收缩：婴儿平卧拉到座位，运动不宜太快或太慢，可引出颈屈肌反应，颈屈肌主动收缩，使座位时头和躯干在一轴线上。

34. 颈部伸肌主动收缩：从座位放到仰卧位，婴儿在座位头倒在胸前，抓住婴儿肩部向后移动，运动不能太快或太慢，躯干的运动应能引出颈伸肌的收缩，使头竖立。

正常时在足月儿颈屈、伸肌的主动收缩是平衡的，可使头竖立，如颈伸肌主动收缩超过颈屈肌就出现图表示的姿态。

35. 头部的控制：当生后头几个月，婴儿放在座位，头和躯干在一轴线上不能超过数秒，随年龄头控制改善，2~4个月头竖立能维持=或>15秒，5个月后就具有头控制能力，如头不能控制或颈伸肌持续高张或颈屈肌明显低张，是严重征象。表格记录头竖立有或无。

36. 拉起到座位姿势：当仰卧时婴儿被鼓励抓住检查者的手指，婴儿企图自己拉成座位，表格揭示1~4个月婴儿无此能力，5~7个月可能会出现但不持续，8个月婴儿已具有此能力。表格记录：(1)正常形式，(2)有，(3)无。

37. 瞬间独坐姿势，单独坐，手臂支持，婴儿放在座位，髋部外展至90°，下肢伸展，身体稍稍斜向前，用手臂支靠，可维持几秒钟。

所观察到两种异常位置:(1)婴儿可能向前倒在他的两腿之间,躯干处于低张状态。(2)婴儿可以向后倒,因屈肌肌张力不足,伸肌张力过高。

独坐≥30秒,5个月前婴儿无此能力,5个月婴儿座位时,身体前倾,手臂前面支撑。6~8个月可能会坐不持续,9个月婴儿完全可独立坐。表格记录有或无。

38. 手主动抓物:3~4个月的婴儿开始有主动抓物,但不持续,6个月时能主动抓物。表格记录有或无。

39. 翻身:翻身是指从仰卧翻到俯卧位,4~5个月时可翻身,但不持续,6个月时能翻身。表格记录有或无。

40. 主动爬:婴儿会爬是指身体向前移动20厘米以上。7~9个月能爬,但不持续,10个月会爬。个别婴儿不会爬而先会走。表格记录有或无。

41. 下肢和躯干直立(支撑反应);表格内显示婴儿在1~2个月有支撑反应,即使膝由于屈肌张力过高而保持半屈曲位,随后几个月支撑反应消失,5个月站立时下肢屈曲,如站立时过分下肢伸直应为异常,到7~8个月时有一个“跳跃阶段”,即下肢连续伸展然后屈曲,接近8~9个月婴儿能在站位支持自身的重量。表格记录:(1)正常形式,(2)有,(3)无,(4)剪刀样,(5)躯体拱形。

以下是原始反射,深腱反射及姿势反应。

42. 自动踏步:表格中提示生后1~3月有此原始反射,4~5月不持续存在,5个月后无此反射,操作时扶住婴儿躯干,当足底接触检查台面时,婴儿就会迈步自动踏步走。表格记录有或无。

43. 手握持反射:检查者放食指在婴儿手掌内,手掌受刺激后引起手指屈曲,抓住检查者手指。随月龄增加而减弱,3~4个月时消失,表格记录:(1)有,(2)无,(3)不对称右/左。

44. 牵拉反应:引出手掌抓握反应后,检查者拉婴儿向前向上,引起婴儿上肢整个屈肌收缩,婴儿可全部牵拉起来,表现出惊人的能力,第4个月开始此种反应被主动随意抓握代替。表格记录:(1)有,(2)无,(3)不对称右/左。

45. 拥抱反射：婴儿仰卧位，轻拉婴儿双手，提起婴儿颈部，使之离开检查台数公分，上肢在伸展状态，然后突然放松，引起此反射。(1)反射开始上臂外展和前臂伸展，(2)接着前臂内收和屈曲似拥抱状，手在此时完全张开。(3)哭。表格中提示正常形式 1~3 月有此反射，4~5 月不持续，5 个月后消失。因此 3 个月内无此反射应警惕，也应注意反应不对称、低阈(很轻刺激引出反射)、低阈伴有阵挛性收缩。表格记录：(1)有，(2)无，(3)不对称右/左，(4)阵挛运动+低阈。

46. 紧张性迷路反射(俯卧位)：俯卧位，四肢屈曲，双下肢屈于腹下，保持臀高头低特殊姿势。正常婴儿阳性反射持续到 3 个月左右，4 个月仍有为异常。

47. 踝阵挛：婴儿仰卧位，腿部肌肉放松后进行检查，膝关节屈曲时容易引出。背曲踝部表现足在踝部一系列交替的收缩和部分放松，阵挛持续超过 10 次为异常。表格记录：(1)无，(2)右侧存在，(3)左侧存在。

48. 膝反射：检查两侧，记录正常、无或过度。也记录不对称。检查方法略。

49. 侧面支撑反应：为正常发育的标志。此反应通常在 6~8 月期间出现，在婴儿能独立坐不需要扶助时，检查者突然猛推婴儿的肩部使婴儿倒向一边。有反应时，婴儿应伸展适当的手臂防止跌倒，应注意是否缺乏反应或不对称。

50. 降落伞反应：它也为正常发育的标志。婴儿面向前站立，检查者两手放置于婴儿腋下举起婴儿，然后从上将婴儿头先向检查台面猛冲，在正常防御反应下，婴儿伸展手臂以防止跌下。这种反应在 7~9 个月出现。然而，有中枢神经系统病变所致运动困难的患儿延迟出现。应记录无反应或不对称。以上两种手法发现不对称，在诊断轻微偏瘫中是重要的。

以下为两项姿势反应，采用 Vojta 方法中的两项容易被婴儿接受的项目。

51. 立位悬垂反应：操作者双手扶着婴儿腋下直立位悬空抱起婴儿，观察婴儿的姿势。

52. 俯卧位悬垂反应：操作者双手托着婴儿腹部俯卧位悬空抱起婴儿，观察婴儿的姿势。

总结

检查共有 52 项。方法简便，容易操作，不同操作者之间检查的一致性强。所有检查项目以表格形式记录，正常记在白格内，异常记在暗格内，记录时只要打“√”在格内。记录简单、全面、明确和节省时间，便于儿科医生和妇幼保健医生应用。通过系统观察，可以一目了然婴儿神经运动发育过程，从而作出客观准确的判断。并可作为异常儿早期干预效果的指标。

附录 1 新生儿行为神经测查表

编号

父或母姓名＿＿＿＿＿ 住址＿＿＿＿＿＿＿＿＿＿ 电话＿＿＿＿＿

姓名＿＿＿＿＿性别＿＿＿＿孕周＿＿＿出生体重＿＿＿g 首次检查日期＿＿＿＿＿

病历号＿＿＿＿＿＿父母职业＿＿＿＿＿＿＿＿＿经济收入：平均每人＿＿＿＿＿

文化程度：小学、中学、中专、大专、大学＿＿＿＿＿＿

项目		检查时状态	评分			日龄(天)			
			0	1	2	2–3	5–7	12–16	26–28
行为能力	1. 对光习惯形成	睡眠	≥11	7–10	≤6				
	2. 对声音习惯形成	睡眠	≥11	7–10	≤6				
	3. 对格格声反应	安静觉醒	头眼不转动	眼或头转动<60°	头或眼转动≥60°				
	4. 对说话的脸反应	同上	同上	同上	同上				
	5. 对红球反应	同上	同上	同上	同上				
	6. 安慰	哭	不能	困难	容易或自动				
被动肌张力	7. 围巾征	觉醒	环绕颈部	肘略过中线	肘未到中线				
	8. 前臂弹回	同上	无	慢、弱>3 秒	活跃，可重复≤3 秒				
	9. 腘窝角	同上	>110°	90–110°	≤90°				
	10. 下肢弹回	同上	无	慢、弱>3 秒	活跃，可重复≤3 秒				
主动肌张力	11. 颈屈、伸肌主动收缩(头竖立)	觉醒	缺或异常	困难、有	好、头竖立，1–2 秒以上				
	12. 手握持	同上	无	弱	好、可重复				
	13. 牵拉反应	同上	无	提起部分身体	提起全部身体				
	14. 支持反应直立位	同上	无	不完全，短暂	有力，支持全部身体				
原始反射	15. 踏步或放置	同上	无	引出困难	好，可重复				
	16. 拥抱反射	同上	无	弱、不完全	好，完全				
	17. 吸吮反射	同上	无	弱	好，和吞咽同步				
一般估价	18. 觉醒度	觉醒或觉醒	昏迷	嗜睡	正常				
	19. 哭		无	微弱，尖，过多	正常				
	20. 活动度		缺或过多	略减少或增多	正常				

★ 需记录确切时间(秒)　　评价＿＿＿＿　　总分＿＿＿＿　　检查者＿＿＿＿

附录 2　1 岁以内神经运动检查记录表

1 岁以内神经运动检查记录表		第一年内每个月检查的记录			
姓名			性别		
出生日期		预产期	纠正年龄		
日　期	现在年龄	纠正年龄	检查结果		检验者
			正　常	异　常	

1 头围(见生长曲线)

	1	2	3	4	5	6	7	8	9	10	11	12
cm												
+2 SD												
−2 SD												

2 清醒和睡眠的一般形式

正常												
激惹、哭闹多												
嗜睡、不哭												

3 检查期间觉醒程度的估计

令人满意的												
持续激惹												
嗜睡												

4 哭

正常												
高调												
虚弱												
单调												
其他												

5 吸吮行为

正常												
部分奶瓶喂养												
非奶瓶喂养												
气哽												
	1	2	3	4	5	6	7	8	9	10	11	12

6 前一月内的惊厥情况

	1	2	3	4	5	6	7	8	9	10	11	12
无												
泛化												
局灶												
发热												
婴儿痉挛												

7 显著的斜视

	1	2	3	4	5	6	7	8	9	10	11	12
无												
有												

8 持续的眼球震颤

	1	2	3	4	5	6	7	8	9	10	11	12
无												
有												

9 对光的追踪

	1	2	3	4	5	6	7	8	9	10	11	12
有												
无												

10 对声音眨眼反射

	1	2	3	4	5	6	7	8	9	10	11	12
有												
无												

11 非对称性紧张性颈反射

(ATNR)

	1	2	3	4	5	6	7	8	9	10	11	12
正常	可能有			……无……						……无…		
无												
有												

12 非对称性紧张性颈反射(引出)

1	2	3	4	5	6	7	8	9	10	11	12

13 持续颈伸肌张力增高

	1	2	3	4	5	6	7	8	9	10	11	12
无												
有												

14 角弓反张

	1	2	3	4	5	6	7	8	9	10	11	12
无												
有												

15 持续手握拳

	1	2	3	4	5	6	7	8	9	10	11	12
正常形式	可能有		无…………			无…………			无………			…无
无												
有												
拇指交叉到手掌												

16 肢体姿势不对称

	1	2	3	4	5	6	7	8	9	10	11	12
无												
有												
不正常的肢体	指示：											

17 面肌麻痹

右 ▭ 左 ▭

	1	2	3	4	5	6	7	8	9	10	11	12
无												
有												

18 自然活动

	1	2	3	4	5	6	7	8	9	10	11	12
低												
中等=正常												
高												
不对称												
重复												

19 异常运动

	1	2	3	4	5	6	7	8	9	10	11	12
无												
持续震颤												
阵挛性运动												
其他												

20 跟耳征角

正常形式

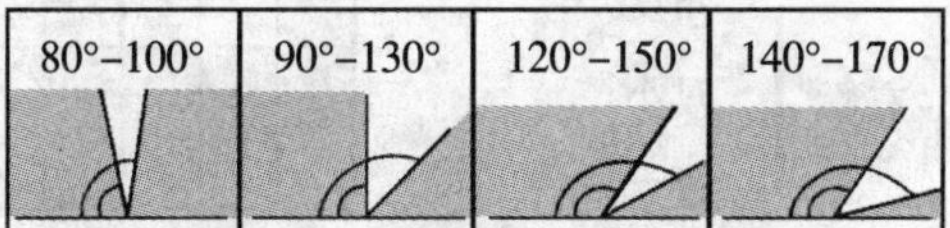

		1	2	3	4	5	6	7	8	9	10	11	12
右侧	角度												
	过小												
	过大												

		1	2	3	4	5	6	7	8	9	10	11	12
左侧	角度												
	过小												
	过大												

21 内收肌角

正常形式

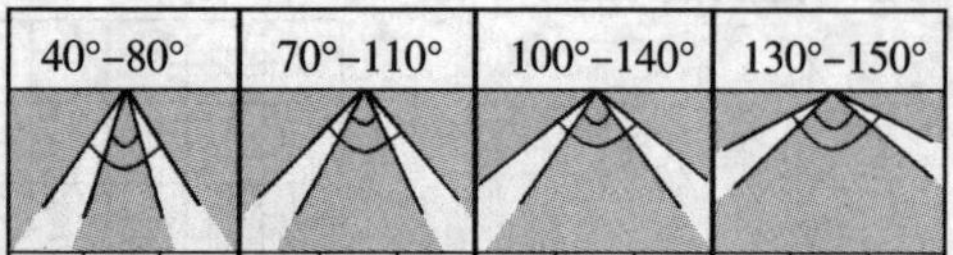

	1	2	3	4	5	6	7	8	9	10	11	12
角度右+左												
过小												
过大												
右侧过小												
左侧过大												

22 腘窝角

正常形式

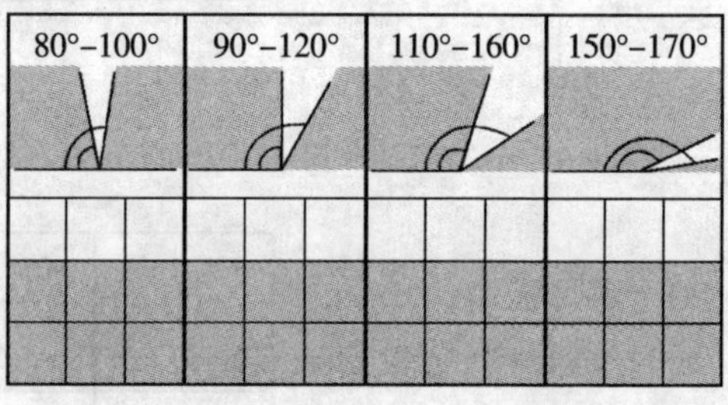

右侧	1	2	3	4	5	6	7	8	9	10	11	12
角度												
过小												
过大												

左侧	1	2	3	4	5	6	7	8	9	10	11	12
角度												
过小												
过大												

23 足背屈角

正常形式

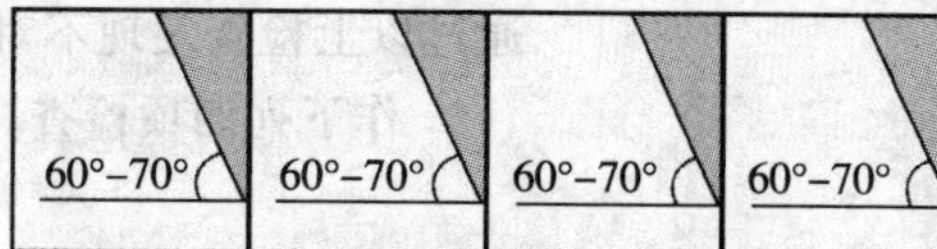

		1	2	3	4	5	6	7	8	9	10	11	12
右侧	角度(慢)												
	角度(快)												
	“慢”>60°–70°												
	不同“快、慢”>10°												
左侧	角度(慢)												
	角度(快)												
	“慢”>60°–70°												
	不同“快、慢”>10°												
不对称右/左													

24 围巾征

正常形式

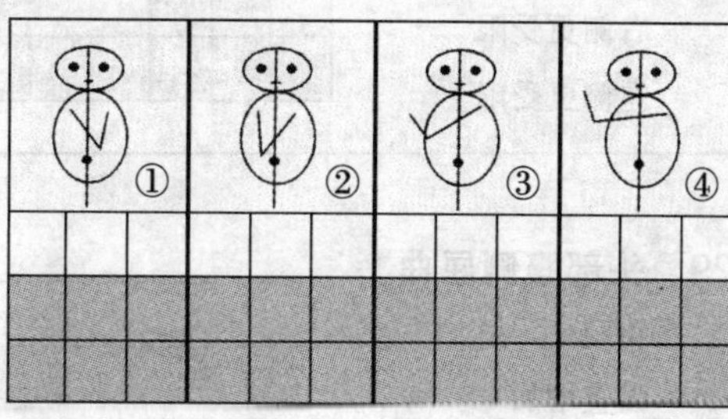

		1	2	3	4	5	6	7	8	9	10	11	12
右侧	位置												
	过小												
	过大												
左侧	位置												
	过小												
	过大												
不对称右/左													

通过以上检查发现不对称者

作下列四项检查：

25 脚的摆动

	1	2	3	4	5	6	7	8	9	10	11	12
右侧活动度大												
左侧活动度大												

26 方窗

	1	2	3	4	5	6	7	8	9	10	11	12
右侧角度较小												
左侧角度较小												

27 手的摆动

	1	2	3	4	5	6	7	8	9	10	11	12
右侧活动度大												
左侧活动度大												

28 头向侧面转动

	1	2	3	4	5	6	7	8	9	10	11	12
右侧更受限												
左侧更受限												

29 头部腹侧屈曲

	1	2	3	4	5	6	7	8	9	10	11	12
相同												
强直增加												

30 躯干腹侧屈曲

	1	2	3	4	5	6	7	8	9	10	11	12
正常(轻微)												
过度												
不可能												

31 躯干背侧伸展

	1	2	3	4	5	6	7	8	9	10	11	12
正常的(不可能的)												
过度												

32 躯干侧面弯曲(此试验限于已检 右/左不对称)

正常												
过度												
右侧受限												
左侧受限												

33 颈部屈肌主动收缩

正常												
困难												
无(被动的)												
1)不可能												

34 颈部伸肌主动收缩

	1	2	3	4	5	6	7	8	9	10	11	12
正常												
困难												
无(被动的)												
2)“太好”												
颈部伸肌张力过高连合的1+2												

35 头部的控制

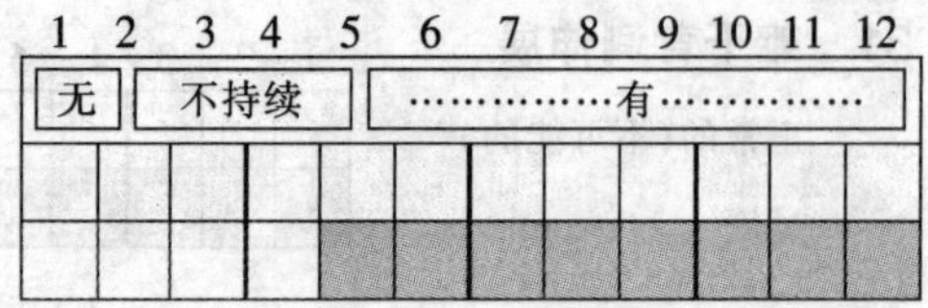

正常形式

有

无

36 拉起到座位姿势

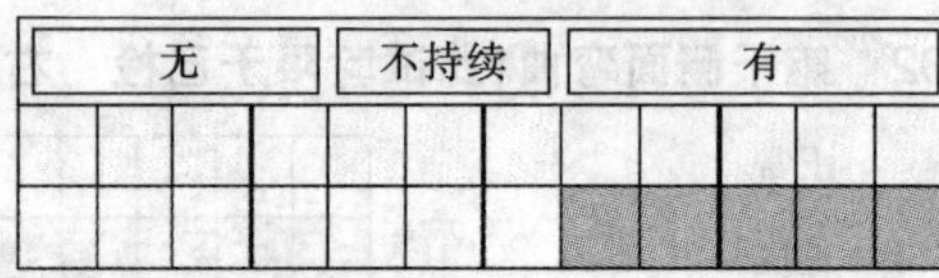

正常形式

有

无

37 瞬间独坐姿势

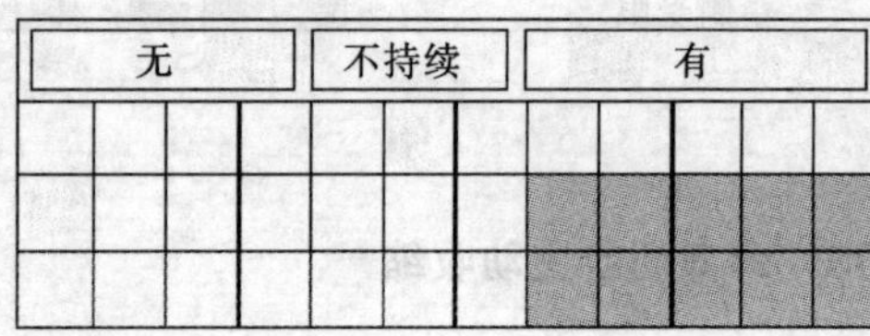

正常形式

有

向前倒

向后倒

独坐≥30 秒

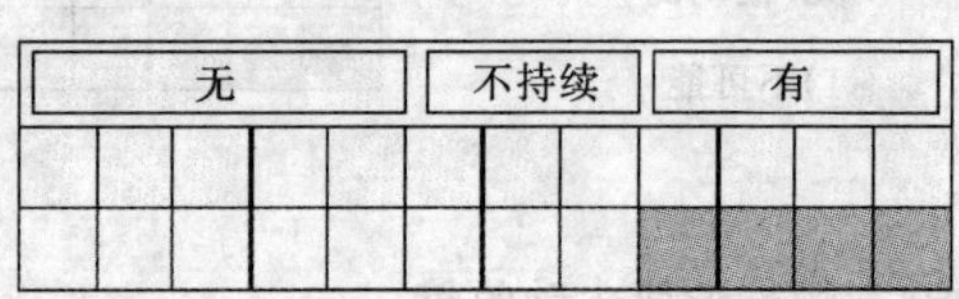

正常形式

有

无

38 手主动抓动

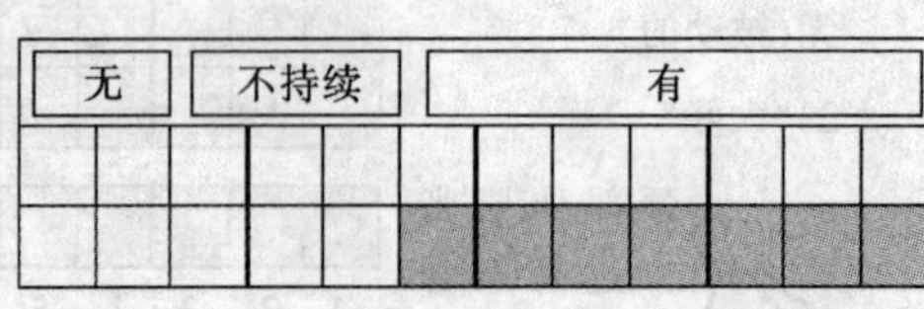

有

无

39 **翻身**

有

无

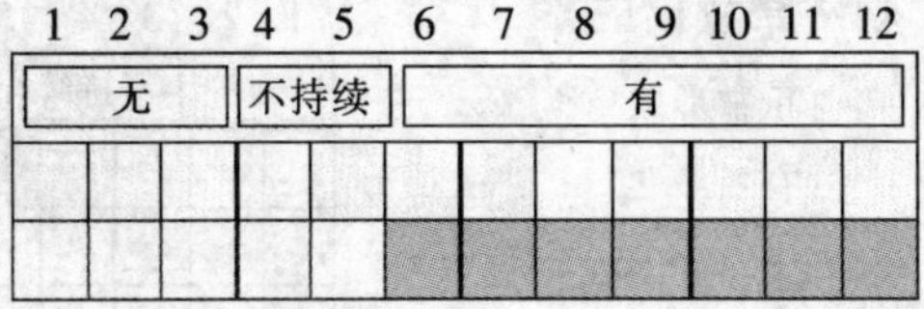

40 **主动爬**

有

无

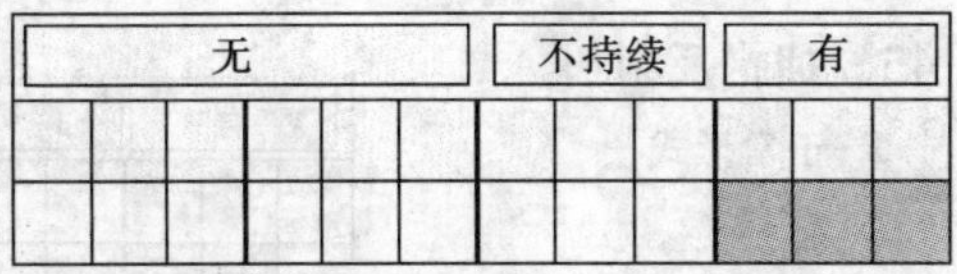

41 **下肢和躯干直立(支撑反应)**

正常形式

有

无

剪刀样

躯体拱形

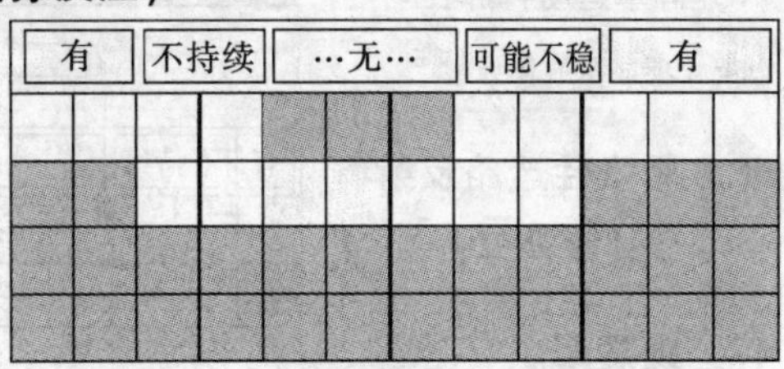

42 **自动的踏步**

正常形式

有

无

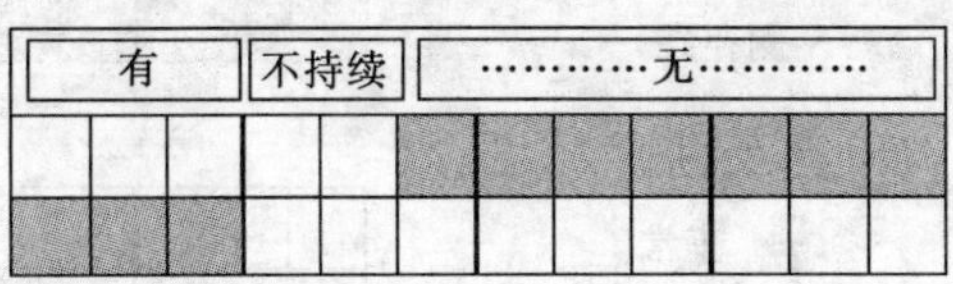

43 **手掌的握持反射**

正常形式

有

无

不对称右/左

44 牵拉反应

	1	2	3	4	5	6	7	8	9	10	11	12
正常形式	有		不持续		……………无……………							
有												
无												
不对称右/左												

45 拥抱反射

	1	2	3	4	5	6	7	8	9	10	11	12
正常形式	有			不持续		……………无……………						
有												
无												
不对称右/左												
阵挛运动+低阈												

以上 4 项显示肢体异常　　右 □　　左 □

46 紧张性迷路反射（俯卧位）

	1	2	3	4	5	6	7	8	9	10	11	12
	有	不持续		……………无……………								
有												
无												

47 踝震挛

	1	2	3	4	5	6	7	8	9	10	11	12
无												
右侧存在												
左侧存在												

48 膝反射

		1	2	3	4	5	6	7	8	9	10	11	12
右	正常												
	无												
	过度												
左	正常												
	无												
	过度												
不对称右/左													

49 侧面肢撑反应

	1	2	3	4	5	6	7	8	9	10	11	12
正常形式	……无……无………						不持续		……有……			
有												
无												
不对称右/左												

50 降落伞反应

	1	2	3	4	5	6	7	8	9	10	11	12
正常形式	……无……无………							不持续		…有…		
有												
无												
不对称右/左												

以上 2 项试验显示肢体异常 右 ▭ 左 ▭

51 立位悬垂反应

	1	2	3	4	5	6	7	8	9	10	11	12
正常												
异常												

52 俯卧位悬垂反应

	1	2	3	4	5	6	7	8	9	10	11	12
正常												
异常												

第一年内的临床印象

小头畸形　　宫内的　　生后的				
脑积水　　宫内的　　生后的				
过度兴奋 激惹,睡眠不安定,异常活动,原始反射低阈,上睑肌张力高,持续握拳				
嗜睡 瞌睡,不易唤醒,自然运动减少,不经常哭,原始反射减弱或缺乏。				
被动肌张力异常 1)球性肌张力低下 “松软的孩子”(躯干和肢体) 2)上身张力低下(颈屈曲弱,过度围巾征,对牵拉反应差) 3)下肢屈曲张力过高 (新生儿角持续,内收肌角跟耳征角,腘窝角) 4)上肢屈曲张力过高 持续握拳,围巾征受限 5)躯干被动肌张力不平衡。腹侧弯曲减少+背侧的伸展增加 6)肌张力不对称[偏侧综合症]				
	1–3	4–6	7–9	10–12
主动肌张力异常 1)颈部伸肌活动过强 (头不能向前垂下) 2)颈和躯干伸肌活动过强 (角弓反张) 3)主动肌张力低下,“松弛的孩子” (头不能控制,不会坐不会站,和正常孩子相比)				
周围神经麻痹 [面部 / 四肢				
姿势的反应延迟出现 (侧面支撑和降落伞反应)				
听力损伤				
斜视				
其他眼的异常				
发育延迟(实验或非实验) 惊厥 [发热性 / 非发热性 EEG异常				

姓名　　　　　　　　　　　　　　　　　　　　第一年末摘要

出生日期

孕龄

出生体重

无异常

短暂的异常型

1）过度兴奋	
颈部伸肌张力过高	
2）张力低下（嗜睡）	
原始反射差或缺乏	
3）类似痉挛性双瘫	

下肢不放松

主动肌张力差，原始反射持续

伸展位相性收缩，深腱反射增强

4）类似痉挛性偏瘫	

（一侧不放松，运动不对称，深键反射增强）

5）类似痉挛性四肢瘫	
6）发育延迟	

（全部或部分试验不正常）

7）其他	

持续不正常型

1) 脑性瘫痪

痉挛性双瘫	
痉挛性偏瘫	
四肢瘫	
舞蹈病手足徐动症	

2) 小头畸形	
3) 脑积水	
4) 智力发育迟缓	

5) 惊厥

有热	
无热	

6) 感觉问题

听觉	
视觉	

7) 其他	

病原学

遗传性

肯定	
可能	

围产期

分娩前	
分娩期间	
分娩后	

其他	
原因不明	

附录3　免疫接种程序表

年龄	疫苗名称									
	卡介苗	乙肝疫苗	脊髓灰质炎疫苗	百日破三联疫苗	麻疹疫苗	风疹疫苗	腮腺炎疫苗	麻风腮三联疫苗	乙脑疫苗	流脑疫苗
出生时	初种	第一针								
1月		第二针								
2月			第一针							
3月			第二针	第一针						
4月			第三针	第二针						
5月				第三针						
6月		第三针								第一针
8月					初种					
1岁3~5月			加强	加强		第一针	第一针	第一针	第一针	第二针
1岁半					复种					
2岁									第二针	

图书在版编目(CIP)数据

0~3岁:儿童最佳的人生开端/鲍秀兰等著. —北京:中国发展出版社,2005.4(2006.1重印)

ISBN 7-80087-795-7

Ⅰ.0… Ⅱ.鲍… Ⅲ.①婴幼儿-早期教育 ②婴幼儿-智力开发 Ⅳ.G61

中国版本图书馆CIP数据核字(2005)第013250号

书　　名:0~3岁:儿童最佳的人生开端
著作责任者:鲍秀兰等
出版发行:中国发展出版社
(北京市西城区百万庄大街16号8层　100037)
标准书号:ISBN 7-80087-795-7/G·99
经　销　者:各地新华书店
印　刷　者:清华大学印刷厂
开　　本:1/32　880×1230mm
印　　张:12.75
字　　数:300千字
版　　次:2006年1月第1版
印　　次:2006年1月第2次印刷
定　　价:23.00元

联系电话:(010)68990692　68990682
网　　址:http://www.develpress.com.cn
